2024
年度版

\パブロフ流で/
みんな合格

簿記
教科書

EXAMPRESS®
簿記教科書

日商簿記2級

商業
簿記
テキスト＆
問題集

著・画 公認会計士
よせだ あつこ

SE
SHOEISHA

JN016804

本書内容に関するお問い合わせについて

このたびは翔泳社の書籍をお買い上げいただき、誠にありがとうございます。弊社では、読者の皆様からのお問い合わせに適切に対応させていただくため、以下のガイドラインへのご協力をお願い致しております。下記項目をお読みいただき、手順に従ってお問い合わせください。

□ ご質問される前に

弊社Webサイトの「正誤表」をご参照ください。これまでに判明した正誤や追加情報を掲載しています。

正誤表　https://www.shoeisha.co.jp/book/errata/

□ ご質問方法

弊社Webサイトの「書籍に関するお問い合わせ」をご利用ください。

書籍に関するお問い合わせ　https://www.shoeisha.co.jp/book/qa/

インターネットをご利用でない場合は、FAX または郵便にて、下記 "翔泳社 愛読者サービスセンター" までお問い合わせください。
電話でのご質問は、お受けしておりません。

□ 回答について

回答は、ご質問いただいた手段によってご返事申し上げます。ご質問の内容によっては、回答に数日ないしはそれ以上の期間を要する場合があります。

□ ご質問に際してのご注意

本書の対象を超えるもの、記述個所を特定されないもの、また読者固有の環境に起因するご質問等にはお答えできませんので、予めご了承ください。

□ 郵便物送付先およびFAX番号

送付先住所　〒160-0006　東京都新宿区舟町5
FAX番号　　03-5362-3818
宛先　　　　㈱翔泳社 愛読者サービスセンター

※本書の内容は、2024年1月現在の法令・基準等に基づいて書かれています。
※著者および出版社は、本書の使用による日本商工会議所簿記検定試験の合格を保証するものではありません。
※本書で使用されている団体名、個人名は、すべて架空のものです。実在する名称とは一切関係ありません。また、記載されている製品名はそれぞれ各社の商標および登録商標です。
※本書の出版にあたっては正確な記述につとめましたが、著者や出版社などのいずれも、本書の内容に対してなんらかの保証をするものではなく、いかなる結果に関してもいっさいの責任を負いません。
※本書に記載されたURL等は予告なく変更される場合があります。

日商簿記2級の概要

　日商簿記検定には、統一試験（紙の試験）と、ネット試験（CBT方式）の2種類があります。いずれも出題範囲や試験時間、受験料も同じです。

　統一試験は、指定された会場で、6月（第2日曜日）、11月（第3日曜日）、2月（第4日曜日）の年3回と毎年受験日が決まっています。

　ネット試験は、パソコンが用意されたテストセンターで受験し、席が空いていればいつでも何回でも試験を受けられます。統一試験は、受験を希望する各商工会議所のホームページから申し込みをしますが、ネット試験は全国統一申込サイトがあります。詳しくは、次の表をご覧ください。

	統一試験	ネット試験
試験日	6月、11月、2月	随時
会場	指定された学校、会議室など	テストセンター
申し込み	受験希望地の各商工会議所 https://links.kentei.ne.jp/examrefer	全国統一申込サイト https://cbt-s.com/examinee/examination/jcci.html
試験科目	商業簿記、工業簿記 ※2024年4月における日商簿記2級商業簿記の試験範囲の変更はありません。	
試験時間	商業簿記、工業簿記あわせて90分	
受験料	5,500円（2024年3月までは4,720円） ※別途手数料が必要な場合があります。	
受験方法 メリット	メモを書き込んで消す解き方ができる ←電卓 答案用紙 計用紙 問題用紙 マルしたりメモしたりできる	キーボード 問題→ 答案→ 計算用紙 電卓 いつでも何回でも受けられる その場で合否がわかる
合格率	24％前後	40％前後

○ 日本商工会議所の簿記検定のサイト：

　　　　　　　　　　https://www.kentei.ne.jp/bookkeeping/

○ 検定情報ダイヤル：050-5541-8600（年中無休9:00〜20:00）

本書の特徴

特徴1 統一試験とネット試験に対応している

　本書は、統一試験とネット試験、どちらにも対応したテキストです。まず
は本書を読み、練習問題を解くことで基礎を身につけましょう。

購入特典 パブロフ簿記ネット試験の体験ページ

本書の購入特典として「パブロフ簿記」ホームページでネット試験（CBT方
式）を体験できます。ソフトをダウンロードする必要がなく、ネット環境さ
えあればパソコンでもスマートフォンでも問題を解くことができるので、気
軽にネット試験を体験できます。

ネット試験体験ページのURLおよびパスワードはP.475に記載しています。

特徴2 練習問題を動画で学習できる

　本書に収載してあるすべての練習問題には、著者による動画解説が付いて
います。もし「理解が不十分な分野」や「解き方がわからない問題」があっ
ても、丁寧な解説を聞けばグングン実力が伸びます。

　各練習問題のページに付いている**QRコード**を読み込むと、その練習問題
の動画解説を見ることができます。

特徴3 付属データで学習しやすい

　次のデータは以下のサイトからダウンロードできます。
- 練習問題の解き直し用の答案用紙
- ホームポジション一覧（P.009〜P.010に収載の内容）

https://www.shoeisha.co.jp/book/download/9784798182018

※付属データに関する権利は著者および株式会社翔泳社が所有しています。許可なく配布したり、
　Webサイトに転載したりすることはできません。付属データの提供は予告なく終了することがあ
　ります。あらかじめご了承ください。

日商簿記2級の学習方法

　日商簿記2級は日商簿記3級を基礎としており、日商簿記2級の試験では日商簿記3級の内容も出題されます。初めて簿記を学習する方は、日商簿記3級の内容を一度見た上で日商簿記2級の学習を始めましょう。

　商業簿記と工業簿記はどちらの学習を先に始めてもいいですが、工業簿記の方が分量が少ないので、次の流れで学習するのが効率的です。商業簿記と工業簿記、両方を並行して学習することもできます。

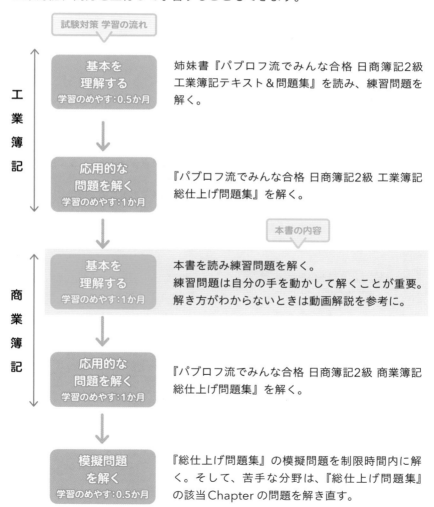

試験対策 学習の流れ

工業簿記

基本を
理解する
学習のめやす：0.5か月

姉妹書『パブロフ流でみんな合格 日商簿記2級 工業簿記テキスト＆問題集』を読み、練習問題を解く。

応用的な
問題を解く
学習のめやす：1か月

『パブロフ流でみんな合格 日商簿記2級 工業簿記 総仕上げ問題集』を解く。

本書の内容

商業簿記

基本を
理解する
学習のめやす：1か月

本書を読み練習問題を解く。
練習問題は自分の手を動かして解くことが重要。
解き方がわからないときは動画解説を参考に。

応用的な
問題を解く
学習のめやす：1か月

『パブロフ流でみんな合格 日商簿記2級 商業簿記 総仕上げ問題集』を解く。

模擬問題
を解く
学習のめやす：0.5か月

『総仕上げ問題集』の模擬問題を制限時間内に解く。そして、苦手な分野は、『総仕上げ問題集』の該当Chapterの問題を解き直す。

本書の使い方 ～合格への近道～

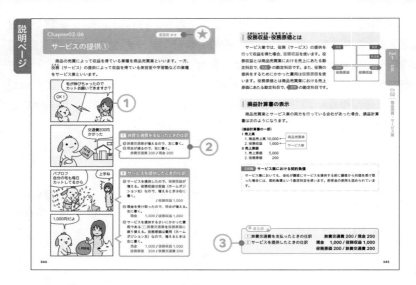

（★）重要度★★★は試験によく出題される内容、重要度★★は試験にたまに出題される内容、重要度★はさらっと読めばよい内容

① 4コマ漫画で取引を理解　② 仕訳を書く順番を学ぶ　③ まとめで確認
④ 実際の試験の問題文に慣れる　⑤ 問題文の指示から解く手順を学ぶ
⑥ 状況を整理する下書きの書き方を学ぶ　⑦ 動画解説を見る

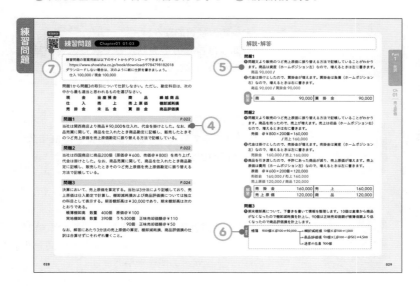

商業簿記とは

　日商簿記2級の試験範囲は、商業簿記と工業簿記です。本書で扱う商業簿記とは何か、見ていきましょう。

商業簿記と工業簿記

　商業簿記は仕入先から商品を買い、得意先へ商品を売るなどの会社外部との取引を記録する簿記です。取引を記録し、その記録から財務諸表を作成し、財務諸表を報告するという一連の流れがあります。

　一方、工業簿記は企業内部での取引の記録、製造業において製品を作るのにかかった原価の計算、何個売れれば利益が出るかの計算などを行う簿記です。企業内部で利用する情報を記録、計算する簿記です。

大量生産するときの原価計算

商業簿記の目的

　商業簿記には①取引の記録、②財務諸表を作成し報告する、という2つの目的があります。

①取引の記録

　日々の取引を仕訳として記録します。

②財務諸表を作成し報告する

　仕訳を集計し、もうけの金額や、会社にある財産の金額が一目でわかるように財務諸表を作成します。作成した財務諸表を、会社の関係者に対して報告します。

ホームポジションについて

　勘定科目は次のように、資産、負債、純資産、収益、費用、そして左側（借方）か右側（貸方）に分類されます。これを本書では勘定科目のホームポジションと呼びます。

左側（借方）　　　　　　　　　　　　　　　　　　**右側（貸方）**

資産	負債
会社の財産	会社の支払い義務

	純資産
	資産と負債の差額

費用	収益
会社の利益にとってマイナスになるもの	会社の利益にとってプラスになるもの

　P.009とP.010にホームポジション一覧があります。たくさん書いてありますが、はじめから全部暗記しなくても大丈夫です。本書を進めていく中で、次のようなことが出てきたら戻って確認してください。

● 勘定科目の名前がわからなくなったとき
● 仕訳を書くときにホームポジションが右側か左側かわからなくなったとき
● 精算表、貸借対照表、損益計算書でどこに勘定科目を書くのかわからなくなったとき

　まずは勘定科目を資産、負債、純資産、収益、費用の5つの区分に分けることができるようになりましょう。最終的に、資産は、流動資産、固定資産に、負債は流動負債、固定負債に、収益は、売上高、営業外収益、特別利益に、費用は、売上原価、販売費及び一般管理費、営業外費用、特別損失に分けることができれば、簿記2級商業簿記マスターです。

> ホームポジション一覧はWEBからダウンロードもできます。詳細はP.004「特徴3 付属データで学習しやすい」をご覧ください。
> ページ数が入っていない空欄は広範囲にわたる勘定科目、または3級で学習済みの勘定科目です。

これだけは覚えておこう「ホームポジション一覧」

※WEBからダウンロードもできます。詳細はP.004「特徴3 付属データで学習しやすい」をご覧ください。

左側（借方）	貸借対照表の勘定科目	右側（貸方）

資産	
流動資産	
現金、当座預金、普通預金	
別段預金	P.230
売掛金	P.055
受取手形	
営業外受取手形	P.096
電子記録債権	P.098
不渡手形	P.090
契約資産	P.036、P.048
繰越商品	P.020
商品	P.022
仕掛品	P.046
貯蔵品	P.132
前払金（前渡金）	P.069
前払費用	P.110、P.280
仮払法人税等	P.244
仮払消費税	P.242
未収入金（未収金）	P.055
未収収益	P.055
売買目的有価証券	P.170
短期貸付金	P.207
未決算（火災未決算）	P.134
保証債務見返	P.282
固定資産	
有形固定資産	
建物、構築物、車両運搬具、 機械装置、備品、土地	P.107
リース資産	P.158、P160
建設仮勘定	P.136
無形固定資産	
特許権、商標権	P.138
のれん	P.138、P.384
ソフトウェア	P.140
ソフトウェア仮勘定	P.142
投資その他の資産	
満期保有目的債券（1年超）	P.178
子会社株式、関連会社株式	P.182
その他有価証券（1年超）	P.184
長期貸付金	P.207
長期前払費用	P.280
繰延税金資産	P.257

負債	
流動負債	
買掛金	P.020、P.056
支払手形	
営業外支払手形	P.096
短期借入金	P.320
未払金	P.056
未払費用	P.056
未払配当金	P.232
未払法人税等	P.245
未払消費税	P.242
契約負債（前受金）	P.038、P.052
返金負債	P.040
仮受消費税	P.242
修繕引当金（特別修繕引当金）	P.210
商品保証引当金	P.208
賞与引当金、役員賞与引当金	P.212、P.222
保証債務	P.282
固定負債	
長期借入金	P.320
リース債務（1年超）	P.158、P160
退職給付引当金	P.214
繰延税金負債	P.261

純資産	
株主資本	
資本金	P.226、P.230
株式申込証拠金	P.230
資本剰余金	
資本準備金	P.226、P.230
その他資本剰余金	P.234
利益剰余金	
利益準備金	P.232
別途積立金	P.233
繰越利益剰余金	P.232
評価・換算差額等	
その他有価証券評価差額金	P.186

その他の勘定科目

貸倒引当金	P.204
減価償却累計額	P.112

精算表では負債、貸借対照表では資産の
マイナスとして表示されます。

左側（借方）	損益計算書の勘定科目	右側（貸方）

費用	
売上原価	
仕入	
売上原価	P.022
役務原価	P.044
棚卸減耗損、商品評価損	P.024
販売費及び一般管理費	
給料	
賞与、賞与引当金繰入	P.212
役員賞与、役員賞与引当金繰入	P.222
福利厚生費	P.289
退職給付費用	P.214
減価償却費	P.112
特許権償却、商標権償却	P.138
のれん償却	P.139、P.276、P.390
ソフトウェア償却	P.140
支払リース料	P.154
研究開発費	P.278
租税公課	P.264
貸倒引当金繰入（営業債権に対するもの）	P.206
商品保証費、商品保証引当金繰入	P.208
修繕費、修繕引当金繰入	P.210
営業外費用	
支払利息	P.110、P.160
手形売却損	P.086
電子記録債権売却損	P.098
債権売却損	P.100
為替差損　※	P.073
貸倒引当金繰入（営業外債権に対するもの）	P.206
有価証券売却損	P.173
有価証券評価損	P.175
創立費、開業費	P.227
株式交付費	P.231
特別損失	
固定資産圧縮損	P.108
固定資産売却損	P.121
固定資産除却損、固定資産廃棄損	P.132
火災損失	P.134
投資有価証券売却損、関係会社株式売却損	P.185、P.317
法人税、住民税及び事業税	
法人税、住民税及び事業税（法人税等）	P.245
法人税等調整額	P.257

収益	
売上高	
売上	
役務収益	P.044
営業外収益	
受取利息	
受取配当金	P.170
受取手数料	
為替差益　※	P.073
有価証券利息	P.178、P.180
有価証券売却益	P.172
有価証券評価益	P.174
償却債権取立益	
特別利益	
国庫補助金受贈益	P.108
工事負担金受贈益	P.109
固定資産売却益	P.120
保険差益	P.135
固定資産受贈益	P.143
投資有価証券売却益、関係会社株式売却益	P.184、P.317
負ののれん発生益	P.276、P.385

※「為替差損益」は、損益計算書では「為替差損」または「為替差益」となります。

豆知識 **ミスノート**

　本書の練習問題や、姉妹書『総仕上げ問題集』を解いてみて「解けなかった問題」
や「間違えてしまった問題」は、解説を読んで理解するだけでなく「どうしたら次は
解けるか」を考えて、ミスノートを作っておくと実力がアップします。
ミスノートについてオススメの作り方や使い方をご紹介します。

使い方1　ルーズリーフかノートを買う

　ミスノートはノートを使ってもよいですが、オススメはルーズリーフです。商品売
買を1週間で完璧にし、次は外貨建取引を1週間で完璧にする…という学習方法をする
場合は、問題を解いた順にノートに書いてもよいです。ただ、テキストの練習問題を
2周させた後、『総仕上げ問題集』を3周させ、模擬問題で全分野を混ぜて解くといっ
た学習をする方が多いと思いますので、その場合はルーズリーフで同じ分野をまとめ
た方が便利です。

　例えば「売買目的有価証券」を間違えた場合は、前回間違えた「売買目的有価証券」
の次に挟み込むことができます。同じ分野のミスノートがまとまっていると、後から
復習するときに見返しやすいです。

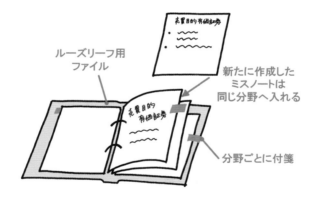

ルーズリーフ用
ファイル

新たに作成した
ミスノートは
同じ分野へ入れる

分野ごとに付箋

使い方2　簡潔に作成する

　日商簿記検定はマークシート式の試験ではなく自分で問題を読み解き、計算し、数
字を書き込む試験なので、合格するには「自分で手を動かして問題を解く練習」をす
ることが最も重要です。苦手な分野は、同じ問題を何度も解いたり、試験対策のため
に新しい問題を解いてみたりといった問題を解く練習をする時間を確保することが合
格への近道です。

　ミスノートは問題を解けるようになるために補助的に使うものなので、ミスノート
は簡潔に短時間で作成し、できるだけ問題を解く時間を多く確保することをオススメ
します。

CONTENTS

日商簿記2級の概要 ································· 003

本書の特徴 ································· 004

日商簿記2級の学習方法 ································· 005

本書の使い方 〜合格への近道〜 ································· 006

商業簿記とは ································· 007

ホームポジションについて ································· 008

これだけは覚えておこう「ホームポジション一覧」 ································· 009

Part1 | 仕訳

Chapter01 売上原価 **019**

01 3分法 ·········· 重要度 ★ 020

02 販売のつど売上原価に振り替える方法 ·········· 重要度 ★★ 022

03 棚卸減耗損・商品評価損 ·········· 重要度 ★★★ 024

練習問題 01-03 ·········· 028

Chapter02 商品売買・サービス業 **031**

01 収益認識基準とは ·········· 重要度 ★ 032

02 商品の販売① 契約資産 ·········· 重要度 ★★ 036

03 商品の販売② 契約負債 ·········· 重要度 ★★ 038

04 売上割戻（変動対価） ·········· 重要度 ★★ 040

05 仕入割戻 ·········· 重要度 ★★ 042

06 サービスの提供① ·········· 重要度 ★★ 044

07 サービスの提供② 仕掛品 ·········· 重要度 ★★ 046

08 サービスの提供③ 契約資産 ·········· 重要度 ★★ 048

09 サービスの提供④ 契約負債 ·········· 重要度 ★★ 052

10 主たる営業取引 ·········· 重要度 ★ 054

練習問題　01-09 ────────────────────── 057

Chapter03　**外貨建取引**　　　　　　　　　　　　　　**063**

01 外貨建取引① 外国通貨での売上と仕入　重要度 ★★★ 064
02 外貨建取引② 売掛金と買掛金　　　　　重要度 ★★★ 066
03 外貨建取引③ 契約負債と前払金　　　　重要度 ★★ 068
04 外貨建取引④ 決算整理仕訳　　　　　　重要度 ★★ 070
05 為替予約①　　　　　　　　　　　　　重要度 ★★★ 074
06 為替予約②　　　　　　　　　　　　　重要度 ★★★ 076
練習問題　01-06 ────────────────────── 078

Chapter04　**手形・債権の譲渡**　　　　　　　　　　　**085**

01 割引手形　　　　　　　　　　　　　　重要度 ★★ 086
02 裏書手形　　　　　　　　　　　　　　重要度 ★★ 088
03 手形の不渡り　　　　　　　　　　　　重要度 ★ 090
04 手形の期日の延長 (手形の更改)　　　　重要度 ★ 094
05 営業外支払手形・営業外受取手形　　　重要度 ★ 096
06 電子記録債権の割り引き・譲渡　　　　重要度 ★ 098
07 債権の譲渡　　　　　　　　　　　　　重要度 ★★ 100
練習問題　01-07 ────────────────────── 101

Chapter05　**固定資産**　　　　　　　　　　　　　　　**105**

01 固定資産とは　　　　　　　　　　　　重要度 ★ 106
02 固定資産の取得① 圧縮記帳　　　　　　重要度 ★★★ 108
03 固定資産の取得② 割賦購入　　　　　　重要度 ★★★ 110
04 減価償却① 定額法　　　　　　　　　　重要度 ★★★ 112
05 減価償却② 定率法　　　　　　　　　　重要度 ★★★ 114
06 減価償却③ 生産高比例法　　　　　　　重要度 ★ 118
07 固定資産の売却　　　　　　　　　　　重要度 ★★★ 120
08 減価償却費の記帳方法 関接法と直接法　重要度 ★★ 122
練習問題　02-08 ────────────────────── 124
09 固定資産の買い換え　　　　　　　　　重要度 ★ 130

10 固定資産の除却・廃棄 ・・・・・・・・・・・・・・・・・・・・・ 重要度 ★★ 132

11 固定資産の火災 ・・・・・・・・・・・・・・・・・・・・・・・・・・・・・ 重要度 ★★ 134

12 建設仮勘定 ・・・・・・・・・・・・・・・・・・・・・・・・・・・・・・・・・ 重要度 ★★★ 136

13 無形固定資産① 特許権、商標権、のれん 重要度 ★★ 138

14 無形固定資産② ソフトウェア ・・・・・・・・・・・ 重要度 ★★★ 140

15 ソフトウェア仮勘定 ・・・・・・・・・・・・・・・・・・・・・ 重要度 ★★★ 142

練習問題　09-15 ・・・・・・・・・・・・・・・・・・・・・・・・・・・・・・144

Chapter06　**リース取引**　　　　　　　　　　　　　　　　**151**

01 リース取引とは ・・・・・・・・・・・・・・・・・・・・・・・・・・・ 重要度 ★ 152

02 オペレーティング・リース取引 ・・・・・・・・・ 重要度 ★★ 154

03 ファイナンス・リース取引① ・・・・・・・・・・・・・ 重要度 ★ 156

04 ファイナンス・リース取引② 利子込み法 重要度 ★★★ 158

05 ファイナンス・リース取引③ 利子抜き法 重要度 ★★★ 160

練習問題　01-05 ・・・・・・・・・・・・・・・・・・・・・・・・・・・・・・162

Chapter07　**有価証券**　　　　　　　　　　　　　　　　　**167**

01 有価証券の種類 ・・・・・・・・・・・・・・・・・・・・・・・・・・・ 重要度 ★★★ 168

02 売買目的有価証券の取得 ・・・・・・・・・・・・・・・ 重要度 ★★ 170

03 売買目的有価証券の売却 ・・・・・・・・・・・・・・・ 重要度 ★★★ 172

04 売買目的有価証券の時価評価① ・・・・・・・ 重要度 ★★★ 174

05 売買目的有価証券の時価評価② ・・・・・・・ 重要度 ★ 176

06 満期保有目的債券の取得 ・・・・・・・・・・・・・・・ 重要度 ★★ 178

07 満期保有目的債券の償却原価法 ・・・・・・・ 重要度 ★★★ 180

08 子会社株式・関連会社株式の取得 ・・・・・ 重要度 ★ 182

09 その他有価証券の取得と売却 ・・・・・・・・・・ 重要度 ★ 184

10 その他有価証券の時価評価 ・・・・・・・・・・・・・ 重要度 ★★★ 186

11 端数利息 ・・・・・・・・・・・・・・・・・・・・・・・・・・・・・・・・・ 重要度 ★★★ 188

12 有価証券のまとめ ・・・・・・・・・・・・・・・・・・・・・・・ 重要度 ★★★ 191

練習問題　01-12 ・・・・・・・・・・・・・・・・・・・・・・・・・・・・・・193

Chapter08　引当金 　　201

01　引当金の種類　　　　　　　　　　　重要度 ★　　202

02　貸倒引当金の一括評価と個別評価　　重要度 ★★★　204

03　貸倒引当金の表示　　　　　　　　　重要度 ★★　206

04　商品保証引当金・製品保証引当金　　重要度 ★★　208

05　固定資産の修繕引当金　　　　　　　重要度 ★★　210

06　賞与引当金　　　　　　　　　　　　重要度 ★　212

07　退職給付引当金　　　　　　　　　　重要度 ★★★　214

練習問題　01-07　　　　　　　　　　　　　218

Chapter09　純資産 　　223

01　純資産とは　　　　　　　　　　　　重要度 ★　224

02　株式会社の設立　　　　　　　　　　重要度 ★★　226

03　増資　　　　　　　　　　　　　　　重要度 ★★　230

04　剰余金の配当と処分　　　　　　　　重要度 ★★★　232

05　株主資本の計数の変動　　　　　　　重要度 ★　236

練習問題　01-05　　　　　　　　　　　　　237

Chapter10　税金 　　243

01　法人税等の仕訳　　　　　　　　　　重要度 ★★★　244

02　法人税等の計算と課税所得　　　　　重要度 ★　248

03　税効果会計とは　　　　　　　　　　重要度 ★　254

04　税効果会計① 減価償却　　　　　　　重要度 ★★★　256

05　税効果会計② 貸倒引当金　　　　　　重要度 ★★★　259

06　税効果会計③ その他有価証券　　　　重要度 ★★★　261

07　その他の税金　　　　　　　　　　　重要度 ★　264

練習問題　01-07　　　　　　　　　　　　　266

Chapter11　その他の仕訳 　　271

01　合併① 現金を渡す場合　　　　　　　重要度 ★★　272

02　合併② 株式を渡す場合　　　　　　　重要度 ★★★　274

03　研究開発費　　　　　　　　　　　　重要度 ★★★　278

04 長期前払費用 　　　　　　　　　　　　重要度 ★★ 280

05 保証債務 　　　　　　　　　　　　　　重要度 ★ 282

06 月次決算 　　　　　　　　　　　　　　重要度 ★ 284

練習問題 01-06 286

Chapter12 **当座預金の銀行勘定調整表** **291**

01 銀行勘定調整表 　　　　　　　　　　　重要度 ★★ 292

02 連絡未通知 　　　　　　　　　　　　　重要度 ★★ 294

03 未渡小切手 　　　　　　　　　　　　　重要度 ★★ 295

04 誤記入 　　　　　　　　　　　　　　　重要度 ★★ 296

05 時間外預入 　　　　　　　　　　　　　重要度 ★★ 297

06 未取立小切手 　　　　　　　　　　　　重要度 ★★ 298

07 未取付小切手 　　　　　　　　　　　　重要度 ★★ 299

練習問題 01-07 300

Part2 財務諸表等

Chapter13 **精算表・財務諸表** **303**

01 精算表 　　　　　　　　　　　　　　　重要度 ★★ 304

練習問題 01 307

02 損益計算書 　　　　　　　　　　　　　重要度 ★★★ 314

03 貸借対照表 　　　　　　　　　　　　　重要度 ★★★ 318

練習問題 02-03 322

04 株主資本等変動計算書 　　　　　　　　重要度 ★★★ 335

練習問題 04 337

05 製造業の財務諸表 　　　　　　　　　　重要度 ★ 343

Chapter14 **本支店会計** **347**

01 本支店会計とは 　　　　　　　　　　　重要度 ★ 348

02 本支店間の取引 　　　　　　　　　　　重要度 ★ 350

03 支店間の取引① 支店分散計算制度 ⋯⋯⋯ 重要度 ★★ 354

04 支店間の取引② 本店集中計算制度 ⋯⋯⋯ 重要度 ★ 356

05 決算整理① ⋯⋯⋯ 重要度 ★ 358

06 決算整理② ⋯⋯⋯ 重要度 ★ 360

練習問題 01-06 ⋯⋯⋯ 362

07 本支店合併財務諸表 ⋯⋯⋯ 重要度 ★★ 365

練習問題 07 ⋯⋯⋯ 366

08 本店と支店の損益振替 ⋯⋯⋯ 重要度 ★ 371

Part3 | 連結会計

Chapter15 **連結会計** **375**

01 連結会計とは ⋯⋯⋯ 重要度 ★★★ 376

02 支配獲得日の連結会計① ⋯⋯⋯ 重要度 ★ 380

03 支配獲得日の連結会計② ⋯⋯⋯ 重要度 ★ 382

04 支配獲得日の連結会計③ ⋯⋯⋯ 重要度 ★★★ 386

練習問題 01-04 ⋯⋯⋯ 389

05 連結第1年度の連結会計 ⋯⋯⋯ 重要度 ★★★ 390

練習問題 05 ⋯⋯⋯ 397

06 連結第2年度の連結会計 ⋯⋯⋯ 重要度 ★★★ 400

練習問題 06 ⋯⋯⋯ 404

07 連結会社間の取引の消去 ⋯⋯⋯ 重要度 ★★★ 412

練習問題 07 ⋯⋯⋯ 418

08 ダウンストリームとアップストリーム ⋯⋯⋯ 重要度 ★ 420

09 貸倒引当金の調整 ⋯⋯⋯ 重要度 ★★ 422

10 未実現利益の消去① 商品 ⋯⋯⋯ 重要度 ★★★ 428

11 未実現利益の消去② 土地 ⋯⋯⋯ 重要度 ★★ 438

練習問題 08-11 ⋯⋯⋯ 442

12 連結精算表 ⋯⋯⋯ 重要度 ★★★ 448

練習問題 12 ⋯⋯⋯ 450

13 連結財務諸表 ━━━━━━━━━━━━━━━━ 重要度 ★★★ 463

練習問題　13 ━━━━━━━━━━━━━━━━━━━━━━━━━━━ 466

この本が終わったら、何をすればいいの？
(ネット試験の体験ページのURLとパスワード) ━━━━━━━━ 475

索引 ━━━━━━━━━━━━━━━━━━━━━━━━━━━━━━━ 476

「効率的な学習法」を動画で解説！
https://pboki.com/use/2s_text.html
「解く力を確実に身につけたい」「テキストを読み進めていく
だけで合格ができるのか不安」……。こういった方に向けて、
本書の使い方を動画で詳しく解説しました。また、購入特典であるネット試
験（模試）の使い方も紹介していますので、ぜひご覧ください。

パブロフ

ドッグフードを売る会社の社長。
犬。
会社で必要な簿記をお兄さんか
ら教えてもらっている。
日商簿記2級を受けるので暇な
ときは勉強している。

お兄さん

パブロフのドッグフード店の近
くに住んでいる公認会計士。
飼い犬のドッグフードを買いに
行くついでに、パブロフに簿記
を教えてあげている。

Chapter01
売上原価

重要度 ★

3分法

　簿記2級で学習する商品売買の仕訳の書き方は、3分法と販売のつど売上原価に振り替える方法の2種類です。今回は簿記3級で学習した3分法について復習します。

1 商品を仕入れたときの仕訳

❶ 商品を買ったので、仕入が増える。仕入は費用（ホームポジション左）なので、増えるときは左に書く。
　仕入 800 /

❷ 商品を掛けで買ったので、買掛金が増える。買掛金は負債（ホームポジション右）なので、増えるときは右に書く。
　仕入 800 / 買掛金 800

2 商品を売ったときの仕訳

❶ 商品を売ったので、売上が増える。売上は収益（ホームポジション右）なので、増えるときは右に書く。
　/ 売上 900

❷ 商品を掛けで売ったので、売掛金が増える。売掛金は資産（ホームポジション左）なので、増えるときは左に書く。
　売掛金 900 / 売上 900

3 決算：売上原価の決算整理仕訳

3分法の売上原価の決算整理仕訳は、「しーくりくりしー」を書く。
　仕入 100 / 繰越商品 100
　繰越商品 300 / 仕入 300

3分法とは

商品売買の記帳方法（仕訳の書き方）の一つとして3分法があります。3分法とは、期中に商品を仕入れたとき仕入に記帳し、商品を販売したとき売上に記帳する方法です。そして、決算のタイミングで決算整理仕訳を行い、期首棚卸高を繰越商品から仕入へ振り替え、期末棚卸高を仕入から繰越商品に振り替えます。本書は、基本的に商品売買の仕訳を3分法で説明しています。

仕入は 費用 の勘定科目、売上は 収益 の勘定科目、繰越商品は 資産 の勘定科目です。

残高試算表の金額

例えば、期首棚卸高100、期末棚卸高300、当期仕入高800、当期売上高900とします。3分法の場合、期末日における決算整理前と決算整理後の金額は次のようになります。

3分法では、繰越商品の残高を期末の在庫金額（期末棚卸高）にするため、仕入の残高を売上原価の金額にするために、決算整理仕訳を行います。

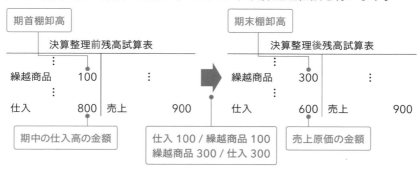

<table>
<tr><td colspan="2"></td></tr>
</table>

まとめ

1 商品を仕入れたときの仕訳	仕入	800 / 買掛金	800
2 商品を売ったときの仕訳	売掛金	900 / 売上	900
3 決算：売上原価の決算整理仕訳	仕入	100 / 繰越商品	100
	繰越商品	300 / 仕入	300

販売のつど売上原価に振り替える方法

商品売買の仕訳の書き方について、販売のつど売上原価に振り替える方法を学習します。本書においてChapter01-02以外では、指示がない限り3分法を前提としています。

1 商品を仕入れたときの仕訳

❶ 商品を買ったので、商品が増える。商品は資産（ホームポジション左）なので、増えるときは左に書く。

　商品 800 /

❷ 商品を掛けで買ったので、買掛金が増える。右に書く。

　商品 800 / 買掛金 800

2 商品を売ったときの仕訳

❶ 商品を売ったので、売上が増える。右に書く。

　　　　　　/ 売上 900

❷ 商品を掛けで売ったので、売掛金が増える。左に書く。

　売掛金 900 / 売上 900

❸ 商品を引き渡したので、手許にあった商品が減り、売上原価が増える。売上原価は費用（ホームポジション左）なので、増えるときは左に書く。

　売掛金　　900 / 売上 900
　売上原価 600 / 商品 600

決算

仕訳なし

販売のつど売上原価に振り替える方法とは

販売のつど売上原価に振り替える方法とは、期中に商品を仕入れたとき商品に記帳し、商品を販売したとき売上に記帳し、同時に商品から売上原価へ振り替える記帳方法です。この方法は決算のタイミングで決算整理仕訳を行いません。商品は　資産　の勘定科目、売上原価は　費用　の勘定科目です。

残高試算表の金額

例えば、期首棚卸高100、期末棚卸高300、当期仕入高800、当期売上高900とします。販売のつど売上原価に振り替える方法の場合、期末日における決算整理前と決算整理後の金額は次のようになります。決算整理前の商品の金額は期末の在庫金額（期末棚卸高）であり、売上原価の金額も正しいため、決算整理仕訳を行う必要はありません。

販売のつど売上原価に振り替える方法では、3分法と違い繰越商品勘定を使わず、商品勘定で残高を翌期に繰り越すことになります。

まとめ

1 商品を仕入れたときの仕訳　　　　商品　　800 / 買掛金 800
2 商品を売ったときの仕訳　　　　　売掛金　900 / 売上　　900
　　　　　　　　　　　　　　　　　売上原価 600 / 商品　　600

棚卸減耗損・商品評価損
たなおろしげんもうそん しょうひんひょうかそん

たなおろしげんもうそん しょうひんひょうかそん
　棚卸減耗損と商品評価損は試験でよく出題されます。まずは内容を理解して、最終的に自分の力で下書きと仕訳が書けるように練習しましょう。

決算：売上原価の決算整理仕訳

3分法の売上原価の決算整理仕訳は、
「しーくりくりしー」を書く。
　　仕入 100 ／ 繰越商品 100
　　繰越商品 300 ／ 仕入 300

1 決算：棚卸減耗損の決算整理仕訳

❶帳簿に記録されていた期末棚卸高より
実際の在庫が少なかったので、繰越商
品が減る。右に書く。
帳簿300－実際200＝100
　　　　　　　 ／ 繰越商品 100

❷在庫があるはずの商品がなくなったの
で、棚卸減耗損が増える。棚卸減耗損
は費用（ホームポジション左）なので、
増えるときは左に書く。
　　棚卸減耗損 100 ／ 繰越商品 100

2 決算：商品評価損の決算整理仕訳

❶繰越商品の価値が70円下がっているの
で、繰越商品を減らす。右に書く。
　　　　　　　 ／ 繰越商品 70

❷商品の価値が下がったので、商品評価
損が増える。商品評価損は費用（ホー
ムポジション左）なので、増えるとき
は左に書く。
　　商品評価損 70 ／ 繰越商品 70

棚卸減耗損と商品評価損とは

棚卸減耗損とは、決算日に商品の在庫を数え
た結果、あるべき数量（記録していた帳簿上の
数量）より減っていた場合に使う勘定科目です。
棚卸減耗損は 費用 の勘定科目です。商品評
価損とは、決算日に商品の在庫の状況を確認し
た結果、商品の破損などで価値が下がった場合
に使う 費用 の勘定科目です。

1 決算：棚卸減耗損の決算整理仕訳
2 決算：商品評価損の決算整理仕訳

帳簿で記録していた情報（帳簿棚卸高）と決算日に実際に数えた結果（実
地棚卸高）を比較した結果、なくなった在庫は棚卸減耗損に計上し、価
値が減った在庫は商品評価損に計上します。

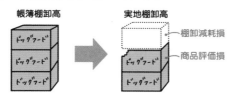

残高試算表の金額

通常の売上原価の決算整理仕訳に加えて棚卸減耗損と商品評価損の決算整
理仕訳を行うことで、繰越商品の金額は決算日の在庫数と価値の下落を反映
した金額になります。

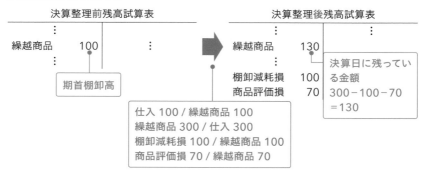

棚卸減耗損と商品評価損のポイント

棚卸減耗損と商品評価損の仕訳について、例題を使って見ていきましょう。
出てくる用語の意味は次のとおりです。

帳簿棚卸高	帳簿で記録していた商品の個数と金額のこと。
実地棚卸高	決算日に実際にある商品の個数と金額のこと。
正味売却価額	将来、商品が売れると予想される金額から販売にかかる手数料を引いた金額のこと。商品の破損などにより正味売却価額が取得原価より低くなった場合、取得原価と正味売却価額の差額を商品評価損として処理する。

例題 商品売買は3分法により記帳している。商品の期首棚卸高は￥100であり、
期末棚卸高は次のとおりであった場合の決算整理仕訳を行いなさい。
帳簿棚卸高：数量3個、帳簿価額（取得原価）@￥100
実地棚卸高：数量2個、うち1個が正味売却価額@￥200
　　　　　　　　　　1個が正味売却価額@￥30

解答 仕入　　　　100 / 繰越商品 100
繰越商品　　300 / 仕入　　　300
棚卸減耗損 100 / 繰越商品 100
商品評価損　70 / 繰越商品　70

解説

❶ 期末棚卸高について、下書きを書いて情報を整理します。期末商品の帳簿棚
卸高3個の内訳を矢印の右側に書きます。1個は倉庫から商品がなくなった
ので棚卸減耗損を計上し、1個は正味売却価額が帳簿価額（取得原価）より
低くなったので商品評価損を計上します。

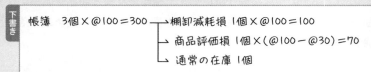

下書き
帳簿　3個×@100＝300 → 棚卸減耗損 1個×@100＝100
→ 商品評価損 1個×（@100－@30）＝70
→ 通常の在庫 1個

❷ 売上原価の決算整理仕訳を書きます。ここでは帳簿棚卸高を使います。
仕入　　　100 / 繰越商品 100
繰越商品 300 / 仕入　　　300

❸ 棚卸減耗損の決算整理仕訳を書きます。
棚卸減耗損 100 / 繰越商品 100

❹ 商品評価損の決算整理仕訳を書きます。
商品評価損 70 / 繰越商品 70

豆知識 取得原価と正味売却価額

例題では、実地棚卸高のうち、1個は正味売却価額@￥200、1個は正味売却価額￥30
となっています。帳簿価額（取得原価）はどちらも@￥100です。正味売却価額@￥
200で帳簿価額@￥100というのは、100円で仕入れた商品を200円で売るという状
況です。正味売却価額が帳簿価額より高いのは、通常の商品売買の取引といえます。こ
のため、商品評価損の仕訳を書きません。一方、正味売却価額@￥30で帳簿価額@￥
100というのは、100円で仕入れた商品を30円で売るという状況です。商品を売って
も70円の赤字になってしまうことが確定していますので、赤字70円について商品評価
損の仕訳を書くことになります。

売上原価に含めない方法と売上原価に含める方法

棚卸減耗損と商品評価損には、①売上原価に含めない方法（独立の科目と
して表示する方法）と、②売上原価に含める方法の2種類があります。

ここまで学習したのは①の方法です。②売上原価に含める方法の場合、棚
卸減耗損と商品評価損を仕入勘定に振り替える仕訳を追加して書きます。3
分法では仕入勘定で売上原価を計算しますので、仕入勘定に振り替えること
で、棚卸減耗損と商品評価損が売上原価の金額に含まれるのです。

	①売上原価に含めない方法 （独立の科目として表示する方法）	②売上原価に含める方法
決算整理仕訳	仕入 100 / 繰越商品 100 繰越商品 300 / 仕入 300 棚卸減耗損 100 / 繰越商品 100 商品評価損 70 / 繰越商品 70	仕入 100 / 繰越商品 100 繰越商品 300 / 仕入 300 棚卸減耗損 100 / 繰越商品 100 商品評価損 70 / 繰越商品 70 仕入 100 / 棚卸減耗損 100 仕入 70 / 商品評価損 70

棚卸減耗損と商品評価損は、簿記の理論上は、原則として②売上原価に含
める方法で仕訳を行います。問題を解くさいに、問題文に「棚卸減耗損と商
品評価損については売上原価に含めて表示する」などの具体的な指示があり
ますので、指示に従って仕訳を書くことが大切です。

関連ページ 精算表〜棚卸減耗損などの記入方法 **P.305**

まとめ
1 決算：棚卸減耗損の決算整理仕訳 **棚卸減耗損 100 / 繰越商品 100**
2 決算：商品評価損の決算整理仕訳 **商品評価損 70 / 繰越商品 70**

練習問題　Chapter01 01-03

練習問題の答案用紙は以下のサイトからダウンロードできます。
　https://www.shoeisha.co.jp/book/download/9784798182018
ダウンロードしない場合は、次のように紙に仕訳を書きましょう。
　仕入 100,000 / 現金 100,000

問題1から問題3の取引について仕訳しなさい。ただし、勘定科目は、次の中から最も適当と思われるものを選びなさい。

現　　　金	当 座 預 金	商　　　品	繰 越 商 品
仕　　　入	売　　　上	売 上 原 価	棚 卸 減 耗 損
売 掛 金	未 払 金	買 掛 金	商品評価損

問題1　　　　　　　　　　　　　　　　　　　　　　　　　　P.022

当社は関西商店より商品￥90,000を仕入れ、代金を掛けとした。なお、商品売買に関して、商品を仕入れたとき商品勘定に記帳し、販売したときそのつど売上原価を売上原価勘定に振り替える方法で記帳している。

問題2　　　　　　　　　　　　　　　　　　　　　　　　　　P.022

当社は四国商店に商品200個（原価@￥600、売価@￥800）を売り上げ、代金は掛けとした。なお、商品売買に関して、商品を仕入れたとき商品勘定に記帳し、販売したときそのつど売上原価を売上原価勘定に振り替える方法で記帳している。

問題3　　　　　　　　　　　　　　　　　　　　　　　　　　P.024

決算において、売上原価を算定する。当社は3分法により記帳しており、売上原価は仕入勘定で計算し、棚卸減耗損および商品評価損については独立の科目として表示する。期首棚卸高は￥30,000であり、期末棚卸高は次のとおりである。

　帳簿棚卸高　数量　400個　原価@￥100
　実地棚卸高　数量　390個　うち300個　正味売却価額@￥110
　　　　　　　　　　　　　　　　90個　正味売却価額@￥50

なお、解答にあたり3分法の売上原価の算定、棚卸減耗損、商品評価損の仕訳は合算せずにそれぞれ書くこと。

解説・解答

問題1

❶ 問題文より販売のつど売上原価に振り替える方法で記帳していることがわかります。商品は資産（ホームポジション左）なので、増えるときは左に書きます。
　商品 90,000 /

❷ 代金は掛けとしたので、買掛金が増えます。買掛金は負債（ホームポジション右）なので、増えるときは右に書きます。
　商品 90,000 / 買掛金 90,000

商　　　品	90,000	買　掛　金	90,000

問題2

❶ 問題文より販売のつど売上原価に振り替える方法で記帳していることがわかります。商品を売ったので、売上が増えます。売上は収益（ホームポジション右）なので、増えるときは右に書きます。
　売価　@¥800×200個＝160,000
　　　　　　　 / 売上 160,000

❷ 代金は掛けとしたので、売掛金が増えます。売掛金は資産（ホームポジション左）なので、増えるときは左に書きます。
　売掛金　160,000 / 売上 160,000

❸ 商品を引き渡したので、手許にあった商品が減り、売上原価が増えます。売上原価は費用（ホームポジション左）なので、増えるときは左に書きます。
　原価　@¥600×200個＝120,000
　売掛金　160,000 / 売上 160,000
　売上原価 120,000 / 商品 120,000

売　掛　金	160,000	売　　　上	160,000
売　上　原　価	120,000	商　　　品	120,000

問題3

❶ 期末棚卸高について、下書きを書いて情報を整理します。10個は倉庫から商品がなくなったので棚卸減耗損を計上し、90個は正味売却価額が帳簿価額より低くなったので商品評価損を計上します。

```
帳簿　400個×@100＝40,000 ─┬→ 棚卸減耗損 10個×@100＝1,000
                          ├→ 商品評価損 90個×（@100−@50）＝4,500
                          └→ 通常の在庫 300個
```

❷売上原価の決算整理仕訳を書きます。ここでは帳簿棚卸高を使います。

仕入　　　30,000 / 繰越商品 30,000
繰越商品 40,000 / 仕入　　　40,000

❸棚卸減耗損の決算整理仕訳を書きます。在庫があるはずの商品がなくなったので、繰越商品が減り、棚卸減耗損が増えます。棚卸減耗損は費用（ホームポジション左）なので、増えるときは左に書きます。

棚卸減耗損 1,000 / 繰越商品 1,000

❹商品評価損の決算整理仕訳を書きます。商品の価値が下がっているので、繰越商品が減り、商品評価損が増えます。商品評価損は費用（ホームポジション左）なので、増えるときは左に書きます。

商品評価損 4,500 / 繰越商品 4,500

❺問題文に「棚卸減耗損および商品評価損については独立の科目として表示する」と指示があるので、仕訳はこれで完了です。また、問題文に「仕訳は合算せずにそれぞれ書く」と指示があるので、合算せずに解答とします。

問題文の「売上原価は仕入勘定で計算し」について、3分法の決算整理仕訳には（1）仕入勘定で売上原価を計算する場合と（2）売上原価勘定で売上原価を計算する場合の2種類がありますが、本問では（1）で仕訳するという指示です。3級で学習した内容なので、気になる方は3級の「売上原価」を見てください。2級では、実際に会社で多く使われている（1）の指示がほとんどで、（2）はめったに出題されません。

仕　　　　入	30,000	繰 越 商 品	30,000
繰 越 商 品	40,000	仕　　　　入	40,000
棚 卸 減 耗 損	1,000	繰 越 商 品	1,000
商 品 評 価 損	4,500	繰 越 商 品	4,500

豆知識　**棚卸減耗損と商品評価損　販売のつど売上原価に振り替える方法**

販売のつど売上原価に振り替える方法で記帳している場合、棚卸減耗損と商品評価損を①売上原価に含めない方法（独立の科目として表示する方法）と、②売上原価に含める方法の2種類は次のようになります。

	①売上原価に含めない方法 （独立の科目として表示する方法）	②売上原価に含める方法
決算整理 仕訳	棚卸減耗損 100 / 商品 100 商品評価損　70 / 商品　70	棚卸減耗損 100 / 商品　　　100 商品評価損　70 / 商品　　　　70 売上原価　　100 / 棚卸減耗損 100 売上原価　　　70 / 商品評価損　70

Chapter02
商品売買・サービス業

収益認識基準とは

　商品売買やサービス業の仕訳を学習する前に、収益認識基準について学習します。細かい定義を覚える必要はありません。内容を簡単に理解しておきましょう。

収益認識基準とは

　収益認識基準とは、売上などの収益について「いつ」仕訳を書くのか、また、売上などの収益の金額を「いくらで」計上するのかを定めたルールです。2021年4月に施行され、これまでの収益認識の考え方と大きく変わりました。

会計基準での定義

> 約束した財又はサービスの顧客への移転を当該財又はサービスと交換に企業が権利を得ると見込む対価の額で描写するように、収益を認識することである。

　会計基準ではかなり難しい表現で書いてあるので、内容を理解しやすいように財とサービスに分けて説明します。顧客（こきゃく）というのは、当社が商品を売る相手（お客さん）のことで、簿記では得意先ということもあります。

財について

　財というのは簡単にいうと商品のことです。商品を販売するときには、当社が商品を顧客に渡したときに売上の仕訳を書きます。また、当社が顧客から受け取ることのできる対価の金額で売上を計上します。

　簿記3級では収益認識基準を気にせず売上の仕訳を書いていましたが、本来は収益認識基準で「いつ」「いくらで」売上の仕訳を書くのか、ルールが決まっています。例えば、当期に商品を売る契約をして翌期に商品を顧客に渡した場合、当期と翌期どちらで売上の仕訳を書くかによって、当期の会社の利益が変わってしまいます。「いつ」売上の仕訳を書くか厳密なルールがない

と「当期は利益が少ないから当期中に売上の契約だけたくさんしておこう」といった会社の利益操作もできてしまうのです。

　商品の販売についてはChapter02-02〜04で詳しく学習します。

> **豆知識** 収益認識基準と仕入取引
>
> 収益認識基準は「収益」についての基準なので、商品を販売するときの売上については厳密に考える必要がありますが、商品を購入するときの仕入については当てはまりません。仕入取引はChapter01で学習したとおりに仕訳を書きます。

サービスについて

　サービスというのは、学習塾や美容室などお金を受け取って顧客に価値を提供することです。サービスを提供するときには、当社がサービスを顧客に提供したときに役務収益の仕訳を書きます。後で学習しますが、商品を売る場合には売上という 収益 の勘定科目を使い、サービスを提供する場合には役務収益という 収益 の勘定科目を使います。

　また、当社が顧客から受け取ることのできる対価の金額で役務収益を計上します。サービスの提供についてはChapter02-06〜09で詳しく学習します。

契約と履行義務について

　収益認識基準では、契約と履行義務という用語が使われます。

　契約とは、当社と取引先の間での、法的な強制力のある取り決めのことです。

　履行義務とは、当社が顧客へ財を渡す約束、または当社が顧客へサービスを提供する約束のことです。

　なんだか難しそうな内容だけど、覚えないとダメなの？

　ここは軽く読んでおけば十分だから覚えなくていいよ。Chapter02-02以降の取引と仕訳を理解するほうが重要だね。

収益を認識して仕訳を書くタイミング

会社で商品を売るさいには①注文を受ける、②商品を倉庫から出荷する、③商品を顧客へ引渡す、④顧客が検収（注文通りの商品を受け取り、商品に不具合がないか確認すること）を完了する、⑤請求書（商品の代金と振込先が明記された書類）を送る、⑥代金を回収するという流れがあります。

収益の認識基準で「会社は商品を顧客に渡したときに売上の仕訳を書く」と決まってはいますが、具体的には各会社の状況によって②または③または④のタイミングで売上の仕訳を書くことになります。②を**出荷基準**、③を**引渡し基準**（着荷基準）、④を**検収基準**といいます。

出荷基準とは、②商品を倉庫から出荷したときに収益を認識する基準のことです。

引渡し基準（着荷基準）とは、③商品を顧客（得意先）へ引渡したときに収益を認識する基準のことです。

検収基準とは、④顧客（得意先）が検収を完了したときに収益を認識する基準のことです。検収書とは、検収が完了したことを証明する書類のことで、販売した商品に不備や傷がないことを顧客が確認した後に、確認した証拠として受け取る書類です。

収益の相手勘定科目

　売上などの収益の仕訳を書くとき、相手勘定科目を何にするのかも重要です。売上と同時に現金を受け取った場合が一番簡単です。

　仕訳　**現金 1,000 / 売上 1,000**

　売上と同時に「翌月末までにお金をください」といった約束をした場合には売掛金を使います。

　仕訳　**売掛金 1,000 / 売上 1,000**

　売上と同時に約束手形を受け取った場合には受取手形を使います。

　仕訳　**受取手形 1,000 / 売上 1,000**

　売掛金や受取手形のことを債権といいます。債権というのは一般的に「代金を受け取る権利」という意味で使われますが、収益認識基準では債権について厳密に定義されています。

　債権は「会社が顧客へ商品を売った代金を受け取ることができる権利のうち、時の経過により受け取る権利が到来するもの」という意味で使います。定義は難しく見えますが、実際の例で考えると簡単です。売掛金は例えば翌月末に代金を受け取る権利なので「時の経過により代金を受け取る権利」です。受取手形も支払期日が到来したら代金を受け取ることができるので「時の経過により代金を受け取る権利」です。

　売上を計上しても、現金や債権を使って仕訳できない場合もあるので、Chapter02-02以降で学習します。

重要度 ★★

商品の販売① 契約資産

商品を数回に分けて顧客へ引渡し、最後に商品を引渡したときに債権を計上する場合について見ていきましょう。

1 商品を売って契約資産を計上したときの仕訳

❶ 商品を売ったので、売上が増える。売上は収益（ホームポジション右）なので、増えるときは右に書く。

/ 売上 200

❷ まだ債権を受け取ることは確定していないので、契約資産を使う。契約資産は資産（ホームポジション左）なので、増えるときは左に書く。

契約資産 200 / 売上 200

2 商品を売って売掛金を計上したときの仕訳

❶ 商品を売ったので、売上が増える。右に書く。

/ 売上 200

❷ 売掛金を受け取ることが確定したので契約資産を取り崩す。契約資産は資産（ホームポジション左）なので、減るときは右に書く。

売上　　　200
契約資産 200

❸ 月末払いなので、売掛金が増える。左に書く。

売掛金 400 / 売上　　　200
契約資産 200

契約資産とは

契約資産とは、会社が顧客に商品を販売し、代金を受け取る権利はあるが、債権を計上できない場合に使う勘定科目です。契約資産は 資産 の勘定科目です。

売掛金や受取手形などの債権は「会社が顧客へ商品を売った代金を受け取ることができる権利のうち、時の経過により受け取る権利が到来

するもの」です。したがって「数か月後（または数年後）に代金を受け取ることが確定している」場合しか債権の勘定科目を使うことができません。

1 商品を売って契約資産を計上したときの仕訳

5月と6月に100箱ずつ商品を販売しています。1回目の商品引渡しのときには「いつ」「どのような形で」代金を受け取ることができるかハッキリしないので、契約資産で仕訳しておきます。

2 商品を売って売掛金を計上したときの仕訳

2回目の商品引渡しのときに「6月末」「売掛金の回収という形で」代金を受け取ることが明らかになったので、契約資産を取り崩し、売掛金という債権の勘定科目で仕訳します。

🐾 まとめ 🐾

1 商品を売って契約資産を計上したときの仕訳

契約資産 200 / 売上　　200

2 商品を売って売掛金を計上したときの仕訳

売掛金　400 / 売上　　200
　　　　　　 / 契約資産 200

重要度 ★★

商品の販売② 契約負債

商品を引渡す前に手付金を受け取った場合について見ていきましょう。

1 手付金を受け取ったときの仕訳

❶ 現金を受け取ったので、現金が増える。左に書く。

現金 50,000 /

❷ 手付金を受け取ったので、契約負債が増える。契約負債は負債（ホームポジション右）なので、増えるときは右に書く。

現金 50,000 / 契約負債 50,000

2 商品を売ったときの仕訳

❶ 商品を売ったので、売上が増える。右に書く。

/ 売上 100,000

❷ 代金のうち50,000円は受け取り済みなので、契約負債を取り崩す。契約負債は負債（ホームポジション右）なので、減るときは左に書く。

契約負債 50,000 / 売上 100,000

❸ 残り50,000円は現金を受け取ったので、現金が増える。左に書く。

契約負債 50,000 / 売上 100,000
現金　　 50,000 /

契約負債とは

契約負債とは、会社が顧客に商品やサービスを提供する前に、顧客から対価を受け取った場合に使う勘定科目です。主に会社が顧客に商品を販売する前に手付金を受け取ったときに使います。契約負債は 負債 の勘定科目です。

手付金とは、商品を引渡す前に受け取った代金のことをいいます。例えばマンション販売の

さいには、契約から商品の引渡しまでに長い期間を要し、また高額な商品なので、相手が必ず購入する保証を得るために手付金を受け取ることがあります。

1 手付金を受け取ったときの仕訳

簿記3級では、会社が顧客に商品を販売する前に手付金を受け取ったときには前受金を使って仕訳していました。前受金は契約負債の一種で、本来であれば契約負債という勘定科目で仕訳しなければいけません。しかし、前受金という勘定科目が多くの企業で使われているため、前受金という勘定科目の使用も認められています。

試験では、問題文や使用できる勘定科目の選択肢、答案用紙に「契約負債」があれば契約負債、「前受金」があれば前受金で仕訳しましょう。

まとめ

1 手付金を受け取ったときの仕訳　　現金 50,000 / 契約負債 50,000

2 商品を売ったときの仕訳　　契約負債 50,000 / 売上 100,000
　　　　　　　　　　　　　　現金　　 50,000 /

重要度 ★★

売上割戻(変動対価)

商品をたくさん売った場合に顧客（得意先）に報奨金（リベート）を支払うことがあります。これを売上割戻といいます。

1 売上割戻の条件で商品を売ったときの仕訳

❶ 商品を売ったので、売上が増える。右に書く。売上は報奨金を差し引いた金額を使う。

/ 売上 48,000

❷ 得意先が今月中に商品をすべて販売した場合、後で報奨金を支払うので、返金負債を使う。返金負債は負債（ホームポジション右）なので、増えるときは右に書く。

売上　　48,000
返金負債　2,000

❸ 現金を受け取ったので、現金が増える。左に書く。

現金 50,000 / 売上　　48,000
返金負債　2,000

2 報奨金(リベート)を支払ったときの仕訳

❶ 得意先が商品をすべて販売したため、報奨金を支払った。現金が減るので、右に書く。

/ 現金 2,000

❷ 返金負債が減るので、左に書く。

返金負債 2,000 / 現金 2,000

売上割戻とは

売上割戻とは、売上高や販売した数量に応じて、顧客（得意先）に代金の一部を減額してあげることや報奨金（リベート）を支払うことです。売上割戻は**変動対価**の一種です。変動対価とは、顧客（得意先）と約束した対価のうち変動する可能性のある部分のことです。**返金負債**とは、商品を売った代金のうち、一部を顧客（得意先）に返金することが決まっている場合に使用する  負債 の勘定科目です。

1 売上割戻の条件で商品を売ったときの仕訳

売上割戻の条件で商品を売った場合、報奨金（リベート）は後で得意先に返金するため、返金負債を使います。このため、商品を売った金額のうち、返金負債を除いた金額を売上に計上することになります。

商品の売上総額50,000 ─┬→ 報奨金2,000は返金負債（後で返金する）
　　　　　　　　　　　 └→ 残り48,000が売上として残る

2 報奨金（リベート）を支払ったときの仕訳

得意先が報奨金（リベート）の支払い条件を満たしたので、報奨金を支払います。

1 の仕訳で計上した返金負債を取り崩します。

豆知識　売上割戻の仕訳の書き方

本書では、2022年度から出題されている「収益認識に関する会計基準」の仕訳の書き方で説明しています。以前に売上割戻の仕訳を学習した方は内容が変わっているので、本書の仕訳の書き方で覚えておきましょう。

🐾 まとめ 🐾

1 売上割戻の条件で商品を売ったときの仕訳

現金 50,000 ／ 売上　　48,000
　　　　　　　／ 返金負債　2,000

2 報奨金（リベート）を支払ったときの仕訳

返金負債 2,000 ／ 現金 2,000

仕入割戻
しいれわりもどし

　商品をたくさん仕入れた場合に、仕入先から報奨金（リベート）を受け取ることがあります。これを仕入割戻といいます。

1 仕入割戻の条件で 商品を仕入れたときの仕訳

❶ 商品を買ったので、仕入が増える。左に書く。
　　仕入 30,000 /

❷ 現金で支払ったので、現金が減る。右に書く。
　　仕入 30,000 / 現金 30,000

2 報奨金(リベート)を 受け取ったときの仕訳

❶ 当社が商品をすべて販売したため、報奨金を受け取った。現金が増えるので、左に書く。
　　現金 1,000 /

❷ 報奨金の分だけ商品を仕入れた金額を減らす。仕入が減るので、右に書く。
　　現金 1,000 / 仕入 1,000

仕入割戻とは

仕入割戻とは、仕入の数量や仕入れた商品を販売した数量に応じて、仕入先から代金の一部を減額してもらう、または報奨金（リベート）を受け取ることです。例えば、スマートフォンの販売店では、販売した数によって仕入先であるスマートフォンメーカーから仕入割戻を受けています。

1 仕入割戻の条件で商品を仕入れたときの仕訳

仕入割戻の条件で商品を仕入れた後、条件を満たして報奨金（リベート）を受け取った場合、受け取った金額だけ仕入勘定を減額します。仕入先から報奨金（リベート）を受け取るのは、仕入代金がその分少なくなるのと同じだからです。

商品の仕入総額30,000 ┬→ 報奨金1,000は仕入から減額
　　　　　　　　　　　└→ 残り29,000が仕入として残る

仕入については収益認識基準の返金負債を使った厳密な計上ではなく、仕入先から代金を返してもらったときに仕訳を書けばよいことになります。

2 報奨金（リベート）を受け取ったときの仕訳

当社が報奨金（リベート）の支払い条件を満たしたので、報奨金を受け取ります。
報奨金1,000円の分だけ仕入を減らします。

まとめ

1 仕入割戻の条件で商品を仕入れたときの仕訳
仕入 30,000 / 現金 30,000
2 報奨金（リベート）を受け取ったときの仕訳
現金 1,000 / 仕入 1,000

サービスの提供①

商品の売買によって収益を得ている業種を商品売買業といいます。一方、役務（えきむ）（サービス）の提供によって収益を得ている美容室や学習塾などの業種をサービス業といいます。

1 旅費交通費を支払ったときの仕訳

❶ 旅費交通費が増えるので、左に書く。
❷ 現金が減るので、右に書く。
　　旅費交通費 200 / 現金 200

2 サービスを提供したときの仕訳

❶ サービスを提供したので、役務収益が増える。役務収益は収益（ホームポジション右）なので、増えるときは右に書く。

　　　　　　　　　　/ 役務収益 1,000

❷ 現金を受け取ったので、現金が増える。左に書く。
　　現金　　　1,000 / 役務収益 1,000

❸ サービスを提供するさいにかかった費用である 1 旅費交通費を役務原価に振り替える。役務原価は費用（ホームポジション左）なので、増えるときは左に書く。
　　現金　　　1,000 / 役務収益 1,000
　　役務原価　 200 / 旅費交通費 200

役務収益・役務原価とは

サービス業では、役務（サービス）の提供を行って収益を得た場合、**役務収益**を使います。役務収益とは商品売買業における売上にあたる勘定科目で、収益 の勘定科目です。また、役務の提供をするためにかかった費用は**役務原価**を使います。役務原価とは商品売買業における売上原価にあたる勘定科目で、費用 の勘定科目です。

損益計算書の表示

商品売買業とサービス業の両方を行っている会社があった場合、損益計算書は次のようになります。

〈損益計算書の一部〉
I 売上高
　1. 商品売上高 10,000 ●────── 商品売買業
　2. 役務収益　　1,000 ●────── サービス業
II 売上原価
　1. 売上原価　　5,000
　2. 役務原価　　　200

豆知識 **サービス業における契約負債**

サービス業においても、会社が顧客にサービスを提供する前に顧客から対価を受け取った場合には、契約負債という勘定科目を使います。前受金の使用も認められています。

🐾 まとめ 🐾

1 旅費交通費を支払ったときの仕訳　　**旅費交通費 200 / 現金 200**
2 サービスを提供したときの仕訳　　　**現金　　1,000 / 役務収益 1,000**
　　　　　　　　　　　　　　　　　　役務原価 200 / 旅費交通費 200

重要度 ★★

サービスの提供② 仕掛品（しかかりひん）

役務の提供を行う前に費用が発生し、役務の提供が終わるまでに時間がかかる場合について、見ていきましょう。

今日は給料日だから
給料40,000円と
旅費交通費1,000円を渡すね

給料と旅費交通費を支払ったときの仕訳

給料と旅費交通費を現金で支払った。

給料	40,000	現金 41,000
旅費交通費	1,000	

給料40,000円と旅費交通費
1,000円にプロジェクトPに
関するものが含まれていない？

含まれてるよ

給料 800
旅費交通費 400

1 サービスを提供する前に費用が発生したときの仕訳

❶ サービスを提供する前に発生した費用である給料、旅費交通費を仕掛品に振り替える。給料、旅費交通費を減らすので、右に書く。

	給料	800
	旅費交通費	400

❷ 仕掛品が増えるので、左に書く。

仕掛品	1,200	給料	800
		旅費交通費	400

プロジェクトPは6か月後に
完了するサービスだよね
まずは仕掛品に計上しておこう

ふーん

2 サービスを提供したときの仕訳

❶ サービスを提供したので、役務収益が増える。右に書く。

	役務収益 2,000

❷ 現金を受け取ったので、現金が増える。左に書く。

現金	2,000	役務収益 2,000

6か月後

プロジェクトPが
完了した！

犬限定
ワンワン
Party

2,000円
もうかった！

大成功!!

❸ サービスを提供したので、1の仕掛品を役務原価に振り替える。仕掛品が減り、役務原価が増える。

現金	2,000	役務収益 2,000
役務原価 1,200		仕掛品 1,200

仕掛品とは

仕掛品とは、役務（サービス）の提供が終わるまでに時間がかかる場合に、サービスの提供を行う前に発生した費用を集計する勘定科目です。仕掛品は 資産 の勘定科目です。

1 サービスを提供する前に費用が発生したときの仕訳

Chapter02-06のように役務収益の発生と役務原価の発生がほぼ同時である場合は、仕掛品を経由せず、役務原価に計上します。
本問のように、収益の発生時点と役務原価の発生時点に比較的タイムラグがある場合には、役務提供が行われる前は仕掛品にいったん計上しておき、役務提供が完了したときに仕掛品を取り崩し、役務原価を計上します。

仕掛品を使う場合のポイント

給料と旅費交通費を支払ったときの仕訳は、会社全体の給料と旅費交通費を計上します。そのうち、サービス業（プロジェクトP）に関する役務原価については、役務提供が完了するまで仕掛品に計上します。

会社全体の費用

給料 40,000円		
内訳	商品売買業	39,200円
	プロジェクトP	800円

旅費交通費 1,000円		
内訳	商品売買業	600円
	プロジェクトP	400円

プロジェクトPに関する費用

給料 800円
旅費交通費 400円

役務提供が完了するまで仕掛品に計上

まとめ

1 サービスを提供する前に費用が発生したときの仕訳

仕掛品 1,200 / 給料 800
／ 旅費交通費 400

2 サービスを提供したときの仕訳

現金 2,000 / 役務収益 2,000
役務原価 1,200 / 仕掛品 1,200

サービスの提供③ 契約資産

サービスを継続的に顧客へ提供する場合について見ていきましょう。

1 サービスを提供して契約資産を計上したときの仕訳

❶ サービスを提供したので、役務収益が増える。右に書く。

/ 役務収益 1,000

❷ まだ債権を受け取ることは確定していないので、契約資産を使う。契約資産が増えるので、左に書く。

契約資産 1,000 / 役務収益 1,000

❸ サービスを提供するためにかかった費用であるシャンプー代は役務原価を使う。役務原価が増えるので、左に書く。現金で支払ったので、現金が減る。右に書く。

契約資産 1,000 / 役務収益 1,000
役務原価　 200 / 現金　　　 200

2 サービスを提供して受取手形を計上したときの仕訳

❶ サービスを提供したので、役務収益が増える。右に書く。

/ 役務収益1,000

❷ 受取手形で代金を受け取ることが確定したので、契約資産を取り崩す。契約資産が減るので、右に書く。

役務収益 1,000
/ 契約資産 1,000

❸ 受取手形が増えるので、左に書く。

受取手形 2,000 / 役務収益 1,000
/ 契約資産 1,000

❹ 役務原価を現金で支払ったので、役務原価が増え、現金が減る。

受取手形 2,000 / 役務収益 1,000
/ 契約資産 1,000
役務原価　 200 / 現金　　　 200

契約資産とは

契約資産とは、会社が顧客にサービスを提供し、代金を受け取る権利はあるが、債権を計上できない場合に使う勘定科目です。契約資産は 資産 の勘定科目です。

資産	負債
契約資産 受取手形	純資産
費用	収益
役務原価	役務収益

1 サービスを提供して契約資産を計上したときの仕訳

2か月のカットサービスを提供しています。1か月目のカットサービスを提供したときには「いつ」「どのような形で」代金を受け取ることができるかハッキリしないので、契約資産で仕訳しておきます。

2 サービスを提供して受取手形を計上したときの仕訳

2か月目のカットサービスの提供が完了したときに「1か月後が支払期日の」「受取手形という形で」代金を受け取ることが明らかになったので、契約資産を取り崩し、受取手形という債権の勘定科目で仕訳します。

履行義務の種類

サービス業における履行義務は、当社が顧客へサービスを提供する約束のことをいいますが、次のように2種類に分けて考えることもあります。暗記する必要はありませんが、理論対策として頭に入れておいてください。

●一時点で充足される履行義務

Chapter02-06、07で学習した、当社が顧客に対して1回サービスを提供する約束を、一時点で充足される履行義務といいます。

●一定の期間にわたり充足される履行義務

Chapter02-08で学習した、当社が顧客に対して継続的にサービスを提供する約束を、一定の期間にわたり充足される履行義務といいます。

継続的なサービスの提供

継続的にサービスを提供する場合、サービスをすべて完了したときに受け取ることができる対価の金額を、サービス提供に応じて役務収益に計上します。この方法には次の2つパターンがあります。試験では問題文の指示に従えば解くことができます。

パターン1　期間を基準とする場合

数か月にわたってサービスを提供するなど「期間」を基準とした場合には、期間に応じて役務収益を計算します。

例題	2か月にわたってサービスを提供すれば2,000円を受け取ることができる。本日、1か月目の役務収益を計上する。
仕訳	契約資産 1,000 / 役務収益 1,000
解説	2,000円 × 1か月 ÷ 2か月 = 1,000円

パターン2　進捗度を基準とする場合

1日目に全体の10%まで終わったなど「進捗度」を基準とした場合には、進捗度に応じて役務収益を計算します。

例題	サービス提供がすべて完了すれば2,000円を受け取ることができる。本日、10%のサービス提供が完了したので本日分の役務収益を計上する。
仕訳	契約資産 200 / 役務収益 200
解説	2,000円 × 10% = 200円

🐾 **まとめ** 🐾

1 サービスを提供して契約資産を計上したときの仕訳

契約資産 1,000 / 役務収益 1,000
役務原価 　200 / 現金 　　　200

2 サービスを提供して受取手形を計上したときの仕訳

受取手形 2,000 / 役務収益 1,000
　　　　　　　　／ 契約資産 1,000
役務原価 　200 / 現金 　　　200

豆知識 **複数の履行義務**

「商品の販売」と「サービスの提供」の2つの取引を同時に行うことを「複数の履行義務を含む顧客との契約」といいます。この場合、「商品の販売」と「サービスの提供」の仕訳をそれぞれ書き合算します。

例題　1年間のサポートサービス付き商品を合計1,500円（内訳は商品1,000円とサポートサービス500円）で販売し、現金を受け取った。

仕訳　**現金 1,500** ／**売上　　　 1,000**
　　　　　　 ／**契約負債　 500**

解説　商品の販売は、販売済みなので売上1,000円を計上します。サービスの提供は、サービスを提供する前に現金を受け取ったので、契約負債500円を計上します。

豆知識 **計算用紙（下書き用紙）の使い方**

日商簿記2級の試験では、計算用紙を使って計算や下書きを行い、そこで得られた仕訳や金額を答案用紙に書くことになります。本書の練習問題や総仕上げ問題集を解くさいにも、答案用紙とは別に、白紙やノートなどを用意して計算や下書きを書く練習をしてください。

試験でも計算用紙を使いますが、統一試験（紙の試験）とネット試験でもらえる計算用紙の形式が違うので、別々にご紹介します。

統一試験（紙の試験）

統一試験（紙の試験）では問題用紙、答案用紙、計算用紙が同じ冊子に綴じこまれており切り離すことができません。そこで、計算や下書きは問題用紙や答案用紙の余白部分や、計算用紙を広げた部分に書くと見やすいです。試験会場の机が狭く計算用紙を広げられない場合には、計算用紙を折って使うと省スペースになります。

ネット試験

ネット試験ではA4サイズの白紙を2枚もらえます。A4サイズの下書き用紙を半分に折って使うと、スペースを有効利用でき、たくさん書くことができます。

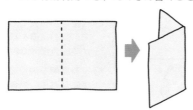

重要度 ★★

サービスの提供④　契約負債

　サービスを提供する前に手付金を受け取った場合について見ていきましょう。

1 手付金を受け取ったときの仕訳

❶ 現金を受け取ったので、現金が増える。
　左に書く。
　　現金 1,000 /

❷ 手付金を受け取ったので、契約負債が
　増える。右に書く。
　　現金 1,000 / 契約負債 1,000

2 サービスを提供したときの仕訳

❶ 役務収益が増えるので、右に書く。
　　　　　　　 / 役務収益 1,000

❷ 代金は手付金として受け取り済みなの
　で、契約負債を取り崩す。左に書く。
　　契約負債 1,000 / 役務収益 1,000

❸ 役務原価を現金で支払ったので、役務
　原価が増え、現金が減る。
　　契約負債 1,000 / 役務収益 1,000
　　役務原価　 600 / 現金　　　　600

契約負債とは

契約負債とは、会社が顧客に商品やサービスを提供する前に、顧客から対価を受け取った場合に使う勘定科目です。契約負債は 負債 の勘定科目です。

資産	負債
現金	契約負債 前受金
	純資産
費用	収益
役務原価	役務収益

1 手付金を受け取ったときの仕訳

簿記3級では、会社が顧客に商品を販売する前に手付金を受け取ったときには前受金を使って仕訳していました。前受金は契約負債の一種で、本来であれば契約負債という勘定科目で仕訳しなければいけません。しかし、前受金という勘定科目が多くの企業で使われているため、前受金という勘定科目の使用も認められています。

試験では、問題文や使用できる勘定科目の選択肢、答案用紙に「契約負債」があれば契約負債、「前受金」があれば前受金で仕訳しましょう。

役務収益と代金の回収方法

サービス業においても、掛けなどで代金の回収をすることがあります。サービスを提供し、役務収益を計上したさいも、商品売買業の売上と同じ勘定科目を使うと覚えておきましょう。

代金の回収方法	商品売買業の売上	サービス業の役務収益
現金の受け取り	現金	現金
手付金の受け取り	契約負債（前受金）	契約負債（前受金）
掛け（後日回収）	売掛金	売掛金
約束手形の受け取り	受取手形	受取手形

🐾 まとめ 🐾

1 手付金を受け取ったときの仕訳　　現金　　　1,000 / 契約負債 1,000
2 サービスを提供したときの仕訳　　契約負債 1,000 / 役務収益 1,000
　　　　　　　　　　　　　　　　　　役務原価　 600 / 現金　　　　600

重要度 ★

主たる営業取引

会社が本業としている取引のことを、主たる営業取引といいます。主たる営業取引と勘定科目の関係について、詳しく見ていきましょう。

主たる営業取引がドッグフード販売の場合

例えば、パブロフの会社は、ドッグフードの販売を主たる営業取引としています。主たる営業取引による収益は売上に計上します。そして、売上の未回収額については売掛金を使います。もし、パブロフの会社が土地を売った場合は、主たる営業取引ではありませんので、売上には計上しません。そして、土地を売った未回収額についても売掛金ではなく、未収入金を使います。

1 ドッグフードを売ったときの仕訳

商品2箱200円を売り、代金は後日回収することとした。

売掛金 200 / 売上 200

2 土地を売ったときの仕訳

帳簿価額80円の土地を200円で売り、代金は後日回収することとした。

未収入金 200 / 土地 80
/ 固定資産売却益 120

主たる営業取引が不動産売買の場合

仮に、パブロフの会社が、不動産の売買を主たる営業取引としている場合はどうでしょうか。ドッグフードの販売は主たる営業取引ではありませんので、ドッグフードの販売による収益は売上ではなく、雑益を使うことになり

ます。また、土地を売った場合には、主たる営業取引ですから、売上に計上することになります。

3 ドッグフードを売ったときの仕訳

商品2箱200円を売り、代金は後日回収することとした。
未収入金 200 / 雑益 200

4 土地を売ったときの仕訳

帳簿価額80円の土地を200円で売り、代金は後日回収することとした。
売掛金 200 / 売上 200

　このように、主たる営業取引が何かによって使用する勘定科目が変わってきます。商業簿記では基本的に商品売買を主たる営業取引とする会社について学習します。

主たる営業取引に関する債権債務

　主たる営業取引に関する債権債務は売掛金と買掛金を使います。それ以外の場合には、未収入金や未収収益などを使います。違いについては次の表にまとめました。

売掛金	未収入金	未収収益
売掛金 / 売上	未収入金 / 土地 固定資産売却益	未収収益 / 受取利息
主たる営業取引で、代金を回収していない場合。	主たる営業取引以外で、代金を回収していない場合。	主たる営業取引以外で、継続的なサービスを提供し、代金を回収していない場合。

買掛金	未払金	未払費用
仕入 / 買掛金	**土地 / 未払金**	**支払利息 / 未払費用**
主たる営業取引で、代金を払っていない場合。	主たる営業取引以外で、代金を払っていない場合。	主たる営業取引以外で、継続的なサービスを受けて、代金を払っていない場合。

損益計算書の区分

損益計算書は「主たる営業取引による損益」と「主たる営業取引以外による損益」がわかるように区分されています。

損　益　計　算　書
自X1年4月1日　至X2年3月31日　　（単位：千円）

I 売上高	5,000
II 売上原価	2,900
売上総利益	2,100
III 販売費及び一般管理費	1,300
営業利益	800
IV 営業外収益	80
V 営業外費用	40
経常利益	840
VI 特別利益	500
VII 特別損失	740
税引前当期純利益	600
法人税、住民税及び事業税	240
当期純利益	360

主たる営業取引による損益

主たる営業取引以外による損益

まとめ

1 ドッグフードを売ったときの仕訳（主たる営業取引の場合）

売掛金 200 / 売上 200

2 土地を売ったときの仕訳　　　未収入金 200 / 土地　　　　　　80
（主たる営業取引ではない場合）　　　　　 / 固定資産売却益 120

3 ドッグフードを売ったときの仕訳（主たる営業取引ではない場合）

未収入金 200 / 雑益 200

4 土地を売ったときの仕訳（主たる営業取引の場合）

売掛金 200 / 売上 200

練習問題 Chapter02 01-09

問題1から問題9の取引について仕訳しなさい。ただし、勘定科目は、次の中から最も適当と思われるものを選びなさい。

現　　　金	当 座 預 金	普 通 預 金	契 約 資 産
売　　　上	仕　　　入	売 掛 金	契 約 負 債
買 掛 金	役 務 収 益	役 務 原 価	返 金 負 債
給　　　料	仕 掛 品	商　　　品	旅 費 交 通 費

問題1   P.036

X2年6月1日　当社は株式会社Petに対して商品Aを￥120,000、商品Bを￥160,000で合わせて販売する契約を締結した。この契約は商品Aと商品Bの両方を引渡すことが代金を請求する条件として定められている。なお、当社は売上の認識基準として引渡し基準を採用している。

X2年6月8日　当社は株式会社Petに商品Aを引渡した。

X2年6月20日　当社は株式会社Petに商品Bを引渡し、代金の請求を行った。株式会社Petから6月末日に当社の普通預金口座へ振り込む旨の承諾を受けた。

(1) X2年6月8日の仕訳を答えなさい。

(2) X2年6月20日の仕訳を答えなさい。

問題2   P.038

当社は株式会社Catに対して、商品Dを￥290,000で販売する契約を締結し、手付金として￥58,000が当社の普通預金口座に振り込まれた。

問題3   P.040

当社はX社へ商品を販売している。当社とX社との間には、5月中に商品を合計100kg以上取引した場合に、販売額の10%をリベートとして支払う取り決めがある。本日5月31日、リベートの条件が達成されたことにより現金で支払った。なお、5月中に当社がX社へ商品を販売した販売額は￥400,000（400kg）であり、売上時の仕訳は適切に処理されている。

問題4   P.046

建築物の設計・監理を請け負っている関東建設株式会社は、給料￥250,000と出張旅費￥120,000を現金で支払った。

問題5 P.046

受注していたF案件について、建物の設計を行ったが、問題4のうち給料￥80,000と旅費￥20,000がF案件に直接費やされたものであることが判明したため、これらを仕掛品勘定に振り替えた。

問題6 P.046

問題5のF案件について、設計図が完成したので、受注先に提出し、代金として￥240,000が当座預金口座に振り込まれた。役務収益の発生にともない、対応する役務原価を計上する。

問題7 P.048

X3年8月1日、当社は関西株式会社と事務用パソコンの1年間の保守サービスを￥120,000で契約し、同日よりサービスの提供を開始した。なお、代金は保守サービス終了後に請求する契約となっており、保守サービスは時の経過（月割り計算）に応じて履行義務を充足する。

本日（X4年3月31日）、決算において、保守サービスのうち履行義務を充足する部分について収益を計上した。同時に仕掛品に計上されていた役務原価￥40,000について、全額費用に振り替えた。

問題8 P.052

当社は資格試験の受験学校を経営しており、11月1日に今年11月開講予定の簿記講座（受講期間1年間）の授業料￥600,000を現金で受け取った。

問題9 P.052

決算（3月31日）において、問題8の授業は全体の8割が完了している状態であり、この取引について収益を計上した。同時に仕掛品に計上されていた役務原価￥120,000について、全額費用に振り替えた。

解説・解答

問題1

(1)

❶商品Aを引渡したので、売上が増える。右に書く。

/ 売上 120,000

❷商品Aを引渡しただけでは、契約で定められた代金を支払う条件を満たしていないため、売掛金を使うことができない。このため売掛金ではなく、契約資産を使う。契約資産が増えるので、左に書く。

　　契約資産 120,000 / 売上 120,000

| 契 約 資 産 | 120,000 | 売　　　上 | 120,000 |

（2）

❶商品Bを引渡したので、売上が増える。右に書く。

　　　　　　　/ 売上 160,000

❷商品Aと商品Bを引渡したので、代金の請求を行うことができるようになり、売掛金という勘定科目が使えるようになった。契約資産から売掛金に振り替えるので、契約資産を減らす。右に書く。

　　　　　　/ 売上　　　 160,000
　　　　　　/ 契約資産 120,000

❸代金は6月末日に受け取るので、売掛金を使う。売掛金が増えるので、左に書く。

　　売掛金 280,000 / 売上　　　 160,000
　　　　　　　　　　/ 契約資産 120,000

| 売 　掛　 金 | 280,000 | 売　　　上 | 160,000 |
| | | 契 約 資 産 | 120,000 |

問題2

❶普通預金口座に振り込みを受けたので、普通預金が増える。左に書く。

　　普通預金 58,000 /

❷手付金を受け取ったので、契約負債が増える。契約負債は負債（ホームポジション右）なので、増えるときは右に書く。なお、勘定科目の選択肢に前受金がなく、契約負債があるので、契約負債を使うことがわかる。

　　普通預金 58,000 / 契約負債 58,000

| 普 通 預 金 | 58,000 | 契 約 負 債 | 58,000 |

問題3

❶問題文の「売上時の仕訳は適切に処理されている」との指示より、売上の仕訳を書くさいに400,000×10%＝40,000の返金負債が適切に計上されていたことがわかる。本日リベートの条件が達成されたので、返金負債を取り崩す。

❷現金で支払ったので、現金が減る。右に書く。

　　　　　　　/ 現金 40,000

❸返金負債が減るので、左に書く。

　　返金負債 40,000 / 現金 40,000

返 金 負 債	40,000	現　　　金	40,000

問題4

❶給料と旅費交通費が増えるので、左に書く。

　　給料　　　250,000 ／
　　旅費交通費 120,000 ／

❷現金で支払ったので、現金が減る。右に書く。

　　給料　　　250,000 ／ 現金 370,000
　　旅費交通費 120,000 ／

給　　　料	250,000	現　　　金	370,000
旅費交通費	120,000		

問題5

❶F案件に直接費やされた給料と旅費を仕掛品に振り替える。給料と旅費交通費を減らすので、右に書く。

　　　　　　　　／ 給料　　　 80,000
　　　　　　　　／ 旅費交通費 20,000

❷仕掛品が増えるので、左に書く。

　　仕掛品 100,000 ／ 給料　　　 80,000
　　　　　　　　　／ 旅費交通費 20,000

仕　掛　品	100,000	給　　　料	80,000
		旅費交通費	20,000

問題6

❶サービスの提供が完了したので、役務収益が増える。右に書く。

　　　　　　　　／ 役務収益 240,000

❷代金は当座預金口座に振り込まれたので、当座預金が増える。左に書く。

　　当座預金 240,000 ／ 役務収益 240,000

❸F案件に直接費やされた費用は問題5で仕掛品に計上している。この仕掛品を役務原価に振り替える。仕掛品が減り、役務原価が増える。

　　当座預金 240,000 ／ 役務収益 240,000
　　役務原価 100,000 ／ 仕掛品　 100,000

当 座 預 金	240,000	役 務 収 益	240,000
役 務 原 価	100,000	仕　掛　品	100,000

問題7

❶ X3年8月からX4年3月までの8か月間のサービスの提供が完了したので、役務収益が増える。右に書く。

120,000÷12か月×8か月＝80,000

/ 役務収益 80,000

❷ 代金は保守サービス終了時に請求する契約なので、売掛金を使うことができない。サービス終了までは契約資産を使う。契約資産が増えるので、左に書く。

契約資産 80,000 / 役務収益 80,000

❸ 仕掛品を役務原価に振り替える。仕掛品を減らし、役務原価が増える。

契約資産 80,000 / 役務収益 80,000
役務原価 40,000 / 仕掛品　40,000

契 約 資 産	80,000	役 務 収 益	80,000
役 務 原 価	40,000	仕 掛 品	40,000

問題8

❶ 現金を受け取ったので、現金が増える。左に書く。

現金 600,000 /

❷ サービスを提供する前に代金を受け取ったので、契約負債を使う。契約負債が増えるので、右に書く。

現金 600,000 / 契約負債 600,000

現　　　金	600,000	契 約 負 債	600,000

問題9

❶ 8割のサービスが提供済みなので、役務収益が増える。右に書く。

600,000×0.8＝480,000

/ 役務収益 480,000

❷ 代金はすでに受け取っているので、契約負債を減らす。左に書く。

契約負債 480,000 / 役務収益 480,000

❸ 仕掛品を役務原価に振り替える。仕掛品が減り、役務原価が増える。

契約負債 480,000 / 役務収益 480,000
役務原価 120,000 / 仕掛品　120,000

契 約 負 債	480,000	役 務 収 益	480,000
役 務 原 価	120,000	仕 掛 品	120,000

勘定科目の省略方法について

精算表や財務諸表の問題を解く場合、下書き用紙に仕訳を書きます。仕訳を書くさいに、勘定科目名を省略して書くと効率的です。

勘定科目	省略文字	備考・その他の省略文字
現金	C	英語Cash（現金）のC
当座預金	当ヨ	
売掛金	売×	
買掛金	買×	
受取手形	受手	
支払手形	支手	
電子記録債権	でんさい	
電子記録債務	でんむ	
繰越商品	繰商	くり
棚卸減耗損	棚減	棚損
商品評価損	商評	商損
売買目的有価証券	売買−有	
満期保有目的債券	満期	
子会社株式	子	S
関連会社株式	関	A
その他有価証券	その他−有	
有価証券評価益	有−評価益	有−評価損
有価証券売却益	有−売却益	有−売却損
投資有価証券売却益	投有−売却益	投有−売却損
その他有価証券評価差額金	その他−差	
貸倒引当金	貸引	商保引、退引
貸倒引当金繰入	貸引繰入	貸引繰入（販管費）
減価償却費	減	Dep
減価償却累計額	累	建累、車累、備累
固定資産売却損	固−売却損	固−除却損、固−廃棄損
ソフトウェア	ソフト	
ソフトウェア償却	ソフト償	ソDep
利益準備金	利準	
繰越利益剰余金	繰利	

Chapter03
外貨建取引

重要度 ★★★

外貨建取引① 外国通貨での売上と仕入
（がいかだてとりひき）

　海外にある会社と取引をする場合、ドルやユーロなどの外国通貨（外貨）
を使います。外貨による取引を外貨建取引といいます。

商品をドルで売ったときの仕訳

❶ 商品を売ったので、売上が増える。右に書く。取引発生時の為替相場120円/ドルによって、日本円に換算した金額を使う。
10ドル×120円/ドル＝1,200円
／ 売上 1,200

❷ 現金を受け取ったので、現金が増える。取引発生時の為替相場120円/ドルによって、日本円に換算した金額を使う。
現金 1,200 / 売上 1,200

外貨建取引とは

外貨建取引とは、外国通貨（外貨）で商品を売ったり、買ったりする取引のことです。外貨建取引に関する用語は次のとおりです。

外貨	ドル、ユーロ、人民元などの外国通貨のこと。
為替相場 （為替レート）	外国通貨を自国通貨へ換算するための比率。為替相場は日々変動しており、為替相場が1ドル120円のときに、日本円を120円払えば1ドルと交換してもらえる。
換算	通貨の単位を計算し直すこと。

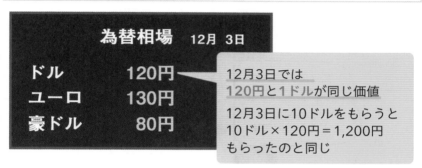

為替相場　12月 3日

ドル　　　120円
ユーロ　　130円
豪ドル　　 80円

12月3日では
120円と1ドルが同じ価値

12月3日に10ドルをもらうと
10ドル×120円＝1,200円
もらったのと同じ

外貨建取引のポイント

外貨建取引は、原則として取引発生時の為替相場で日本円に換算します。外国通貨で取引を行っても、外国通貨で仕訳するのではなく、円に換算した金額で仕訳します。

仕入の場合

仕入の場合も売上と同じ考え方で仕訳を書きます。

例題　1ドル120円のときに10ドルの商品を仕入れ、現金で支払った。

仕訳　仕入 1,200 / 現金 1,200

🐾 まとめ 🐾

商品をドルで売ったときの仕訳　　　　　　現金 1,200 / 売上 1,200

外貨建取引② 売掛金と買掛金

外貨建取引で売掛金が発生し、売掛金を回収した場合はどのようになるのか、見ていきましょう。

1 商品を掛けで売ったときの仕訳

❶ 商品を売ったので、売上が増える。右に書く。外貨建取引では、取引発生時の為替相場120円/ドルで日本円に換算した金額を使う。

10ドル×120円/ドル＝1,200円

　　　　　/ 売上 1,200

❷ 代金は掛けなので、売掛金が増える。左に書く。取引発生時の為替相場120円/ドルで日本円に換算した金額を使う。

　売掛金 1,200 / 売上 1,200

2 ドル建ての売掛金を回収したときの仕訳

❶ 当座預金が増えるので、左に書く。取引発生時（振り込みが行われたとき）の為替相場100円/ドルで日本円に換算した金額を使う。

10ドル×100円/ドル＝1,000円

　当座預金 1,000 /

❷ 売掛金を回収したので、売掛金が減る。右に書く。金額は 1 の仕訳で計上した1,200円を使う。

　当座預金 1,000 / 売掛金 1,200

❸ 差額は為替差損益と書く。

　当座預金　1,000 / 売掛金 1,200
　為替差損益　 200 /

為替差損益とは

外貨建取引は、取引発生時の為替相場で日本円に換算します。為替相場は日々変動していますので、「売掛金が発生したときの為替相場120円/ドル」と「売掛金を回収したときの為替相場100円/ドル」の間に差が生じます。為替相場の変動によって発生した差額のことを為替差損益といいます。為替差損益は、費用にも収益にもなる勘定科目です。

2 ドル建ての売掛金を回収したときの仕訳

ドル建ての売掛金は為替相場の変動によって、日本円での価値が変わります。今回は売掛金の日本円での価値が1,200円から1,000円に減ったため、200円損します。損したので費用が発生したと考え、仕訳では左に為替差損益と書きます。

	1 商品を掛けで売ったとき		2 売掛金を回収したとき
為替相場	120円/ドル	△200円	100円/ドル
売掛金（円）	1,200円	→	1,000円

買掛金、受取手形、支払手形の場合

買掛金、受取手形、支払手形の場合も売掛金と同じ考え方で仕訳を書きます。

例題　(1)　1ドル120円のときに10ドルの商品を掛けで仕入れた。
　　　　(2)　1ドル100円のときに例題 (1) の買掛金10ドルを支払った。

仕訳　(1)　仕入1,200 / 買掛金1,200
　　　　(2)　買掛金 1,200 / 当座預金　　1,000
　　　　　　　　　　　　 / 為替差損益　　 200

🐾 まとめ 🐾

1 商品を掛けで売ったときの仕訳	売掛金 1,200 / 売上 1,200
2 ドル建ての売掛金を回収したときの仕訳	当座預金　　1,000 / 売掛金 1,200 為替差損益　　200 /

外貨建取引③ 契約負債と前払金

外貨建取引で契約負債が発生し、契約負債を取り崩す場合はどのようになるのか、見ていきましょう。

1 ドルで手付金を受け取ったときの仕訳

❶ 当座預金が増えるので、左に書く。取引発生時（振り込みが行われたとき）の為替相場130円/ドルで日本円に換算した金額を使う。
5ドル×130円/ドル=650円

当座預金 650 /

❷ 手付金を受け取ったので、契約負債が増える。契約負債は負債（ホームポジション右）なので、増えるときは右に書く。

当座預金 650 / 契約負債 650

2 商品をドルで売ったときの仕訳

❶ 5ドルはすでに手付金として受け取っているので、契約負債を取り崩す。左に書く。金額は 1 の仕訳で計上した650円を使う。

契約負債 650 /

❷ 残り5ドルは掛けなので、売掛金が増える。左に書く。取引発生時の為替相場120円/ドルで日本円に換算した金額を使う。
5ドル×120円/ドル=600円

契約負債 650 /
売掛金　 600 /

❸ 商品を売ったので、売上が増える。右に書く。金額は契約負債と売掛金の合計額を使う。

契約負債 650 / 売上 1,250
売掛金　 600 /

ドル建ての売掛金を回収したときの仕訳

❶ 当座預金が増えるので、左に書く。
5ドル×100円/ドル＝500円
　　当座預金　500 /

❷ 売掛金が減るので、右に書く。金額は
2 の仕訳で計上した600円を使う。
　　当座預金　500 / 売掛金 600

❸ 差額は為替差損益と書く。
　　当座預金　500 / 売掛金 600
　　為替差損益 100 /

契約負債と前払金のポイント

2 商品をドルで売ったときの仕訳

売上は10ドル×為替相場120円/ドル＝1,200円ではなく、契約負債650円と売掛金600円の合計1,250円となります。5ドルの手付金を受け取ったときに当座預金に650円が入金済みで、ドルから円に換算が完了しています。このため、契約負債は650円をそのまま使います。
なお、契約負債は前受金という勘定科目を使う場合もあります（P.039）。

前払金の場合も契約負債と同じ考え方で仕訳を書きます。

例題　(1) 1ドル130円のときに商品の手付金5ドルを当座預金から振り込んだ。
　　　(2) 1ドル120円のときに10ドルの商品を仕入れ、5ドルはすでに支払っている手付金で充当し、残り5ドルは掛けとした。

仕訳　(1) 前払金 650 / 当座預金 650
　　　(2) 仕入 1,250 / 前払金 650
　　　　　　　　　　 / 買掛金 600

･🐾 まとめ 🐾･

1 ドルで手付金を受け取ったときの仕訳　当座預金 650 / 契約負債 650
2 商品をドルで売ったときの仕訳　　　　契約負債 650 / 売上 1,250
　　　　　　　　　　　　　　　　　　　売掛金　 600 /

重要度 ★★

外貨建取引④ 決算整理仕訳

　　決算のときに外国通貨や外貨建ての売掛金などを持っている場合、決算時の為替相場で換算替えを行います。このため、換算替えの決算整理仕訳が必要になります。

商品をドルで売ったときの仕訳

❶ 売上が増えるので、右に書く。
5ドル×120円/ドル=600円
/ 売上 600

❷ 売掛金が増えるので、左に書く。
売掛金 600 / 売上 600

1　決算：換算替えの決算整理仕訳

❶ ドル建ての売掛金を決算時の為替相場 110円/ドルで換算を行う。
決算時　5ドル×110円/ドル=550円
＋50円
売掛金　600円 ――――→ 550円

❷ 売掛金を600→550にするので、売掛金を減らす。右に書く。
/ 売掛金 50

❸ 売掛金の日本円での価値が50円減ったので、50円損する。費用が発生したと考え、左に為替差損益と書く。
為替差損益 50 / 売掛金 50

決算時の換算替えのポイント

外国通貨や外貨建ての売掛金などがある場合、決算時に換算替えを行います。換算替えによって生じる差額は**為替差損益**になります。

換算替えに使う為替相場

外貨建資産・負債の各勘定科目を決算時に換算替えするときは、**貨幣・非貨幣法**で行います。貨幣・非貨幣法というのは、外貨建資産・負債を貨幣項目と非貨幣項目に分け、貨幣項目については**決算時レート**により換算し、非貨幣項目については、**発生時レート**により換算する、という方法です。

下の図で表したように、外貨建資産・負債は、発生や取得したときに、もともと発生時レート（HR）で換算してあります。したがって非貨幣項目は決算時に再度、発生時レートで換算替えする必要はなく、実際の手続きとしては決算時には換算替えしません。

外貨建金銭債権債務とは、債権額・債務額が外国通貨で表示されている金銭債権債務のことで、具体的には、ドル建ての預金や受取手形、売掛金、支払手形、買掛金のことをいいます。

	為替相場	資産	負債
貨幣項目	● 決算時レート 決算時の為替相場のこと。CR（Current Rate）ということもある。	● 外国通貨 ● 外貨建金銭債権 外貨預金、受取手形、売掛金など。	● 外貨建金銭債務 支払手形、買掛金など。
非貨幣項目	● 発生時レート 発生時（取得時）の為替相場のこと。HR（Historical Rate）ということもある。	● 棚卸資産（商品） ● 前払金	● 契約負債（前受金）

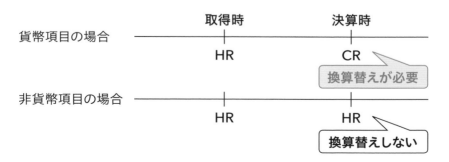

貨幣項目の場合 ── 取得時 HR ── 決算時 CR 換算替えが必要

非貨幣項目の場合 ── 取得時 HR ── 決算時 HR 換算替えしない

換算替えを行う理由

　貨幣項目について決算時レートで換算替えを行う理由は、①決算時における日本円の換算金額を貸借対照表に表示するため、②当期の為替相場の変動を当期の為替差損益として損益計算書に計上するためです。

例題 **次の資料にもとづき、決算整理仕訳を書きなさい。**

[資料1] 決算整理前残高試算表（一部）

<table>
<tr><td colspan="4" align="center">決算整理前残高試算表</td><td align="right">（円）</td></tr>
<tr><td>現　　　　金</td><td align="right">11,200</td><td>契　約　負　債</td><td align="right">5,650</td></tr>
<tr><td>売　　掛　　金</td><td align="right">20,500</td><td></td><td></td></tr>
</table>

[資料2] 決算整理事項
決算整理前残高試算表の資産・負債のうち、外貨建てのものは次のとおりである。なお、決算時の為替相場は1ドル110円である。

科目	帳簿価額		備考
	円換算額	外貨額	
外　国　通　貨	1,200円	10ドル	現金勘定に含まれている。
売　　掛　　金	500円	5ドル	―
契　約　負　債	650円	5ドル	売上代金についての手付金。

解答　為替差損益 100 / 現金　　　　100
　　　売掛金　　　 50 / 為替差損益 50

解説　❶ 下書きに情報を整理します。貨幣項目である外国通貨と売掛金は、決算時の為替相場で換算替えします。

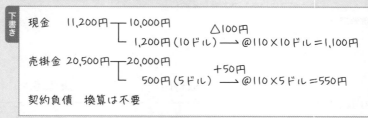

　❷ 現金を1,200 → 1,100にするので、現金を減らします。現金の日本円での価値が減るので、費用が発生したと考え、為替差損益を左に書きます。

　　　為替差損益 100 / 現金 100

　❸ 売掛金を500 → 550にするので、売掛金を増やします。売掛金の日本

円での価値が増えるので、収益が発生したと考え、為替差損益を右に書きます。

> 売掛金50 / 為替差損益50

翌期にドル建ての売掛金を回収したとき

売掛金の換算替えして
残高が550円になった

お兄さんが
書けって言った！

翌期

当座預金に５ドル
振り込んだよ

今日の為替相場が
１ドル100円です

2 ドル建ての売掛金を回収したときの仕訳

❶ 当座預金が増えるので、左に書く。取引発生時（振り込みが行われたとき）の為替相場100円/ドルで日本円に換算した金額を使う。
5ドル×100円/ドル＝500円
　当座預金 500 /

❷ 売掛金が減るので、右に書く。金額は 1 で計算した550円を使う。
　当座預金 500 / 売掛金 550

❸ 差額は為替差損益と書く。
　当座預金　　500 / 売掛金 550
　為替差損益　 50 /

　換算替えを行ったドル建ての売掛金を翌期に回収した場合、当座預金は取引発生時の為替相場で換算します。売掛金は前期末の決算整理仕訳で換算替えした金額（帳簿価額）を取り崩します。売掛金と当座預金の差額は為替差損益となります。

> **豆知識 損益計算書の表示**
>
> 仕訳を書く場合の勘定科目は、為替差損益を使います。損益計算書の表示は、残高が左側（借方）なら為替差損、残高が右側（貸方）なら為替差益を使います。

🐾 まとめ 🐾

1 決算：換算替えの決算整理仕訳　　　　**為替差損益 50 / 売掛金 50**

2 ドル建ての売掛金を回収した　　　　**当座預金　　500 / 売掛金 550**
　ときの仕訳　　　　　　　　　　　　**為替差損益　 50 /**

為替予約①

　外貨建取引を行うさいに、為替予約という特殊な取引を行うことがあります。まずは取引発生と同時に為替予約を行う場合について、見ていきましょう。

1 商品を掛けで売り、同時に為替予約をしたときの仕訳

❶ 為替予約により、売掛金の日本円による受取額を先物為替相場105円/ドルで固定した。売上が増えるので、右に書く。
10ドル×105円/ドル＝1,050円

/ 売上 1,050

❷ 売掛金が増えるので、左に書く。
売掛金 1,050 / 売上 1,050

1か月後の先物為替相場
1ドル105円

2 ドル建ての売掛金を回収したときの仕訳

❶ 当座預金が増えるので、左に書く。為替予約により、受取額を固定したので、1 の仕訳で計上した1,050円を使う。
当座預金 1,050 /

❷ 売掛金が減るので、右に書く。
当座預金 1,050 / 売掛金 1,050

為替予約とは

これまで学習してきたように、外貨建取引を行うと為替相場の変動によって為替差損益が発生します。商品売買による利益と為替差損益による費用が発生した結果、取引全体で赤字になることもあります。会社としては、為替相場変動によって、利益が増えたり減ったりすることを防止したいので、為替予約を使います。

為替予約とは、将来において外国通貨を換算する為替相場を、現時点で固定する取引をいいます。為替予約では、次の2つの相場が出てきます。

直物為替相場（直物レート）	取引発生時の為替相場のこと。
先物為替相場（予約レート）	予約（固定）した為替相場のこと。

取引発生と同時に為替予約を行った場合

取引発生と同時に為替予約を行う場合、直物為替相場を使わず、先物為替相場を使います。為替予約により売掛金の日本円による受取額を先物為替相場に固定したので、為替予約後（売掛金の回収時）には、為替差損益が出てきません。

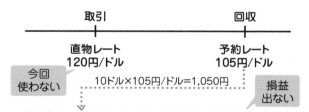

売掛金 1,050／売上 1,050　当座預金 1,050／売掛金 1,050

🐾 **まとめ** 🐾

1 商品を掛けで売り、同時に為替予約をしたときの仕訳

売掛金 1,050 ／ 売上 1,050

2 ドル建ての売掛金を回収したときの仕訳

当座預金 1,050 ／ 売掛金 1,050

重要度 ★★★

為替予約②

今回は取引発生後に為替予約を行う場合について見ていきましょう。

1 商品をドルで売ったときの仕訳

商品をドル建ての掛けで売った。
10ドル×120円/ドル＝1,200円

売掛金 1,200 / 売上 1,200

2 為替予約をしたときの仕訳

❶ 為替予約により、売掛金の日本円による受取額を先物為替相場（予約レート）105円/ドルで固定した。売掛金の受取額は10ドル×105円/ドル＝1,050円となる。

△150円

売掛金　1,200円 —————→ 1,050円
　　　　帳簿価額　　　　　先物相場で固定

❷ 売掛金を1,200→1,050にするので、売掛金を減らす。右に書く。

/ 売掛金 150

❸ 売掛金の日本円での価値が150円減ったので、150円損する。費用が発生したと考え、左に為替差損益と書く。

為替差損益 150 / 売掛金 150

3 ドル建ての売掛金を回収したときの仕訳

❶ 当座預金が増えるので、左に書く。為替予約により、受取額を固定したので、2 で計算した1,050円を使う。

当座預金 1,050 /

❷ 売掛金が減るので、右に書く。

当座預金 1,050 / 売掛金 1,050

取引発生後に為替予約を行った場合

　今回は商品を掛けで売り、後日売掛金に対して為替予約を行う場合について学習します。為替予約をしたときに、売掛金の日本円による受取額を先物為替相場に固定します。為替予約の対象となる売掛金の帳簿価額1,200円と先物為替相場の換算額1,050円の差額は為替差損益となります。為替予約をした後（売掛金の回収時）には、為替差損益は出てきません。

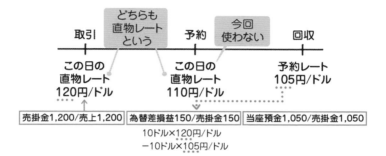

為替予約の会計処理

　為替予約の会計処理は、独立処理と振当処理の2つがあります。簿記2級の出題範囲は次のとおりです。

為替予約の会計処理		出題範囲
独立処理		簿記1級
振当処理	期間配分する方法	簿記1級
	すべて当期の為替差損益とする方法	簿記2級

> 豆知識　**為替予約をした場合の決算整理仕訳**
>
> 為替予約を行った売掛金（外貨建金銭債権債務）は予約レートで換算した金額に固定されるので、決算のときに決算整理仕訳で換算替えを行いません。

🐾 **まとめ** 🐾

1 商品をドルで売ったときの仕訳　　　**売掛金 1,200 / 売上 1,200**
2 為替予約をしたときの仕訳　　　　　**為替差損益 150 / 売掛金 150**
3 ドル建ての売掛金を回収したときの仕訳　**当座預金 1,050 / 売掛金 1,050**

問題1から問題6の取引について仕訳しなさい。ただし、勘定科目は、次の中から最も適当と思われるものを選びなさい。

| 現　　　金 | 当 座 預 金 | 売　　　上 | 為 替 差 損 益 |
| 売 掛 金 | 買 掛 金 | 仕　　　入 | 支 払 手 数 料 |

また、問題7に答えなさい。

問題1　　　　　　　　　　　　　　　　　　　　　　　　　P.067

アメリカの仕入先から商品100ドルを掛けで購入した。このときの為替相場は1ドル¥120である。

問題2　　　　　　　　　　　　　　　　　　　　　　　　　P.067

仕入先に対する掛け代金100ドル（帳簿価額¥12,000）を支払うために、取引銀行でドルに両替し、当座預金口座より仕入先に送金した。このときの為替相場は1ドル¥110である。

問題3　　　　　　　　　　　　　　　　　　　　　　　　　P.070

決算において、売掛金期末残高のうち、期中にドル建てで生じた売掛金（輸出時の為替相場は1ドル¥110）が¥23,100あったので、換算替えを行った。決算日の為替相場は1ドル¥100である。

問題4　　　　　　　　　　　　　　　　　　　　　　P.066、P.070

売掛金210ドル（前期末の為替相場は1ドル¥100）の送金があり、取引銀行で円貨に両替し、当座預金口座に入金した。当日の為替相場は1ドル¥90である。

問題5　　　　　　　　　　　　　　　　　　　　　　　　　P.074

アメリカの仕入先から商品100ドルを掛けで購入し、代金は翌月末に支払うこととした。また、取引と同時に為替予約を行った。取引時の直物為替相場は1ドル105円、先物為替相場は1ドル110円である。

問題6　　　　　　　　　　　　　　　　　　　　　　　　　P.076

次の（1）～（4）は、当社の一連の取引である。（1）～（4）の仕訳を書きなさい。なお、仕訳を書かない場合には「仕訳なし」と書くこと。

(1) 2月1日にアメリカの仕入先より商品500ドルを掛けで購入し、掛け代金の決済日は4月30日とした。本日の直物為替相場は1ドル100円、先物為替相場は1ドル102円である。

(2) 3月1日に取引銀行との間で、4月30日の買掛金支払いのために500ドルを1ドル105円で購入する為替予約を結んだ。なお、振当処理を適用することとするが、2月1日の為替相場による円への換算額と、為替予約による円換算額との差額はすべて当期の損益として処理する。本日の直物為替相場は1ドル104円である。

(3) 決算日である3月31日に必要な決算整理仕訳を行った。決算日の直物為替相場は1ドル102円、先物為替相場は1ドル104円である。

(4) 4月30日に輸入代金500ドルの支払期日を迎えたので、取引銀行との為替予約契約にもとづき、仕入先に500ドルを送金し、当座預金口座から決済した。本日の直物為替相場は1ドル108円である。

問題7 P.072

次の資料にもとづき、決算整理後残高試算表を作成しなさい。
［資料1］決算整理前残高試算表（一部）

決算整理前残高試算表 （円）

現　　　金	50,800	買　掛　金	200,200
普 通 預 金	1,124,000	契 約 負 債	150,800
売　掛　金	300,000	⋮	⋮
前　払　金	100,000	為 替 差 損 益	21,400

［資料2］決算整理事項
決算整理前残高試算表の資産・負債のうち、外貨建てのものは次のとおりである。なお、決算日の為替相場は1ドル＝107円である。

科目	帳簿価額		備考
	円換算額	外貨額	
外 国 通 貨	10,800円	100ドル	現金勘定に含まれている。
普 通 預 金	424,000円	4,000ドル	―
売 掛 金	76,300円	700ドル	―
前 払 金	22,000円	200ドル	仕入代金の手付金。
買 掛 金	43,200円	400ドル	―
契 約 負 債	64,800円	600ドル	売上代金の手付金。

［答案用紙］

決算整理後残高試算表　　　　　　　（円）

現　　　　金 （　　　　　　）	買　掛　金 （　　　　　　）
普 通 預 金 （　　　　　　）	契 約 負 債 （　　　　　　）
売　掛　金 （　　　　　　）	：　　　　　：
前　払　金 （　　　　　　）	為 替 差 損 益 （　　　　　　）

解説・解答

問題1

❶商品を買ったので、仕入が増える。左に仕入と書く。取引発生時の為替相場で日本円に換算した金額を使う。

100ドル×120円/ドル＝12,000円

仕入 **12,000** /

❷代金は掛けなので、買掛金が増える。右に書く。取引発生時の為替相場で日本円に換算した金額を使う。

仕入**12,000** / 買掛金 **12,000**

 解答

仕　　　　入	12,000	買　掛　金	12,000

問題2

❶当座預金口座から送金したので、当座預金が減る。右に書く。このときの為替

相場で日本円に換算した金額を使う。

100ドル×110円/ドル＝11,000円

/ 当座預金　11,000

❷買掛金を支払ったので、買掛金が減る。左に書く。買掛金は取引発生時の為替相場で日本円に換算した帳簿価額を使う。

買掛金 12,000 / 当座預金　11,000

❸買掛金の日本円での支払額が1,000円減ったので、得をする。得したので、収益が発生したと考え、右に為替差損益と書く。

買掛金 12,000 / 当座預金　11,000
　　　　　　　　/ 為替差損益　1,000

買　掛　金	12,000	当 座 預 金	11,000
		為替差損益	1,000

問題3

❶下書きを書く。売掛金が何ドルかを計算し、決算の換算替えの金額を計算する。

ドル建ての売掛金　23,100円÷110円/ドル＝210ドル

決算の換算替え　　210ドル×100円/ドル＝21,000円

下書き

売掛金　23,100円 ——— △2,100円 ——→ 21,000円

❷売掛金を23,100→21,000にするので、売掛金を減らす。右に書く。

/ 売掛金 2,100

❸売掛金の日本円での価値が2,100円減ったので、損をする。損したので、費用が発生したと考え、左に為替差損益と書く。

為替差損益 2,100 / 売掛金 2,100

為替差損益	2,100	売　掛　金	2,100

問題4

❶当座預金が増えるので、左に書く。取引発生時（両替時）の為替相場で日本円に換算した金額を使う。

210ドル×90円/ドル＝18,900円

当座預金　18,900 /

❷売掛金を回収したので、売掛金が減る。右に書く。売掛金は前期末の為替相場で換算替えした帳簿価額を使う。

210ドル×100円/ドル＝21,000円

当座預金　18,900 / 売掛金 21,000

❸売掛金の日本円での回収額が2,100円減ったので、損をする。損したので、費

用が発生したと考え、左に為替差損益と書く。

当座預金　18,900 ╱ 売掛金 21,000
為替差損益　2,100 ╱

当 座 預 金	18,900	売　　掛　　金	21,000
為替差損益	2,100		

問題5

❶商品を買ったので、仕入が増える。左に書く。為替予約を行ったので、先物為替相場で日本円に換算した金額を使う。

100ドル×110円/ドル＝11,000円

仕入 11,000 /

❷代金は掛けなので、買掛金が増える。右に書く。先物為替相場で日本円に換算する。

仕入 11,000 / 買掛金 11,000

仕　　　　　入	11,000	買　　掛　　金	11,000

問題6

(1)

商品を仕入れたときは為替予約は行っていないので、通常の外貨建て取引である。

❶商品を買ったので、仕入が増える。左に書く。取引発生時の為替相場（直物為替相場）によって、日本円に換算した金額を使う。

500ドル×100円/ドル＝50,000円

仕入 50,000 /

❷代金は掛けなので、買掛金が増える。右に書く。

仕入 50,000 / 買掛金 50,000

仕　　　　　入	50,000	買　　掛　　金	50,000

(2)

2月1日に計上した買掛金に対して為替予約を行い、日本円による支払額を固定した。

❶下書きを書く。為替予約により、買掛金の日本円による支払額を先物為替相場（予約レート）105円/ドルで固定した。

先物為替相場による換算額　500ドル×105円/ドル＝52,500円

$$買掛金\ \ 50,000円 \xrightarrow[]{+2,500円} 52,500円$$

帳簿価額　　　　　　　　　　　先物相場で固定

❷買掛金を50,000→52,500に増やす。右に書く。

/ 買掛金 2,500

❸買掛金の日本円での価値が2,500円増えたので、損をする。損したので費用が発生したと考え、左に為替差損益と書く。

為替差損益 2,500 / 買掛金 2,500

為替差損益	2,500	買　掛　金	2,500

(3)

為替予約により買掛金の日本円による支払い額が固定されているので、決算の換算替えは行わない。

仕訳なし	

(4)

❶当座預金口座から決済したので、当座預金が減る。右に書く。為替予約により支払額を固定したので、(2)で計算した52,500を使う。

/ 当座預金 52,500

❷買掛金を支払ったので、買掛金が減る。左に書く。

買掛金 52,500 / 当座預金 52,500

買　掛　金	52,500	当　座　預　金	52,500

問題7

ステップ1 下書きを書く。貨幣項目について、外貨建てのものは換算替えを行う。

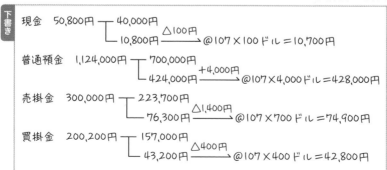

下書きを見ながら、仕訳を書く。

❶現金が減るので、右に書く。現金の日本円での価値が減ると損をするので、費用が発生したと考えて、左に為替差損益を書く。

為替差損益 100 / 現金 100

❷普通預金が増えるので、左に書く。普通預金の日本円での価値が増えると得するので、収益が発生したと考えて、右に為替差損益を書く。

普通預金 4,000 / 為替差損益 4,000

❸売掛金が減るので、右に書く。売掛金の日本円での価値が減ると損をするので、費用が発生したと考えて、左に為替差損益を書く。

為替差損益 1,400 / 売掛金 1,400

❹買掛金が減るので、左に書く。買掛金の日本円での価値が減ると支払額が減り得するので、収益が発生したと考えて、右に為替差損益を書く。

買掛金 400 / 為替差損益 400

決算整理後残高試算表の各勘定科目の金額を計算する。

現金	50,800 − 100 = **50,700**
普通預金	1,124,000 + 4,000 = **1,128,000**
売掛金	300,000 − 1,400 = **298,600**
前払金	非貨幣項目なので、換算替えは行わない。
買掛金	200,200 − 400 = **199,800**
契約負債	非貨幣項目なので、換算替えは行わない。
為替差損益	T字勘定を書いて解く。

［資料1］で為替差損益は右に21,400ある。仕訳で為替差損益が右にあればT字勘定の右に書き、左にあればT字勘定の左に書く。差額24,300 が決算整理後残高試算表の為替差損益の金額。

為替差損益　　　　　　　　（円）

❶現金	100	［資料1］	21,400
❸売掛金	1,400	❷普通預金	4,000
差額	24,300	❹買掛金	400

解答

決算整理後残高試算表　　　　　　　　（円）

現金	（　　50,700）	買掛金	（　199,800）
普通預金	（1,128,000）	契約負債	（　150,800）
売掛金	（　298,600）	⋮	⋮
前払金	（　100,000）	為替差損益	（　24,300）

Chapter04
手形・債権の譲渡

重要度 ★★

割引手形
（わりびきてがた）

受取手形が期日になる前でも、銀行に手数料を払えば換金することができます。これを手形の割り引きといい、割り引きした手形を割引手形といいます。

受取手形を割り引いたときの仕訳

❶ 受取手形を割り引いたので、受取手形が減る。右に書く。

　　　　　　　　／ 受取手形 1,000

❷ 当座預金が増えるので、左に書く。

　　当座預金 950 ／ 受取手形 1,000

❸ 銀行に割り引きの手数料を支払ったので、手形売却損が増える。手形売却損は費用（ホームポジション左）なので、増えるときは左に書く。

　　当座預金　950 ／ 受取手形 1,000
　　手形売却損　50 ／

受取手形の割り引きとは

受取手形が期日になる前に銀行で換金することを手形の割り引きといいます。割り引きを行った手形を**割引手形**といいます。手形を割り引くさいに銀行へ支払う手数料や利息相当額を**手形売却損**といいます。手形売却損は 費用 の勘定科目です。手形売却損は、銀行に対する利息に相当するもので、割引日から期日までの日数によって、金額が変わります。

割引手形のポイント

手形の割り引きの仕組みは、次のようになっています。手形売却損は、手形の額面金額と入金額の差額となります。

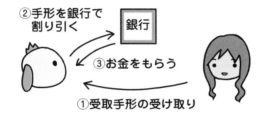

手形の割り引きと同様に電子記録債権も割り引きすることができます。

■関連ページ 電子記録債権の割り引き **P.098**

> **まとめ**
>
> 受取手形を割り引いたときの仕訳　　当座預金　950／受取手形 1,000
> 　　　　　　　　　　　　　　　　　手形売却損　50／

　仕入などの代金の支払いを受取手形で行うことができます。これを手形の裏書きといい、裏書きした手形を裏書手形といいます。

受取手形を裏書きしたときの仕訳

❶ 商品を買ったので、仕入が増える。左に書く。

　　仕入 2,000 /

❷ 受取手形を裏書きしたので、受取手形が減る。右に書く。

　　仕入 2,000 / 受取手形 2,000

受取手形の裏書きとは

受取手形を期日になる前に代金の支払いに使うことを手形の裏書きといいます。裏書きを行った手形を裏書手形といいます。手形の裏書きは、受取手形の裏に書いた後に譲渡するため、裏書き譲渡ということもあります。受取手形の裏書き譲渡と同様に電子記録債権や売掛金などの債権も譲渡することができます。

関連ページ 電子記録債権の譲渡　**P.099** 、債権の譲渡　**P.100**

裏書手形のポイント

手形の裏書きの仕組みは次のようになっています。受取手形を代金の支払方法として利用するのが裏書手形です。

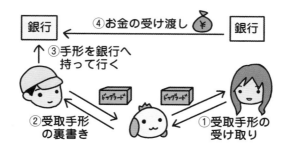

😺 まとめ 🐾

受取手形を裏書きしたときの仕訳　　　**仕入 2,000 / 受取手形 2,000**

手形の不渡り

受け取った手形が期日になっても手形代金が入金されないことを手形の不渡りといいます。どのように仕訳をするのか、見ていきましょう。

商品を売ったときの仕訳

商品を売り、受取手形を受け取った。
受取手形 1,500 / 売上 1,500

1 手形が不渡りになったときの仕訳

❶ 手形が不渡りになったので、受取手形から不渡手形に振り替える。受取手形が減るので、右に書く。

／ 受取手形 1,500

❷ 不渡手形が増える。不渡手形は資産（ホームポジション左）なので、増えるときは左に書く。

不渡手形 1,500 / 受取手形 1,500

決算：貸倒引当金の決算整理仕訳

貸倒引当金の決算整理仕訳を行う。
貸倒引当金繰入 1,500 / 貸倒引当金 1,500

2 翌期：不渡手形が 貸し倒れたときの仕訳

❶ 不渡手形が貸し倒れた（回収不能になった）ので、不渡手形が減る。右に書く。

／ 不渡手形 1,500

❷ 前期末の決算で貸倒引当金を設定したので、貸倒引当金を取り崩す。貸倒引当金が減るので、左に書く。

貸倒引当金 1,500 / 不渡手形 1,500

手形の不渡りとは

<ruby>不渡手形<rt>ふわたりてがた</rt></ruby>とは、期日に手形代金が決済されなかった手形のことです。不渡手形は  資産 の勘定科目です。受取手形が期日になっても入金されなかったので、不渡手形という勘定科目を使い、通常の受取手形と区別します。

不渡手形になったからといって、必ず貸し倒れになるわけではなく、不渡手形になった後、お金を回収できる場合もあります。しかし、振り出した人が倒産してしまった場合は、貸し倒れになります。

不渡手形の金額

手形が不渡りになったときに、期日後利息（延滞利息）や償還請求費用などの諸費用を当社が支払うことがあります。いったん当社が支払いますが、本来は相手先が支払うべき費用なので、当社は不渡手形の金額に含めて仕訳します。

期日後利息 （延滞利息）	手形の代金の返済が遅れたことによる利息。
償還請求費用	手形の代金を請求するためにかかる費用。

例題　受取手形￥1,500が不渡りとなり、延滞利息￥30と償還請求費用￥70を現金で支払い、手形金額とともに支払請求した。

・・・・・・・・・・・・・・・・・・・・・・・・・・・・・・・

仕訳　不渡手形 1,600 ／受取手形 1,500
　　　　　　　　　　／現金　　　　 100

🐾 まとめ 🐾

1 手形が不渡りになったときの仕訳　**不渡手形 1,500 / 受取手形 1,500**
2 翌期：不渡手形が貸し倒れたときの仕訳

　　　　　　　　　　　貸倒引当金 1,500 / 不渡手形 1,500

割引手形の不渡り

割引手形は、当社が銀行で割り引きを行っています。割引手形が不渡りとなった場合、銀行に対して不渡りとなった金額を支払う必要があります。

商品を売ったときの仕訳

商品を売り、受取手形を受け取った。
受取手形 2,000 / 売上 2,000

受取手形を割り引きしたときの仕訳

❶ 受取手形を割り引いたので、受取手形が減る。右に書く。
　　　　　　　　　 / 受取手形 2,000

❷ 当座預金が増えるので、左に書く。
　当座預金 1,900 / 受取手形 2,000

❸ 銀行に割り引きの手数料を支払ったので、手形売却損が増える。左に書く。
　当座預金　1,900 / 受取手形 2,000
　手形売却損　 100 /

❶ 割引手形が不渡りのときの仕訳

❶ 当座預金が減るので、右に書く。
　　　　　　　　　 / 当座預金 2,000

❷ 手形が不渡りになったので、不渡手形が増える。左に書く。
　不渡手形 2,000 / 当座預金 2,000

裏書手形の不渡り

　裏書手形は、当社が仕入先に裏書きを行っています。裏書手形が不渡りとなった場合、仕入先に対して不渡りとなった金額を支払う必要があります。

商品を売ったときの仕訳

商品を売り、受取手形を受け取った。
受取手形 2,000 / 売上 2,000

受取手形を裏書きしたときの仕訳

❶ 商品を買ったので、仕入が増える。左に書く。
　仕入 2,000 /

❷ 受取手形を裏書きしたので、受取手形が減る。右に書く。
　仕入 2,000 / 受取手形 2,000

② 裏書手形が不渡りのときの仕訳

❶ 現金が減るので、右に書く。
　　　　/ 現金 2,000

❷ 手形が不渡りになったので、不渡手形が増える。左に書く。
　不渡手形 2,000 / 現金 2,000

🐾 まとめ 🐾

| 1 | 割引手形が不渡りのときの仕訳 | **不渡手形 2,000 / 当座預金 2,000** |
| 2 | 裏書手形が不渡りのときの仕訳 | **不渡手形 2,000 / 現金　　 2,000** |

手形の期日の延長（手形の更改）

　支払手形の期日が迫ってきたのに、お金がありません。こんなときは、手形の代金を受け取る人にお願いをして期日を延長してもらいます。

支払手形の期日を延長してもらったときの仕訳

❶ 古い支払手形と新しい支払手形を交換するので、古い支払手形が減る。支払手形は負債（ホームポジション右）なので、減るときは左に書く。
　　支払手形 3,000 /

❷ 新しい支払手形が増えるので、右に書く。
　　支払手形 3,000 / 支払手形 3,000

❸ 期間延長の利息を支払ったので、支払利息が増える。左に書く。現金が減るので、右に書く。
　　支払手形 3,000 / 支払手形 3,000
　　支払利息　 100 / 現金　　　 100

支払手形の更改（こうかい）とは

支払手形には、金額と支払期日が印字してあるので、内容を修正するには新しい支払手形を発行する必要があります。このため、古い支払手形を減らし、新しい支払手形を増やす仕訳を行う必要があります。

古い手形を破棄して、新しく期日を延長した手形を振り出すことを**手形の更改**といいます。手形の更改を行うと支払手形の期日が延長しますので、延長分の利息を支払うことがあります。

古い手形	新しい手形
約束手形	約束手形
ミート株式会社殿	ミート株式会社殿
支払期日　X1年6月30日	支払期日　X1年7月31日
¥3,000	¥3,000
振出人パブロフ株式会社	振出人パブロフ株式会社

受取手形の更改の仕訳

受取手形でも手形の更改を行うことがあります。例題を使って、仕訳を見ていきましょう。

例題　受け取っていた約束手形¥3,000について、手形の更改の申し出があり、旧手形と新手形を交換した。また、期間延長の利息¥100を現金で受け取った。

仕訳　受取手形 3,000 / 受取手形 3,000
　　　現金　　　 100 / 受取利息　 100

🐾 まとめ 🐾

支払手形の期日を延長してもらったときの仕訳

　　　　　支払手形 3,000 / 支払手形 3,000
　　　　　支払利息　 100 / 現金　　　　 100

重要度 ★

営業外支払手形・営業外受取手形

固定資産や有価証券を購入する場合に手形や電子記録債務を使うこともあります。どのようなときに使うのか、見ていきましょう。

1 営業外支払手形を振り出したときの仕訳

❶ 備品を買ったので、備品が増える。左に書く。

備品 2,000 /

❷ 備品の代金は手形で支払うので、営業外支払手形が増える。営業外支払手形は負債（ホームポジション右）なので、増えるときは右に書く。

備品 2,000 / 営業外支払手形 2,000

2 営業外受取手形を受け取ったときの仕訳

❶ 備品（取得原価 2,000、累計額 1,200、帳簿価額 800）を売ったので、備品が2,000→0に減る。右に書く。

/ 備品 2,000

❷ 備品減価償却累計額が1,200→0に減るので、左に書く。

備品減価償却累計額 1,200 / 備品 2,000

❸ 備品の売却代金は手形で受け取ったので、営業外受取手形が増える。営業外受取手形は資産（ホームポジション左）なので、増えるときは左に書く。

備品減価償却累計額 1,200 / 備品 2,000
営業外受取手形 　　1,000 /

❹ 差額が右側なので、利益が発生している。右に固定資産売却益と書く。

備品減価償却累計額 1,200 / 備品　　　　　2,000
営業外受取手形　　1,000 / 固定資産売却益 200

営業外支払手形と営業外受取手形とは

主たる営業取引を商品売買業としている会社では、商品売買の代金決済を手形で行う場合、支払手形や受取手形を使います。

一方、固定資産や有価証券の取得・売却の代金決済を手形で行う場合、営業外支払手形と営業外受取手形という勘定科目を使います。これは、主たる営業取引以外で使う手形という意味で、営業外支払手形と営業外受取手形という勘定科目名となっています。

また、固定資産や有価証券の取得・売却の代金決済を電子的に行う場合、営業外電子記録債務と営業外電子記録債権という勘定科目を使います。

	主たる営業取引の手形 （商品売買取引）	主たる営業取引以外の手形 （備品や有価証券の取引）
代金の支払い	仕入 / 支払手形	備品 / 営業外支払手形 売買目的有価証券 / 営業外支払手形
代金の回収	受取手形 / 売上	営業外受取手形 / 備品 備品減価償却累計額 / 固定資産売却益 営業外受取手形 / 売買目的有価証券 / 有価証券売却益

なお、営業外受取手形でも、割り引きや裏書きは可能です。しかし、本試験で出題される可能性はほぼありませんので、覚える必要はありません。

🐾 まとめ 🐾

1 営業外支払手形を振り出したときの仕訳

　　　　　　　　　　　　備品 2,000 / 営業外支払手形 2,000

2 営業外受取手形を受け取ったときの仕訳

　　　　備品減価償却累計額 1,200 / 備品　　　　　　 2,000
　　　　営業外受取手形　　 1,000 / 固定資産売却益　 200

重要度 ★★

電子記録債権の割り引き・譲渡

受取手形の割り引きや裏書きと同じように電子記録債権でも割り引きや譲渡をすることができます。電子記録債権については簿記3級で学習しました。

電子記録債権の割り引き

期日になる前に電子記録債権を銀行で換金することを電子記録債権の割り引きといいます。

電子記録債権が発生したときの仕訳

❶ 売掛金が減るので、右に書く。
❷ 電子記録債権が増えるので、左に書く。
　電子記録債権 100 / 売掛金 100

1 電子記録債権を割り引きしたときの仕訳

❶ 電子記録債権を割り引いたので、電子記録債権が減る。右に書く。
　　　　　/ 電子記録債権 100
❷ 現金が増えるので、左に書く。
　　現金 90 / 電子記録債権 100
❸ 銀行に割り引きの手数料を支払ったので、電子記録債権売却損が増える。電子記録債権売却損は費用（ホームポジション左）なので、増えるときは左に書く。
　　現金　　　　　　　90 / 電子記録債権 100
　　電子記録債権売却損 10 /

電子記録債権の譲渡

期日になる前に代金の支払いに電子記録債権を使うことを電子記録債権の譲渡といいます。電子記録債権を譲渡した場合も、債権の金額と仕入額（譲渡金額）に差額があれば電子記録債権売却損が発生します。

2 電子記録債権を譲渡したときの仕訳

❶ 商品を買ったので、仕入が増える。左に書く。
　　仕入150 /

❷ 電子記録債権を譲渡したので、電子記録債権が減る。右に書く。
　　仕入150 / 電子記録債権150

電子記録債権売却損とは

電子記録債権の金額と譲渡金額の差額は電子記録債権売却損という勘定科目を使います。電子記録債権売却損は 費用 の勘定科目です。電子記録債権売却損は、電子記録債権を割り引くさいに銀行へ支払う手数料や電子記録債権を譲渡したさいの差額から発生します。

資産	負債
電子記録債権	
	純資産
費用	収益
電子記録債権売却損	

🐾 まとめ 🐾

1 電子記録債権を割り引きしたときの仕訳

　　現金　　　　　　　　90 / 電子記録債権 100
　　電子記録債権売却損 10 /

2 電子記録債権を譲渡したときの仕訳　仕入 150 / 電子記録債権 150

重要度 ★★

債権の譲渡

債権の譲渡について見ていきましょう。

債権を譲渡したときの仕訳

❶ 売掛金を譲渡したので、売掛金が減る。
右に書く。

/ 売掛金 3,000

❷ 普通預金が増えるので、左に書く。
普通預金 2,700 / 売掛金 3,000

❸ 期日より前に債権を売却したので、債
権売却損が増える。債権売却損は費用
（ホームポジション左）なので、増える
ときは左に書く。

普通預金　2,700 / 売掛金 3,000
債権売却損　300 /

債権売却損とは

　会社にある売掛金や受取手形、電子記録債権などを債権といいます。債権とは、期日になれば現金や預金として回収できる権利のことです。会社は、現金や預金が不足したさいに期日前の債権を売却して換金することがあり、これを債権の譲渡といいます。債権の金

額と回収した金額に差額がある場合、債権売却損が発生します。

📖関連ページ　受取手形の裏書き譲渡　**P.088**、電子記録債権の譲渡　**P.099**

🐾 まとめ 🐾

債権を譲渡したときの仕訳　　**普通預金　2,700 /売掛金 3,000**
債権売却損　300 /

練習問題 Chapter04 01-07

問題1から問題7の取引について仕訳しなさい。ただし、勘定科目は、次の中から最も適当と思われるものを選びなさい。

現　　　金	普 通 預 金	当 座 預 金	電 子 記 録 債 権
売 　掛　 金	買 　掛　 金	売　　　上	電子記録債権売却損
支 払 手 形	受 取 手 形	仕　　　入	営 業 外 受 取 手 形
不 渡 手 形	債 権 売 却 損	支 払 利 息	営 業 外 支 払 手 形
土　　　地	手 形 売 却 損	受 取 利 息	電 子 記 録 債 務

問題1　　　　　　　　　　　　　　　　　　　　　　　　　　P.086

得意先D社より受け取っていた約束手形¥150,000を取引銀行で割り引き、利息相当額を差し引かれ残額を当座預金とした。なお、利息相当額の計算においては利率年1％、割引日数は73日、1年は365日で計算する。

問題2　　　　　　　　　　　　　　　　　　　　　　　　　　P.092

A社より、売掛金の決算のために手形を受け取り、過日、B銀行で割り引きに付していた。A社振り出し、当社宛ての約束手形¥60,000が満期日に支払拒絶されたため、B銀行より償還請求を受け、小切手を振り出して決済した。また、期日後利息¥200は現金で支払い、手形金額とともにA社に対し支払請求した。

※過日…本日より過去の日のこと。

※B銀行で割り引きに付していた…B銀行で手形の割り引きを行った、という意味。

問題3　　　　　　　　　　　　　　　　　　　　　　　　　　P.094

かねて振り出していた約束手形¥20,000について、支払期限までに資金を用立てることが難しくなった。手形の所持人であるC社に手形の更改を申し入れ、同社の承諾を得て旧手形と交換で新手形を振り出した。なお、支払期日延長にともなう利息¥400は現金で支払った。

問題4　　　　　　　　　　　　　　　　　　　　　　　　　　P.096

土地を¥800,000で購入し、代金は約束手形を振り出して支払った。

問題5　　　　　　　　　　　　　　　　　　　　　　　　P.098

当社は、電子記録債権のうち￥210,000を銀行で割り引き、割引料￥3,000
が差し引かれた残額が当座預金口座へ振り込まれた。

問題6　　　　　　　　　　　　　　　　　　　　　　　　P.099

当社は、E社に対する買掛金￥140,000の支払いを電子債権記録機関で行
うため、取引銀行を通じて電子記録債権の譲渡記録を行った。

問題7　　　　　　　　　　　　　　　　　　　　　　　　P.100

売掛金￥500,000を￥480,000で売却し、代金は普通預金口座へ振り込ま
れた。

解説・解答

問題1

❶受取手形を割り引きしたので、受取手形が減る。右に書く。

　　　　　　　　　　　　　/ 受取手形 150,000

❷当座預金が増えるので、左に書く。金額は利息相当額を差し引いた金額を使う。

　　利息相当額　150,000×1％×73日÷365日＝300

　　当座預金の入金額　150,000－300＝149,700

　　当座預金　149,700 / 受取手形 150,000

❸銀行に割り引きの利息相当額を支払ったので、手形売却損が増える。手形売却
　損は費用（ホームポジション左）なので、増えるときは左に書く。

　　当座預金　149,700 / 受取手形 150,000

　　手形売却損　　　300 /

当 座 預 金	149,700	受 取 手 形	150,000
手形売却損	300		

豆知識 **電卓の計算方法**

手形売却損は次の2パターンで計算することができますが、（a）のように電卓で
計算すると割り切れないことがあります。（b）のように、割り算を最後に行う
と正しい金額が計算できます。

（a）150,000×1％÷365日×73日＝299.9999…

（b）150,000×1％×73日÷365日＝300

問題2

❶ 小切手を振り出したので、当座預金が減る。右に書く。

／当座預金 60,000

❷ 期日後利息を現金で支払ったので、現金が減る。右に書く。

／当座預金 60,000
／現金　　　 200

❸ 約束手形が満期日に支払拒絶されたため、手形が不渡りとなった。不渡手形が増えるので、左に書く。

不渡手形 60,200／当座預金 60,000
／現金　　　 200

 解答

不 渡 手 形	60,200	当 座 預 金	60,000
		現　　　金	200

問題3

❶ 古い支払手形が減るので、左に書く。

支払手形 20,000／

❷ 新しい手形が増えるので、右に書く。

支払手形 20,000／支払手形 20,000

❸ 期日延長の利息を支払ったので、支払利息が増える。左に書く。現金が減るので、右に書く。

支払手形 20,000／支払手形 20,000
支払利息　 400／現金　　　 400

解答

支 払 手 形	20,000	支 払 手 形	20,000
支 払 利 息	400	現　　　金	400

問題4

❶ 土地を購入したので、土地が増える。左に書く。

土地 800,000／

❷ 土地の代金は手形で支払ったので、営業外支払手形が増える。営業外支払手形は負債（ホームポジション右）なので、増えるときは右に書く。

土地 800,000／営業外支払手形 800,000

解答

土　　　　　地	800,000	営業外支払手形	800,000

問題5

❶ 電子記録債権を割り引いたので、電子記録債権が減る。右に書く。

／電子記録債権 210,000

❷当座預金が増えるので、左に書く。

  210,000 − 3,000 = 207,000

  当座預金 207,000 / 電子記録債権 210,000
❸銀行に割引料を支払ったので、電子記録債権売却損が増える。電子記録債権売却損は費用（ホームポジション左）なので、増えるときは左に書く。

  当座預金　　　　　　207,000 / 電子記録債権 210,000
  電子記録債権売却損　　3,000 /

当　座　預　金	207,000	電 子 記 録 債 権	210,000
電子記録債権売却損	3,000		

問題6

❶買掛金を支払ったので、買掛金が減る。左に書く。

  買掛金 140,000 /
❷電子記録債権を譲渡したので、電子記録債権が減る。右に書く。

  買掛金 140,000 / 電子記録債権 140,000

買　　掛　　金	140,000	電子記録債権	140,000

問題7

❶売掛金を売却したので、売掛金が減る。右に書く。

  　　　　　　　　/ 売掛金 500,000
❷普通預金口座へ振り込まれたので、普通預金が増える。左に書く。

  普通預金 480,000 / 売掛金 500,000
❸差額は債権売却損が増える。債権売却損は費用（ホームポジション左）なので、増えるときは左に書く。

  500,000 − 480,000 = 20,000

  普通預金　　480,000 / 売掛金 500,000
  債権売却損　20,000 /

普　通　預　金	480,000	売　　掛　　金	500,000
債権売却損	20,000		

Chapter05
固定資産

固定資産とは

　まずは固定資産にどのようなものが含まれるのか、全体像を把握しましょう。

固定資産とは

　固定資産とは、長い期間使用するために保有している資産のことです。長い期間とは、具体的には1年を超える期間です。固定資産には、有形固定資産、無形固定資産、投資その他の資産の3つがあります。Chapter05では有形固定資産と無形固定資産を学習します。投資その他の資産はChapter07で学習します。

　固定資産を3つに分けるの、って覚えなきゃダメなの？

　仕訳や試算表、精算表を作るときは関係ないけど、貸借対照表を作るときに必要なんだよ。

　そうなんだ。どんなふうに分かれるのか教えて。

　右のページに分け方をまとめたから、見てみよう。

固定資産の分類と学習ページ

有形固定資産、無形固定資産、投資その他の資産には次のような勘定科目が含まれます。

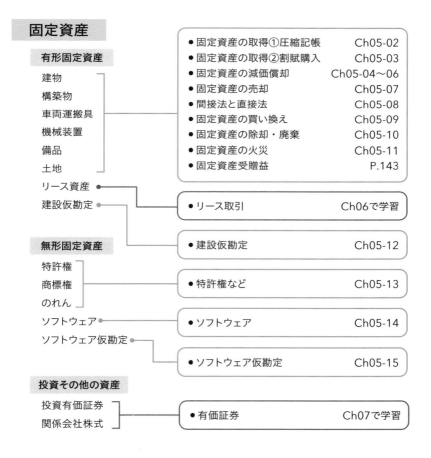

固定資産

有形固定資産

建物
構築物
車両運搬具
機械装置
備品
土地

- 固定資産の取得①圧縮記帳　　Ch05-02
- 固定資産の取得②割賦購入　　Ch05-03
- 固定資産の減価償却　　Ch05-04〜06
- 固定資産の売却　　Ch05-07
- 間接法と直接法　　Ch05-08
- 固定資産の買い換え　　Ch05-09
- 固定資産の除却・廃棄　　Ch05-10
- 固定資産の火災　　Ch05-11
- 固定資産受贈益　　P.143

リース資産
建設仮勘定

- リース取引　　Ch06で学習

- 建設仮勘定　　Ch05-12

無形固定資産

特許権
商標権
のれん

- 特許権など　　Ch05-13

ソフトウェア
ソフトウェア仮勘定

- ソフトウェア　　Ch05-14

- ソフトウェア仮勘定　　Ch05-15

投資その他の資産

投資有価証券
関係会社株式

- 有価証券　　Ch07で学習

■■関連ページ　貸借対照表の表示　**P.318**

重要度 ★★★

固定資産の取得① 圧縮記帳
<ruby>圧縮記帳<rt>あっしゅくきちょう</rt></ruby>

国や地方公共団体から受け取った補助金を利用して固定資産を購入する場合、<ruby>圧縮記帳<rt>あっしゅくきちょう</rt></ruby>を行います。

1 国庫補助金を受け取ったときの仕訳

❶国庫補助金を受け取ったので、国庫補助金受贈益が増える。国庫補助金受贈益は収益（ホームポジション右）なので、増えるときは右に書く。

/ 国庫補助金受贈益 300

❷現金が増えるので、左に書く。

現金 300 / 国庫補助金受贈益 300

2 機械装置を購入したときの仕訳

❶機械を買ったので、機械装置が増える。機械装置は資産（ホームポジション左）なので、増えるときは左に書く。

機械装置 500 /

❷現金が減るので、右に書く。

機械装置 500 / 現金 500

3 圧縮記帳を行ったときの仕訳

❶圧縮記帳を行ったので、国庫補助金を受け取った金額だけ機械装置を減らす。右に書く。

/ 機械装置 300

❷圧縮記帳を行ったので、固定資産圧縮損が増える。固定資産圧縮損は費用（ホームポジション左）なので、増えるときは左に書く。

固定資産圧縮損 300 / 機械装置 300

圧縮記帳とは

国庫補助金（こっこほじょきん）とは、省エネなどを奨励するため、国が企業に交付する補助金です。**工事負担金**（こうじふたんきん）とは、鉄道業などで行われる、ライフラインの安全性確保のための工事に対して、地方公共団体が企業に交付する負担金です。

国庫補助金や工事負担金などの補助金を利用して固定資産を購入したさいに、購入金額から補助金の金額を差し引いた金額を取得原価とすることを**圧縮記帳**といいます。簿記2級では、補助金の金額を固定資産の勘定科目から直接控除する方法（直接控除法）を学習します。

> **圧縮記帳した場合の取得原価＝購入価額＋付随費用－固定資産圧縮損**

圧縮記帳のポイント

国庫補助金受贈益（こっこほじょきんじゅぞうえき）とは、国庫補助金を受け取った金額、**工事負担金受贈益**とは、工事負担金を受け取った金額のことをいいます。どちらも 収益 の勘定科目です。**固定資産圧縮損**とは、固定資産を圧縮記帳した金額のことをいいます。固定資産圧縮損は 費用 の勘定科目です。

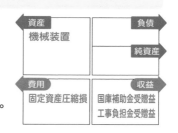

国庫補助金を受け取ると国庫補助金受贈益という収益が計上されます。法人税等は会社の利益に課税されるため、補助金の収益にも税金がかかります。たとえば「補助金 300 －税金 90 ＝実際に使える補助金 210」となり、補助金の効果が下がります。これを防ぐため、圧縮記帳を行い、固定資産圧縮損という費用を計上することで利益を少なくして、税金がかからないように調整しているのです（詳しくは関連ページを参照）。

■関連ページ 圧縮記帳を行う理由 **P.150**

> 🐾 **まとめ** 🐾
>
> **1** 国庫補助金を受け取ったときの仕訳
>
> 現金300 / 国庫補助金受贈益 300
>
> **2** 機械装置を購入したときの仕訳 機械装置 500 / 現金 500
>
> **3** 圧縮記帳を行ったときの仕訳 固定資産圧縮損 300 / 機械装置 300

固定資産の取得② 割賦購入（かっぷこうにゅう）

　建物や自動車などは価格が高いので、現金一括払いではなく、分割払いで購入（割賦購入（かっぷこうにゅう））をすることが多いです。詳しく見ていきましょう。

1　固定資産を割賦購入したときの仕訳

❶備品が増えるので、左に書く。
　備品 400 /

❷分割払いしたので、まだ代金を支払っていないため、未払金を使う。未払金が増えるので、右に書く。
　本体400＋利息20＝420
　備品 400 / 未払金 420

❸備品の現金販売価額400と割賦代金総額420の差額は支払利息の総額。支払期日より前なので、前払費用を使う。
　備品　　　400 / 未払金 420
　前払費用　 20 /

2　割賦代金を支払ったときの仕訳

❶1回目の支払日。未払金が減るので、左に書く。
　420÷4回＝105
　未払金 105 /

❷現金が減るので、右に書く。
　未払金 105 / 現金 105

❸前払費用を支払利息に振り替える。前払費用を減らし、支払利息を増やす。
　20÷4回＝5
　未払金　 105 / 現金　　 105
　支払利息　 5 / 前払費用　 5

割賦購入とは

　代金を分割払いで購入することを割賦購入といいます。割賦購入では、購入した時点ではまだ代金を支払っていないので、未払金を使います。未払金は割賦代金総額（現金販売価額と支払利息総額の合計）を計上する点に注意が必要です。

　割賦購入する場合、備品を購入してから代金を支払うまでの間、お金を借りていると考えるため、支払利息が発生するのです。

割賦購入の特徴

　割賦購入を行った場合、備品の代金の支払いを先延ばしすることができますが、支払利息の金額だけ支払総額が多くなります。

	割賦購入	一括購入
購入したとき	備品　　　400／未払金 420 前払費用　20／	備品　　400／未払金 400
1回目の支払い	未払金　　105／現金　　　105 支払利息　　5／前払費用　　5	未払金 400／現金　　400
2回目の支払い	未払金　　105／現金　　　105 支払利息　　5／前払費用　　5	―
3回目の支払い	未払金　　105／現金　　　105 支払利息　　5／前払費用　　5	―
4回目の支払い	未払金　　105／現金　　　105 支払利息　　5／前払費用　　5	―

豆知識　割賦購入の利息の計算方法

簿記2級では、割賦購入の利息の計算方法は定額法しか出題されません。
定額法とは、利息額を毎回同じ金額計上する方法です。

😺 まとめ 😺

1 固定資産を割賦購入したときの仕訳　　　備品　　　400／未払金 420
　　　　　　　　　　　　　　　　　　　前払費用　20／

2 割賦代金を支払ったときの仕訳　　　　　未払金　　105／現金　　　105
　　　　　　　　　　　　　　　　　　　支払利息　　5／前払費用　　5

重要度 ★★★

減価償却① 定額法

　決算で固定資産の減価償却を行います。簿記2級で出題される減価償却の計算方法は3つあります。今回は簿記3級で学習した定額法について復習します。

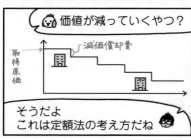

決算:
減価償却（定額法）の決算整理仕訳

❶ 下書きを書く。
　定額法による減価償却費を計算する。
　建物　定額　10年　残存1,000円
　減価償却費
　(10,000－1,000)÷10年＝900
　　取得原価　残存価額　耐用年数

❷ 減価償却費は費用（ホームポジション左）なので、増えるときは左に書く。
　減価償却費 900 /

❸ 建物減価償却累計額が増えるので、右に書く。
　減価償却費 900 / 建物減価償却累計額 900

減価償却の仕訳

固定資産は使用や時間の経過とともに劣化します。簿記では、劣化に対応させて固定資産の価値を減らす減価償却を行います。当期に減価償却を行った金額を減価償却費といいます。減価償却費は 費用 の勘定科目です。減価償却にかかわる用語は次のとおりです。

取得原価	本体の価格＋付随費用（設置費など）の金額。
残存価額	寿命がきたときにいくらで売れるかという、最終的な処分価額。問題では「取得原価の10％」か「残存価額ゼロ」であることが多い。
耐用年数	寿命まで何年使えるか（利用可能年数）。
減価償却累計額	減価償却累計額は、過去に計上した減価償却費の累計額（合計額）のこと。建物や車両運搬具などで区別できるように、建物減価償却累計額、車両運搬具減価償却累計額という勘定科目を使うこともある。減価償却累計額は資産のマイナスの勘定科目だが、仕訳を書くときには 負債 の勘定科目と覚えておくとよい。

定額法のポイント

定額法とは、固定資産が毎年同じ金額だけ劣化すると仮定する方法です。

> **減価償却費＝（取得原価－残存価額）÷耐用年数**

例題 決算において、建物（取得原価10,000円、耐用年数10年、残存価額1,000円、間接法で記帳）について定額法により減価償却を行う。

仕訳 1年目　減価償却費 900 / 建物減価償却累計額 900
2年目　減価償却費 900 / 建物減価償却累計額 900

解説 1年あたりの減価償却費　（10,000円－1,000円）÷10年＝900円
　　　　　　　　　　　　　　　取得原価　　残存価額　　耐用年数

😺 まとめ 🐾

決算：減価償却（定額法）の決算整理仕訳
減価償却費 900 / 建物減価償却累計額 900

減価償却② 定率法

　減価償却には定額法だけでなく、定率法という方法もあります。今回は定率法について見ていきましょう。

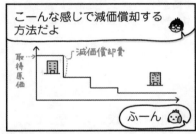

決算：減価償却（定率法）の決算整理仕訳

❶ 下書きを書く。
　定率法による減価償却費を計算する。
　当期に買った備品なので期首減価償却累計額は0円。
　備品　定率　0.5
　減価償却費
　$(10,000 - 0) \times 0.5 = 5,000$
　　取得原価　累計額　償却率

❷ 減価償却費が増えるので、左に書く。
　減価償却費 5,000 /

❸ 備品減価償却累計額が増えるので、右に書く。
　減価償却費 5,000 / 備品減価償却累計額 5,000

定率法のポイント

定率法とは、使い始めたときが一番固定資産の劣化が激しく、しだいに劣化の割合が少なくなっていくと仮定する方法です。

償却率とは、仮定にもとづいて正しく計算できるように決められている数値です。左の4コマ漫画の償却率0.5も、あらかじめ決められている数値です。

減価償却費＝（取得原価－期首減価償却累計額）×償却率

例題 決算において、備品（取得原価10,000円、耐用年数4年、償却率0.5、間接法で記帳）について定率法により減価償却を行う。

仕訳 1年目 減価償却費 5,000 / 備品減価償却累計額 5,000
2年目 減価償却費 2,500 / 備品減価償却累計額 2,500
3年目 減価償却費 1,250 / 備品減価償却累計額 1,250

解説 1年目 期首減価償却累計額 0円
（10,000円－0円）×0.5＝5,000円
2年目 期首減価償却累計額 0円＋5,000円＝5,000円
（10,000円－5,000円）×0.5＝2,500円
3年目 期首減価償却累計額 5,000円＋2,500円＝7,500円
（10,000円－7,500円）×0.5＝1,250円

200％定率法とは

定率法の一種で200％定率法という計算方法があります。試験でよく出題されていますので、覚えておきましょう。

200％定率法では、基本的に定率法と同じ計算式で減価償却費を計算します。

減価償却費＝（取得原価－期首減価償却累計額）×償却率

問題で償却率が与えられず、200％定率法の償却率を自分で計算しなければいけないことがあります。

償却率＝1÷耐用年数×200％

例えば、耐用年数4年の場合、200％定率法の償却率は1÷4年×200％＝0.5となります。

200％定率法の保証率と改定償却率

　200％定率法では、さらに応用的な計算をする場合があります。試験では滅多に出題されない内容ですので、詳しく覚える必要はありません。

　200％定率法の償却率を使って減価償却の計算を行うと、耐用年数が経過した後に残存価額がズレてしまうという問題点があります。この問題点を解消するために、200％定率法では、保証率と改定償却率を使って減価償却費の金額を補正します。計算式は次のようになります。問題文に保証率と改定償却率が書いてある場合には、この計算式を使いましょう。

①（取得原価－期首減価償却累計額）×償却率
②取得原価×保証率
③金額を比較する。
　①≧②であれば①の金額が減価償却費となる。
　①＜②であれば次の式で減価償却費を計算する※。
　（取得原価－期首減価償却累計額）×改定償却率＝減価償却費
※改定償却率を使った場合、次の年も同じ金額・計算式を使います。詳しくは例題を参照してください。

| 例題 | X1年4月1日に備品を¥100,000で購入し、200％定率法で減価償却を行った場合の仕訳を書きなさい。残存価額ゼロ、耐用年数5年、保証率0.10800、改定償却率0.500とする。 |

仕訳	1年目　減価償却費 40,000 / 備品減価償却累計額 40,000
	2年目　減価償却費 24,000 / 備品減価償却累計額 24,000
	3年目　減価償却費 14,400 / 備品減価償却累計額 14,400
	4年目　減価償却費 10,800 / 備品減価償却累計額 10,800
	5年目　減価償却費 10,800 / 備品減価償却累計額 10,800

解説

　200％定率法の償却率　1÷5年×200％＝0.4

　1年目　期首減価償却累計額　0円

　①（ 100,000 － 0 ） × 0.4 ＝40,000
　　　取得原価　　期首減価償却累計額　　償却率

　②100,000×0.10800＝10,800
　　　取得原価　　保証率

　③40,000＞10,800なので、40,000で仕訳する。

減価償却費 40,000 / 備品減価償却累計額 40,000

2年目　期首減価償却累計額　0＋40,000＝40,000円

　①（100,000－40,000）×0.4＝24,000

　②100,000×0.10800＝10,800

　③24,000＞10,800なので、24,000で仕訳する。

　　減価償却費 24,000 / 備品減価償却累計額 24,000

3年目　期首減価償却累計額　40,000＋24,000＝64,000円

　①（100,000－64,000）×0.4＝14,400

　②100,000×0.10800＝10,800

　③14,400＞10,800なので、14,400で仕訳する。

　　減価償却費 14,400 / 備品減価償却累計額 14,400

4年目　期首減価償却累計額　64,000＋14,400＝78,400円

　①（100,000－78,400）×0.4＝8,640

　②100,000×0.10800＝10,800

　③8,640＜10,800なので、改定償却率を使って計算する。

　（　100,000　－　　78,400　　）×0.500＝10,800

　　　　取得原価　　期首減価償却累計額　改定償却率

　　減価償却費 10,800 / 備品減価償却累計額 10,800

5年目　4年目で改定償却率を使ったので、4年目と同じ金額・計算式を使う。

　（100,000－78,400）×0.500＝10,800

　　減価償却費 10,800 / 備品減価償却累計額 10,800

 保証率とか改定償却率が出てくると計算が難しいね。

 試験ではほとんど出題されないから、この計算は覚えなくてもいいよ。P.125の練習問題が解ければ十分だね。

🐾 まとめ 🐾

決算：減価償却（定率法）の決算整理仕訳

　　　　　　　　減価償却費 5,000 / 備品減価償却累計額 5,000

減価償却③ 生産高比例法

商品の運搬用トラックなどは耐用年数ではなく、走行距離に応じて減価償却を行うことがあります。この減価償却の方法を生産高比例法といいます。

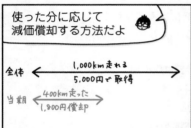

決算:減価償却(生産高比例法)の決算整理仕訳

❶ 下書きを書く。
生産高比例法による減価償却費を計算する。
車両　生産高比例法　残存500円
減価償却費
$(5,000-500) \times \dfrac{400km}{1,000km} = 1,800$

❷ 減価償却費が増えるので、左に書く。
減価償却費 1,800 /

❸ 車両減価償却累計額が増えるので、右に書く。
減価償却費 1,800 / 車両減価償却累計額 1,800

取得原価 5,000円で
残存価額　500円だから

$(5,000-500) \times \dfrac{400km}{1,000km}$
$= 1,800$円だね

生産高比例法のポイント

生産高比例法とは、固定資産の総利用可能量を見積もることができる、車両や船などに使われる減価償却の方法です。総利用可能量のうち、当期利用量の割合だけ劣化したと考えます。

$$減価償却費 = (取得原価 - 残存価額) \times \frac{当期利用量}{総利用可能量}$$

例題　決算において、車両（取得原価5,000円、残存価額500円、見積総走行距離1,000km、間接法で記帳）について生産高比例法により減価償却を行う。実際走行距離は1年目400㎞、2年目440km、3年目160kmであった。

仕訳　1年目　減価償却費 1,800 / 車両減価償却累計額 1,800
　　　2年目　減価償却費 1,980 / 車両減価償却累計額 1,980
　　　3年目　減価償却費 720 / 車両減価償却累計額 720

解説　1年目　$(5,000円 - 500円) \times \dfrac{400km}{1,000km} = 1,800円$

　　　2年目　$(5,000円 - 500円) \times \dfrac{440km}{1,000km} = 1,980円$

　　　3年目　$(5,000円 - 500円) \times \dfrac{160km}{1,000km} = 720円$

豆知識　**生産高比例法は月割り計算しない**

定額法や定率法、200%定率法では期中に固定資産を取得した場合、減価償却費を月割り計算します。一方、生産高比例法では当期利用量がすでに対象となる月数に対応しているので、月割り計算はしません。

🐾 まとめ 🐾

決算：減価償却（生産高比例法）の決算整理仕訳

減価償却費 1,800 / 車両減価償却累計額 1,800

Part
1
仕訳

Ch
05
固定資産

重要度 ★★★

固定資産の売却

　固定資産を売却したとき、どのように仕訳を行うのか見ていきましょう。簿記3級で学習した内容の復習です。

この棚 売ろう

取得原価　　1,000円
残存価額　　　　0円
期首までの減価償却累計額
　　　　　　　900円

定額法
耐用年数10年

期首から今日までの
減価償却費
1,000÷10年×3か月÷12か月
＝25円も計上しないとね

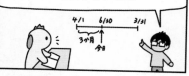

90円で
買います

期中に固定資産を売却したときの仕訳

❶ 下書きを書く。
期首から売却日までの3か月分の減価償却費を計算する。

備品　定額　10年　残存0円

$$(1,000 - 0) \div 10年 \times \frac{3か月}{12か月} = 25$$
取得原価　残存価額　耐用年数

❷ 減価償却費が増えるので、左に書く。
減価償却費 25 /

❸ 売ったので備品がなくなる。備品の取得原価と備品減価償却累計額を全額減らす。

減価償却費　　　　　　　25 / 備品 1,000
備品減価償却累計額 900 /

❹ 現金を受け取ったので、現金が増える。左に書く。

減価償却費　　　　　　　25 / 備品 1,000
備品減価償却累計額 900 /
現金　　　　　　　　　　90 /

❺ 右側と左側の合計の差額を計算する。差額が右側ということは、収益（利益）が発生している状況なので、固定資産売却益と書く。

減価償却費　　　　　　　25 / 備品　　　　　　 1,000
備品減価償却累計額 900 / 固定資産売却益 15
現金　　　　　　　　　　90 /

固定資産の売却のポイント

　固定資産売却益とは、固定資産を売却したときに、利益となった金額のことで収益の勘定科目です。固定資産の売却額が帳簿価額を上回った場合、固定資産売却益が出てきます。

　固定資産売却損とは、固定資産を売却したときに、損した金額のことで費用の勘定科目です。固定資産の売却額が帳簿価額を下回った場合、固定資産売却損が出てきます。

豆知識 **固定資産を売却したときの減価償却費**

固定資産を売却した場合、当期首から売却したときまでの減価償却費を月割り計算によって計上します。固定資産の売却のタイミングには、①期首に売却、②期中に売却、③期末日に売却、の3つがあります。それぞれ、次の表のように月割り計算が違います。①期首に売却した場合は、固定資産を当期には使っていないと考えるため減価償却費は0円となります。

売却のタイミング	減価償却費の計算
①期首（4月1日）に売却	（1,000−0）÷10年×0か月÷12か月＝0円 備品減価償却累計額 900 ／ 備品 1,000 現金 90 固定資産売却損 10
②期中（9月30日）に売却	（1,000−0）÷10年×6か月÷12か月＝50円 減価償却費 50 ／ 備品 1,000 備品減価償却累計額 900 ／ 固定資産売却益 40 現金 90
③期末日（3月31日）に売却	（1,000−0）÷10年×12か月÷12か月＝100円 減価償却費 100 ／ 備品 1,000 備品減価償却累計額 900 ／ 固定資産売却益 90 現金 90

なお、固定資産の売却だけでなく、Chapter05-09以降で学習する買い換え、除却、廃棄においてもこの考え方で仕訳を書くことになります。

🐾 **まとめ** 🐾

期中に固定資産を売却したときの仕訳

減価償却費	25	備品	1,000
備品減価償却累計額	900	固定資産売却益	15
現金	90		

減価償却費の記帳方法 間接法と直接法

減価償却費の記帳方法（仕訳の書き方）には、間接法と直接法があります。試験では、間接法が出題されることがほとんどです。2つの違いを詳しく見ていきましょう。

間接法と直接法

間接法（間接控除法）とは、減価償却費の相手勘定として減価償却累計額を使って仕訳する方法です。**直接法**（直接控除法）とは、減価償却累計額を使わず、固定資産の金額を直接減額する方法です。例題を使って、仕訳の違いを見ていきましょう。

例題1	備品は当期首より2年前に取得したもので、取得原価1,000円、残存価額ゼロ、耐用年数5年であり、定額法により減価償却を行う。

（1）間接法により記帳した場合の決算整理仕訳を書きなさい。

（2）直接法により記帳した場合の決算整理仕訳を書きなさい。

・・

仕訳 （1）減価償却費 200 / 備品減価償却累計額 200

（2）減価償却費 200 / 備品 200

解説 減価償却費 （1,000 − 0）÷ 5年 ＝ 200

（1）間接法の場合、右（貸方）に備品減価償却累計額と書きます。

（2）直接法の場合、右（貸方）に備品と書きます。

例題2	期末日に備品（当期首より2年前に取得、取得原価1,000円、残存価額ゼロ、耐用年数5年、定額法で償却）を￥500で売却し現金を受け取った。

（1）間接法により記帳した場合の売却の仕訳を書きなさい。

（2）直接法により記帳した場合の売却の仕訳を書きなさい。

・・

仕訳 （1）

減価償却費	200	備品	1,000
備品減価償却累計額	400	固定資産売却益	100
現金	500		

(2) 減価償却費 200 / 備品　　　　　600
　　現金　　　　500 / 固定資産売却益 100

> 減価償却累計額とは、備品の取得から期首までの減価償却費の合計額。本問では2年間分の減価償却費

解説

(1) 間接法の場合

　減価償却費　(1,000 − 100) ÷ 5年 = 200

　当期首における備品減価償却累計額　200 × 2年 = 400 ●

　固定資産売却益　200 + 400 + 500 − 1,000 = 100

(2) 直接法の場合

　減価償却費　(1,000 − 0) ÷ 5年 = 200

　当期首における備品減価償却累計額　200 × 2年 = 400

　当期首における備品の帳簿価額　1,000 − 400 = 600 ●

　固定資産売却益　200 + 500 − 600 = 100

> 直接法は減価償却累計額を使わず、備品の金額を直接減額している

　書くべき仕訳が間接法なのか直接法なのかで解答が違ってきます。問題を解くときには問題文の指示を確認しましょう。

 問題を解くときは、直接法と間接法をどうやって区別するの？

 問題文に「直接法で記帳している」「間接法で記帳している」と指示がある場合が多いよ。

 指示が書いてない問題はどうすればいいの？

 仕訳の問題では、使用できる勘定科目に「減価償却累計額」があれば、間接法で記帳するね。

 ふむふむ。

 精算表や財務諸表の問題では、問題文や答案用紙に「減価償却累計額」があるかどうかで判断するんだよ。

🐾 まとめ 🐾

1 減価償却（間接法）の仕訳　**減価償却費 200 / 備品減価償却累計額 200**

2 減価償却（直接法）の仕訳　**減価償却費 200 / 備品　　　　　　　200**

問題1から問題8の取引について仕訳しなさい。ただし、勘定科目は、次の中から最も適当と思われるものを選びなさい。当期はX2年4月1日からX3年3月31日の1年間である。

現　　　金	当 座 預 金	固定資産売却益	国庫補助金受贈益
土　　　地	支 払 利 息	営業外支払手形	固 定 資 産 廃 棄 損
備　　　品	前 払 費 用	営業外受取手形	建物減価償却累計額
建　　　物	減 価 償 却 費	固定資産売却損	備品減価償却累計額
車　　　両	未 収 入 金	固定資産圧縮損	車両減価償却累計額

問題1　　　　　　　　　　　　　　　　　　　　　　　　　　P.108

次の一連の取引（1）〜（3）の仕訳を書きなさい。
(1) X2年4月1日に国から国庫補助金¥10,000を現金で受け取った。
(2) X2年4月1日に備品¥100,000を購入し、代金は現金で支払った。この備品は同日より営業の用に供しており、国庫補助金相当額の圧縮記帳を直接減額方式により実施した。備品の取得と圧縮記帳の仕訳について、備品を合算せずそれぞれ書くこと。
(3) 決算において上記（2）の備品について減価償却を行った。減価償却は定額法、残存価額ゼロ、耐用年数9年、記帳方法は間接法で行う。

問題2　　　　　　　　　　　　　　　　　　　　　　　　　　P.110

X2年4月1日に工場建設用の土地（現金販売価額¥4,800,000）を割賦契約で購入した。代金は毎月末に支払期日の到来する額面¥1,000,000の約束手形5枚を振り出して交付した。なお、利息の処理方法は取得時に資産の勘定で処理し、支払時に定額法により費用計上する方法とする。

問題3　　　　　　　　　　　　　　　　　　　　　　　　　　P.110

X2年4月30日に問題2の約束手形のうち、期日の到来した約束手形¥1,000,000が当座預金口座より引き落とされた。

問題4　　　　　　　　　　　　　　　　　　　　　　　　　　P.112

決算において、建物（取得原価¥3,000,000、耐用年数30年、残存価額はゼロ、間接法で記帳）を定額法にて減価償却を行う。建物はX2年10月1日に取得しており、減価償却は月割りで計算している。

問題5 P.114

決算において、備品（取得原価￥1,000,000、減価償却累計額￥200,000、間接法で記帳）について、200％定率法により減価償却を行った。この備品の耐用年数は10年、償却率0.2である。

問題6 P.115

決算において、備品（取得原価￥1,000,000、減価償却累計額￥400,000、耐用年数5年、間接法で記帳）について、200％定率法により減価償却を行った。

問題7 P.118

決算において、営業用の車両（取得原価￥2,000,000、減価償却累計額￥1,000,000、間接法で記帳）に対し、生産高比例法により減価償却を行った。この車両の残存価額は取得原価の10％、見積総走行距離は300,000kmであり、当期の実際走行距離は30,000kmであった。

問題8 P.120〜P.123

次の取引について(1)(2)に答えなさい。

X2年8月31日に備品を￥360,000で売却し、代金は翌月末に受け取ることとした。この備品はX0年4月1日に￥480,000で購入したものであり、残存価額ゼロ、耐用年数は8年、償却方法は定額法によっている。減価償却費は月割り計算によること。

(1) 記帳方法が間接法だった場合の備品の売却の仕訳をしなさい。

(2) 記帳方法が直接法だった場合の備品の売却の仕訳をしなさい。

解説・解答

問題1

(1)

❶ 現金を受け取ったので、現金が増える。左に書く。

現金 10,000 /

❷ 国庫補助金を受け取ったので、国庫補助金受贈益が増える。国庫補助金受贈益は収益（ホームポジション右）なので、増えるときは右に書く。

現金 10,000 / 国庫補助金受贈益 10,000

現　　　　金	10,000	国庫補助金受贈益	10,000

(2)

❶備品を購入したので、備品が増える。左に書く。

　　備品　　　　　100,000 /

❷現金で支払ったので、現金が減る。右に書く。

　　備品　　　　　100,000 / 現金 100,000

❸圧縮記帳を行ったので、国庫補助金を受け取った金額だけ備品を減らす。右に書く。

　　備品　　　　　100,000 / 現金 100,000
　　　　　　　　　　　　　 / 備品　　10,000

❹圧縮記帳を行ったので、固定資産圧縮損が増える。固定資産圧縮損は費用（ホームポジション左）なので、増えるときは左に書く。

　　備品　　　　　100,000 / 現金 100,000
　　固定資産圧縮損　10,000 / 備品　　10,000

備　　　　品	100,000	現　　　　金	100,000
固定資産圧縮損	10,000	備　　　　品	10,000

(3)

❶下書きを書き、減価償却費の金額を計算する。備品の取得原価は圧縮記帳の金額を差し引いた金額。

取得原価　100,000 － 10,000 ＝ 90,000
備品　定額　9年　残存0円

$$(90,000-0) \div 9年 \times \frac{12か月}{12か月} = 10,000$$

❷減価償却の仕訳を書く。

減　価　償　却　費	10,000	備品減価償却累計額	10,000

問題2

❶土地を買ったので、土地が増える。左に書く。

　　土地　　　4,800,000 /

❷工場建設用の土地の購入は、主たる営業取引ではないので、手形を振り出したときは営業外支払手形を使う。営業外支払手形が増えるので、右に書く。

　　1,000,000×5枚＝5,000,000

　　土地　　　4,800,000 / 営業外支払手形 5,000,000

❸現金販売価額と営業外支払手形の差額は、割賦購入による支払利息総額。問題

文に「利息の処理方法は取得時に資産の勘定で処理」と指示があり、また支払いが1年以内なので、前払費用を使う。前払費用が増えるので、左に書く。

土地　　4,800,000 ／ 営業外支払手形 5,000,000
前払費用　200,000 ／

土　　　　　地	4,800,000	営業外支払手形	5,000,000
前　払　費　用	200,000		

問題3

❶営業外支払手形の期日が到来したので、営業外支払手形が減る。営業外支払手形は負債（ホームポジション右）なので、減るときは左に書く。

　　営業外支払手形 1,000,000 ／

❷当座預金口座より引き落とされたので、当座預金が減る。右に書く。

　　営業外支払手形 1,000,000 ／ 当座預金 1,000,000

❸前払費用を支払利息に振り替える。問題2の前払費用200,000は5回分の利息の金額なので、本問は1回分の利息を計算する。

　　前払費用200,000÷5回＝40,000

　　営業外支払手形 1,000,000 ／ 当座預金 1,000,000
　　支払利息　　　　 40,000 ／ 前払費用　　40,000

営業外支払手形	1,000,000	当　座　預　金	1,000,000
支　払　利　息	40,000	前　払　費　用	40,000

問題4

❶下書きを書き、減価償却費の金額を計算する。

下書き

建物　定額　30年　残存0円

$(3,000,000-0) \div 30年 \times \dfrac{6か月}{12か月} = 50,000$

❷減価償却費の仕訳を書く。

減　価　償　却　費	50,000	建物減価償却累計額	50,000

問題5

❶下書きを書き、減価償却費の金額を計算する。

下書き

備品　200%定率　償却率0.2

$(\underset{取得原価}{1,000,000} - \underset{累計額}{200,000}) \times \underset{償却率}{0.2} = 160,000$

❷減価償却費の仕訳を書く。

解答

| 減 価 償 却 費 | 160,000 | 備品減価償却累計額 | 160,000 |

問題6

❶下書きを書き、減価償却費の金額を計算する。問題文に200％定率法の償却率がないので、計算する。

下書き

備品　200％定率　償却率1÷5年×200％＝0.4
(1,000,000－400,000)×0.4＝240,000
　　取得原価　　累計額　　償却率

❷減価償却費の仕訳を書く。

解答

| 減 価 償 却 費 | 240,000 | 備品減価償却累計額 | 240,000 |

問題7

❶下書きを書き、減価償却費の金額を計算する。

下書き

車両　生産高比例法　残存10％
$(2,000,000－2,000,000×10\%)×\dfrac{30,000km}{300,000km}＝180,000$

❷減価償却費の仕訳を書く。

解答

| 減 価 償 却 費 | 180,000 | 車両減価償却累計額 | 180,000 |

問題8

（1）

❶間接法なので、当期首の減価償却累計額と当期分の減価償却費を計算する。

下書き

1年分の減価償却費　　(480,000－0)÷8年＝60,000
当期首の減価償却累計額(X0/4〜X2/3の2年分)　60,000×2年＝120,000
当期の減価償却費(X2/4〜X2/8の5か月分)　60,000×5か月÷12か月＝25,000

❷備品を売却するので、備品と備品減価償却累計額を減らす。

備品減価償却累計額 120,000 / 備品　　　　480,000

❸減価償却費が増えるので、左に書く。代金は翌月末に受け取るので、未収入金が増える。左に書く。

備品減価償却累計額	120,000	備品	480,000
減価償却費	25,000		
未収入金	360,000		

❹差額が右なので、固定資産売却益と書く。

備品減価償却累計額	120,000	備品	480,000
減価償却費	25,000	固定資産売却益	25,000
未収入金	360,000		

備品減価償却累計額	120,000	備　　　　品	480,000
減　価　償　却　費	25,000	固定資産売却益	25,000
未　収　入　金	360,000		

(2)

❶直接法なので、当期首の備品の帳簿価額と当期分の減価償却費を計算する。

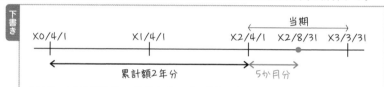

1年分の減価償却費　（480,000－0）÷8年＝60,000
当期首の減価償却累計額相当額(X0/4～X2/3の2年分)　60,000×2年＝120,000
当期首の備品の帳簿価額　480,000－120,000＝360,000
当期の減価償却費(X2/4～X2/8の5か月分)　60,000×5か月÷12か月＝25,000

❷備品を売却するので、備品を減らす。直接法の場合、帳簿価額を使う。

/ 備品　　　　360,000

❸減価償却費が増えるので、左に書く。代金は翌月末に受け取るので、未収入金が増える。左に書く。

| 減価償却費 | 25,000 | 備品 | 360,000 |
| 未収入金 | 360,000 | | |

❹差額が右なので、固定資産売却益と書く。

| 減価償却費 | 25,000 | 備品 | 360,000 |
| 未収入金 | 360,000 | 固定資産売却益 | 25,000 |

減　価　償　却　費	25,000	備　　　　品	360,000
未　収　入　金	360,000	固定資産売却益	25,000

重要度 ★

固定資産の買い換え

今まで使っていた古い車両を新しい車両に買い換えることがあります。固定資産を買い換えたとき、どのように仕訳を行うのか見ていきましょう。

新しいの欲しいー

ぐる ぐる

買ってくださいよ ホロ付きですよ！ 雨でも大丈夫！

うーん でも今のまだ使えるなー

取得価額 2,000
減価償却累計額 1,200

1,000円で今のリヤカー下取りするので新しいの買ってください

本当!?
買う買う！

じゃあ新しいリヤカー3,000円と下取り1,000円の差額をください

はいっ

2,000

固定資産を買い換えたときの仕訳

（1）古い車両の売却

❶ 古い車両を売ったので、車両運搬具がなくなる。車両運搬具の取得原価と減価償却累計額を全額減らす。

 減価償却累計額 1,200 / 車両運搬具 2,000

❷ 下取り額1,000の現金を受け取ったと考える。現金が増えるので、左に書く。

 減価償却累計額 1,200 / 車両運搬具 2,000
 現金 1,000

❸ 右側と左側の合計の差額を計算する。差額が右側ということは、収益（利益）が発生している状況なので、固定資産売却益と書く。

 減価償却累計額 1,200 / 車両運搬具 2,000
 現金 1,000 / 固定資産売却益 200

（2）新しい車両の取得

新しい車両を買ったので、車両運搬具が増える。左に書く。現金で支払ったので、現金が減る。右に書く。

 車両運搬具 3,000 / 現金 3,000

（3）買い換えの仕訳

上記（1）と（2）の仕訳を合算する。現金は合算して2,000になる。車両運搬具は、古い車両と新しい車両を区別するため、合算はしない。

 減価償却累計額 1,200 / 車両運搬具 2,000
 車両運搬具 3,000 / 固定資産売却益 200
         / 現金 2,000

固定資産の買い換えのポイント

　古い固定資産を下取りしてもらい、新しい固定資産を取得することを**固定資産の買い換え**といいます。

　車両運搬具とは、営業用の自動車や運搬用のトラック、リアカーなどに使う勘定科目です。車両運搬具は車両ということもあります。車両運搬具は 資産 の勘定科目です。

固定資産を買い換えたときの仕訳

現金の受け渡しは1回（2,000円）ですが、まず、古い固定資産を売却して下取り額1,000円を受け取り、次に、新しい固定資産を購入して代金3,000円を支払ったと考えるとわかりやすくなります。今回の仕訳は減価償却累計額を使っていますが、車両運搬具減価償却累計額を使っても正しいです。

（1）古い車両の売却

減価償却累計額 1,200	車両運搬具	2,000
現金　　　　　　 1,000	固定資産売却益	200

（2）新しい車両の取得

車両運搬具 3,000 / 現金 3,000

（3）買い換えの仕訳　（1）と（2）を合算

減価償却累計額 1,200	車両運搬具	2,000
車両運搬具　　　 3,000	固定資産売却益	200
	現金	2,000

🐾 まとめ 🐾

固定資産を買い換えたときの仕訳

減価償却累計額 1,200	車両運搬具	2,000
車両運搬具　　　 3,000	固定資産売却益	200
	現金	2,000

固定資産の除却・廃棄

固定資産を使わなくなったときや捨てたとき、どのように仕訳を行うのか見ていきましょう。

1 固定資産を除却したときの仕訳

❶ 備品を使わなくなった（除却した）ので備品の残高を取り消す。備品と備品減価償却累計額を全額減らす。

備品減価償却累計額 900 / 備品 1,000

❷ 備品の売却予定額が50円なので、貯蔵品が増える。左に書く。

備品減価償却累計額 900 / 備品 1,000
貯蔵品　　　　　　 50 /

❸ 差額は固定資産除却損と書く。

備品減価償却累計額 900 / 備品 1,000
貯蔵品　　　　　　 50 /
固定資産除却損　　 50 /

2 貯蔵品を売ったときの仕訳

貯蔵品を売ったので、貯蔵品が減る。
右に書く。現金が増えるので、左に書く。
現金 50 / 貯蔵品 50

3 固定資産を廃棄したときの仕訳

❶ 備品を捨てた（廃棄した）ので、備品の残高を取り消す。備品と備品減価償却累計額を全額減らす。

備品減価償却累計額 900 / 備品 1,000

❷ 廃棄手数料を現金で支払ったので、現金が減る。右に書く。

備品減価償却累計額 900 / 備品 1,000
　　　　　　　　　　　 / 現金　　　 10

❸ 差額は固定資産廃棄損と書く。

備品減価償却累計額 900 / 備品 1,000
固定資産廃棄損　　 110 / 現金　　　 10

固定資産の除却とは

　除却とは、使わなくなった固定資産を倉庫などに置いておくことです。除却したときに**貯蔵品、固定資産除却損**を計上します。

　貯蔵品とは、未使用の郵便切手や収入印紙、使わなくなった固定資産（素材としての売却予定額）などに使う勘定科目です。貯蔵品は 資産 の勘定科目です。

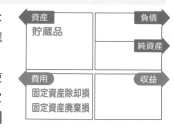

　固定資産除却損は固定資産を除却したときに使う勘定科目です。固定資産除却損は 費用 の勘定科目です。

固定資産の廃棄とは

　固定資産廃棄損は、固定資産を廃棄したときに使う勘定科目です。固定資産廃棄損は 費用 の勘定科目です。

　固定資産を廃棄したとき、廃棄物処分場で「廃棄手数料を支払ってください」といわれることがあります。難しく考える必要はなく、単に「現金を支払った」と考えれば簡単に仕訳が書けます。そして、差額で固定資産廃棄損を書くことで、自動的に廃棄手数料が固定資産廃棄損の金額に含まれるのです。

🐾 **まとめ** 🐾

1 固定資産を除却したときの仕訳

備品減価償却累計額 900	備品 1,000	
貯蔵品 50		
固定資産除却損 50		

2 貯蔵品を売ったときの仕訳　　　　　　　　現金 50 / 貯蔵品 50

3 固定資産を廃棄したときの仕訳

備品減価償却累計額 900	備品 1,000	
固定資産廃棄損 110	現金 10	

重要度 ★★

固定資産の火災

建物が火災にあった場合、どのような処理をするか見ていきましょう。日常ではめったに起きませんが、簿記の問題ではよく火災が出題されます。

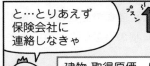

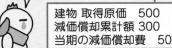

```
建物 取得原価    500
減価償却累計額   300
当期の減価償却費   50
```

1 火災が発生したときの仕訳

❶ 期首から焼ける前までの減価償却費を計上する。左に書く。

減価償却費 50 /

❷ 建物が焼けたので、建物の残高がなくなる。建物と建物減価償却累計額を全額減らす。

減価償却費　　　　　　 50 / 建物 500
建物減価償却累計額 300

❸ 保険金の受取額は未定なので、未決算を使う。差額を未決算と書く。

減価償却費　　　　　　 50 / 建物 500
建物減価償却累計額 300
未決算　　　　　　　 150 /

2-1 保険金が確定し、火災損失が発生したときの仕訳

❶ 保険金の受取額が確定したので、未決算を取り崩す。右に書く。

/ 未決算 150

❷ まだ入金されていないので、未収入金が増える。左に書く。

未収入金 140 / 未決算 150

❸ 差額が左側ということは、火災によって費用（損）が発生している状況なので、火災損失と書く。

未収入金 140 / 未決算 150
火災損失　 10 /

現金を受け取ったときの仕訳

未収入金を現金で回収した。
現金 140 / 未収入金 140

●保険金の方が多かった場合

翌月

200円　保険が
おりることが
決定しました

そんなに　もらっていいの!?

2-2 保険金が確定し、保険差益が発生したときの仕訳

❶ 保険金の受取額が確定したので、未決算を取り崩す。右に書く。

／未決算 150

❷ まだ入金されていないので、未収入金が増える。左に書く。

未収入金 200 ／未決算 150

❸ 差額が右側ということは、火災による保険金で収益（利益）が発生している状況なので、保険差益と書く。

未収入金 200 ／未決算　　150
　　　　　　　／保険差益　 50

固定資産の火災のポイント

　未決算（または火災未決算）とは、火災保険が支払われるかどうか未定のときに使う勘定科目です。未決算は 資産 の勘定科目です。

　火災損失とは、未決算より保険金の受取額が少なかった場合に使う勘定科目です。火災損失は 費用 の勘定科目です。

　保険差益とは、未決算より保険金の受取額が多かった場合に使う勘定科目です。保険差益は 収益 の勘定科目です。

資産		負債
未決算		
		純資産
費用		収益
火災損失		保険差益

🐾 まとめ 🐾

1 火災が発生したときの仕訳

減価償却費　　　　　50 ／建物 500
建物減価償却累計額 300 ／
未決算　　　　　　 150 ／

2-1 保険金が確定し、火災損失が発生したときの仕訳

未収入金 140 ／未決算 150
火災損失　 10 ／

2-2 保険金が確定し、保険差益が発生したときの仕訳

未収入金 200 ／未決算　　150
　　　　　　　／保険差益　 50

新しい建物を建てるときに、工事代金の前払いを行うことがあります。このようなときは、建設仮勘定を使って仕訳を行います。

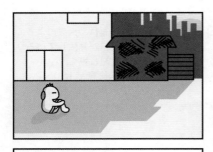

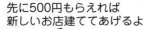
先に500円もらえれば
新しいお店建ててあげるよ

ほんと!?

もうすぐ完成するので
残りの3,500円ももらえる？

早く！
早く！

完成したよ

パブロフ
Dog food

ヤッター!!

1 建物代金を前払いしたときの仕訳

❶ 現金が減るので、右に書く。

/ 現金 500

❷ 固定資産の代金を前払いしたので、建設仮勘定が増える。建設仮勘定は資産（ホームポジション左）なので、増えるときは左に書く。

建設仮勘定 500 / 現金 500

2 建物代金を前払いしたときの仕訳

❶ 現金が減るので、右に書く。

/ 現金 3,500

❷ 固定資産の代金を前払いしたので、建設仮勘定が増える。左に書く。

建設仮勘定 3,500 / 現金 3,500

3 建物の完成・引渡しを受けたときの仕訳

❶ 1 と 2 の建設仮勘定を取り崩す。建設仮勘定を減らすので、右に書く。

/ 建設仮勘定 4,000

❷ 建物が完成し、引き渡されたので、建物が増える。左に書く。

建物 4,000 / 建設仮勘定 4,000

建設仮勘定とは

建設仮勘定とは、工事中の固定資産の代金を
前払いしたときに使う勘定科目です。建設仮勘
定は  資産 の勘定科目です。

工事が完成し、引渡しを受けたときに、建設
仮勘定は建物、構築物などの勘定科目に振り替
えます。

❶、❷ 建物代金を前払いしたときの仕訳

建物は完成までに長期間かかるので、代金の一部を前払いすることが多
いです。建設会社では、建物が完成するまでに必要な材料や作業員の給
料を支払っていますので、それを補うために、代金の一部を前払いで請
求するのです。
建設仮勘定は、商品を注文したさいに支払う手付金（前払金）と同様の
勘定科目です。なお、建物の前払いは建設仮勘定を使いますが、似たよ
うな取引として、ソフトウェアの前払いは、ソフトウェア仮勘定という
勘定科目を使います。ソフトウェア仮勘定についてはChapter05-15で
学習します。

❸ 建物の完成・引渡しを受けたときの仕訳

建物が完成し、引渡されたときは、建設仮勘定から建物に振り替えます。
引き渡しを受けた建物は、決算に月割り計算で減価償却を行います。精
算表や財務諸表の問題を解くさいには月割り計算するのを忘れないよう
に注意しましょう。

■■関連ページ　ソフトウェア仮勘定　**P.142**

ソフトウェア仮勘定　**P.142**

🐾 まとめ 🐾

1 建物代金を前払いしたときの仕訳　　　**建設仮勘定 500 / 現金 500**
2 建物代金を前払いしたときの仕訳　**建設仮勘定 3,500 / 現金 3,500**
3 建物の完成・引渡しを受けたときの仕訳
　　　　　　　　　　　　　　　建物 4,000 / 建設仮勘定 4,000

無形固定資産① 特許権、商標権、のれん

　無形固定資産とは、建物や車両と違い、実物が存在しない固定資産のことです。

1 商標権を取得したときの仕訳

❶ 商標権を取得したので、商標権が増える。商標権は資産（ホームポジション左）なので、増えるときは左に書く。

商標権 50 /

❷ 現金を支払ったので、現金が減る。右に書く。

商標権 50 / 現金 50

2 決算：商標権償却の決算整理仕訳

❶ 下書きを書く。

```
当期                    10年間
├─┼─┼─┼─┼─┼─┼─┼─┼─┤
50÷10年＝5
```

❷ 商標権を償却することで、価値を減らす。商標権が減るので、右に書く。

／ 商標権 5

❸ 商標権を償却するので、商標権償却が増える。商標権償却は費用（ホームポジション左）なので、増えるときは左に書く。

商標権償却 5 / 商標権 5

無形固定資産のポイント

実物が存在しない固定資産のことを**無形固定資産**といいます。無形固定資産には、**特許権**、**商標権**、**のれん**、**ソフトウェア**という勘定科目があります。ソフトウェアはChapter05-14で学習します。すべて ◀ 資産 ▶ の勘定科目です。

特許権、商標権、のれんを償却すると、それぞれ**特許権償却**、**商標権償却**、**のれん償却**を計上します。すべて ◀ 費用 ▶ の勘定科目です。

無形固定資産に対して、建物や車両、備品は実物が存在するので有形固定資産といいます。

特許権	発明を独占して利用できる権利。
商標権	商品名やブランド名を独占して利用できる権利。
のれん	合併や買収で発生するブランド価値。Chapter11-01で学習。
ソフトウェア	コンピュータのプログラムなどを利用できる権利。Chapter05-14で学習。

無形固定資産の償却計算

無形固定資産も、決算に償却計算を行います。有形固定資産と違い、無形固定資産は、残存価額0円、定額法で償却計算を行います。

	無形固定資産	有形固定資産
残存価額	0円	指示に従う
計算方法	定額法	定額法、定率法、生産高比例法
仕訳の書き方	直接法	直接法、間接法

■■関連ページ 間接法と直接法 **P.122**

🐾 まとめ 🐾

1 商標権を取得したときの仕訳	**商標権 50 / 現金 50**
2 決算：商標権償却の決算整理仕訳	**商標権償却 5 / 商標権 5**

無形固定資産② ソフトウェア

会社で利用している会計システム、在庫管理システムなどのソフトウェアの処理について詳しく見ていきましょう。

1 ソフトウェアを取得したときの仕訳

❶ ソフトウェアを買ったので、ソフトウェアが増える。ソフトウェアは資産（ホームポジション左）なので、増えるときは左に書く。
　ソフトウェア 500 /

❷ 現金を支払ったので、現金が減る。右に書く。
　ソフトウェア 500 / 現金 500

2 決算：ソフトウェア償却の決算整理仕訳

❶ 下書きを書く。

当期 ——————————————— 5年間

$500 ÷ 5年 = 100$

❷ ソフトウェアを償却することで、価値を減らす。ソフトウェアが減るので、右に書く。

　　　　　　　　/ ソフトウェア 100

❸ ソフトウェアを償却するので、ソフトウェア償却が増える。ソフトウェア償却は費用（ホームポジション左）なので、増えるときは左に書く。
　ソフトウェア償却 100 / ソフトウェア 100

3 保守費を支払ったときの仕訳

❶ 保守費が増えるので、左に書く。
　保守費 20 /

❷ 現金が減るので、右に書く。
　保守費 20 / 現金 20

ソフトウェアとは

コンピュータに何らかの処理をさせるように指令を組み合わせたプログラムなどを**ソフトウェア**といいます。例えば、会社で利用している会計システムや在庫管理システム、人事管理システム、セキュリティシステムなど、さまざまなソフトウェアがあります。ソフトウェアは 資産 の勘定科目です。

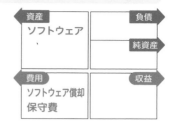

ソフトウェアを償却すると**ソフトウェア償却**を計上します。ソフトウェア償却は 費用 の勘定科目です。ソフトウェアも無形固定資産の一種なので、残存価額0円、定額法で償却計算を行い、直接法で記帳します。

ソフトウェアは定期的にメンテナンスをする必要があり、メンテナンス料を**保守費**として計上します。保守費は 費用 の勘定科目です。

ソフトウェアのポイント

ソフトウェアは、目的によって会計処理が異なります。簿記2級では、自社利用のソフトウェアしか扱いません。

目的	勘定科目	出題範囲
自社利用のソフトウェア	ソフトウェア	簿記2級
受託制作のソフトウェア	売上原価	簿記1級
研究開発目的のソフトウェア	研究開発費	簿記1級
市場販売目的のソフトウェア	ソフトウェア	簿記1級

🐾 まとめ 🐾

1️⃣ ソフトウェアを取得したときの仕訳　**ソフトウェア 500 / 現金 500**

2️⃣ 決算：ソフトウェア償却の決算整理仕訳

　　　　　ソフトウェア償却 100 / ソフトウェア 100

3️⃣ 保守費を支払ったときの仕訳　　　　**保守費 20 / 現金 20**

重要度 ★★★

ソフトウェア仮勘定

ソフトウェア仮勘定の仕訳について、見ていきましょう。

**1 ソフトウェア代金を
前払いしたときの仕訳**

❶ 現金が減るので、右に書く。
❷ ソフトウェアの代金を前払いしたので、
ソフトウェア仮勘定が増える。
ソフトウェア仮勘定 800 / 現金 800

**2 ソフトウェアの完成・引渡しを
受けたときの仕訳**

❶ 1 で計上したソフトウェア仮勘定を取
り崩す。右に書く。
/ ソフトウェア仮勘定 800
❷ ソフトウェアが完成し、引渡されたの
で、ソフトウェアが増える。左に書く。
ソフトウェア 800 / ソフトウェア仮勘定 800

ソフトウェア仮勘定とは

制作途中のソフトウェアの代金を前払いしたときは、**ソフトウェア仮勘定**
を使います。ソフトウェア仮勘定は 資産 の勘定科目です。ソフトウェアが
完成し、引渡しを受けたときに、ソフトウェアに振り替えます。

🐾 まとめ 🐾

1 ソフトウェア代金を前払いしたときの仕訳

ソフトウェア仮勘定 800 / 現金 800

2 ソフトウェアの完成・引渡しを受けたときの仕訳

ソフトウェア 800 / ソフトウェア仮勘定 800

豆知識 固定資産受贈益

建物や土地などの固定資産を無償や低額で譲り受けた場合、公正な評価額（時価）を取得原価とし、差額を固定資産受贈益に計上します。

例題 (1) 当社は、工場用の土地（時価1,000,000円）の譲渡を受けた。
(2) 当社は、工場用の土地を300,000円（時価1,000,000円）で取得し、代金は翌月末に支払うこととした。

仕訳 (1) **土地 1,000,000 / 固定資産受贈益 1,000,000**
(2) **土地 1,000,000 /未払金　　　　　300,000**
/固定資産受贈益　　700,000

豆知識 固定資産の勘定科目

基本的にはテキストで使っている勘定科目を使えばよいですが、問題によっては、まとめた勘定科目や細かい勘定科目を使うこともあります。テキストで使っている勘定科目以外を使う場合は、問題文に使用できる勘定科目が与えられますので、覚える必要はありません。

まとめた勘定科目	細かい勘定科目
減価償却累計額	建物減価償却累計額
	備品減価償却累計額
	車両運搬具減価償却累計額
	リース資産減価償却累計額
固定資産除却額	建物除却損
	備品除却損
	ソフトウェア除却損
	固定資産廃棄損
未決算	火災未決算
	保険未決算

練習問題　Chpter05 09-15

問題1から問題10の取引について仕訳しなさい。ただし、勘定科目は、次の中から最も適当と思われるものを選びなさい。

現　　　金	当 座 預 金	ソフトウェア償却	固定資産除却損
建　　　物	備　　　品	車 両 運 搬 具	減価償却累計額
未 払 金	支 払 手 形	減 価 償 却 費	固定資産売却益
貯 蔵 品	建 設 仮 勘 定	火 災 損 失	固定資産売却損
未 決 算	未 収 入 金	保 険 差 益	固定資産廃棄損
特 許 権	ソフトウェア	特 許 権 償 却	営業外支払手形

問題1　　　　　　　　　　　　　　　　　　　　　　　P.130

営業用車両（取得原価￥3,000,000、期首減価償却累計額￥2,500,000、当期首から下取りまでの減価償却費￥100,000、間接法で記帳）を￥300,000で下取りさせて、新たな営業用車両を￥3,200,000で購入した。購入価額との差額は月末に支払うことにした。

問題2　　　　　　　　　　　　　　　　　　　　　　　P.132

当期首に使用中の備品（取得原価￥500,000、減価償却累計額￥300,000、間接法で記帳）を除却した。その備品の処分価値は￥100,000と見積もられた。

問題3　　　　　　　　　　　　　　　　　　　　　　　P.132

当期首に備品（取得原価￥740,000、減価償却累計額￥610,000、間接法で記帳）を廃棄した。なお、廃棄費用￥80,000は現金で支払った。

問題4　　　　　　　　　　　　　　　　　　　　　　　P.134

建物（取得原価￥500,000、減価償却累計額￥200,000）が火災で焼失した。この建物には火災保険￥500,000が掛けられていたので、当期の減価償却費￥50,000を計上するとともに、保険会社に保険金の支払いを直ちに請求した。

問題5　　　　　　　　　　　　　　　　　　　　　　　P.134

火災により焼失した建物（火災当時の簿価￥250,000）に関し、請求していた保険金について、本日保険会社から￥240,000支払う旨の連絡を受け

た。当該建物は火災発生日に簿価の全額を未決算勘定で振り替えていた。

問題6 P.136

店舗用の建物の建設工事を建設会社に依頼し、工事の開始にあたって手付金として、工事代金総額￥20,000,000の40％を当座預金口座から振り込んだ。

問題7 P.136

建設中の店舗用建物の完成にともない工事代金の残額￥12,000,000を約束手形を振り出して支払い、建物の引渡しを受けた。この建物に対しては工事の開始時に手付金￥8,000,000を支払っている。なお、約束手形を振り出した￥12,000,000については、一度建設仮勘定に振り替えることなく、直接建物勘定に振り替えること。

問題8 P138

決算において、特許権（当期首に￥24,000で取得）を取得後8年間にわたって定額法で償却する。

問題9 P.140

将来の経費削減に確実に役立つため、自社利用目的でソフトウェア￥180,000を購入し、代金は小切手を振り出して支払った。

問題10 P.140

決算において、ソフトウェアを償却する。ソフトウェアは前期首に￥40,000で取得しており、取得後5年間にわたって定額法で償却している。なお、ソフトウェアの決算整理前残高（帳簿価額）は￥32,000である。

解説・解答

問題1
（1）古い車両の売却
古い車両を売却したときの仕訳を書く。下取り額は現金を受け取ったと考える。最終的には未払金と相殺されるが一時的に現金で仕訳しておく。差額が左側ということは、費用（損）が発生している状況なので、固定資産売却損と書く。

```
減価償却費          100,000 │車両運搬具 3,000,000
減価償却累計額 2,500,000 │
現金               300,000 │
固定資産売却損     100,000 │
```

(2) 新しい車両の取得

新しい車両を買ったので、車両運搬具が増える。左に書く。代金は後払いなので、未払金が増える。右に書く。

```
車両運搬具    3,200,000 / 未払金 3,200,000
```

(3) 買い換えの仕訳

上記(1)と(2)の仕訳を合算する。一時的に使った現金は未払金と相殺する。

```
3,200,000 − 300,000 = 2,900,000
減価償却費          100,000 │車両運搬具 3,000,000
減価償却累計額 2,500,000 │未払金      2,900,000
固定資産売却損     100,000 │
車両運搬具     3,200,000 │
```

減 価 償 却 費	100,000	車 両 運 搬 具	3,000,000
減価償却累計額	2,500,000	未　　払　　金	2,900,000
固定資産売却損	100,000		
車 両 運 搬 具	3,200,000		

問題2

❶期首に除却したので、当期の減価償却費は発生していない。

❷備品を除却したので、備品の取得原価と減価償却累計額を全額減らす。

```
減価償却累計額 300,000 / 備品 500,000
```

❸備品の処分価値（売却予定額）が100,000なので、貯蔵品が増える。左に書く。

```
減価償却累計額 300,000 /備品 500,000
貯蔵品         100,000 /
```

❹差額は固定資産除却損と書く。

```
減価償却累計額 300,000 │備品 500,000
貯蔵品         100,000 │
固定資産除却損 100,000 │
```

減価償却累計額	300,000	備　　　　品	500,000
貯　蔵　品	100,000		
固定資産除却損	100,000		

問題3

❶期首に廃棄したので、当期の減価償却費は発生していない。

❷備品を廃棄したので、備品の取得原価と減価償却累計額を全額減らす。

146

減価償却累計額 610,000 / 備品 740,000

❸廃棄費用を現金で支払ったので、現金が減る。右に書く。

減価償却累計額 610,000 / 備品 740,000
　　　　　　　　　　　　/ 現金　 80,000

❹差額は固定資産廃棄損と書く。

減価償却累計額 610,000 / 備品 740,000
固定資産廃棄損 210,000 / 現金　 80,000

減価償却累計額	610,000	備　　　　品	740,000
固定資産廃棄損	210,000	現　　　　金	80,000

問題4

❶期首から焼ける前までの減価償却費を計上する。左に書く。

減価償却費 50,000 /

❷建物が焼けたので、建物と減価償却累計額を全額減らす。

減価償却費　　 50,000 / 建物 500,000
減価償却累計額 200,000 /

❸保険金の受取額は未定なので、未決算を使う。差額を未決算と書く。金額は差額250,000と火災保険の上限500,000のどちらか低い金額を使う。

減価償却費　　 50,000 / 建物 500,000
減価償却累計額 200,000 /
未決算　　　　 250,000 /

減 価 償 却 費	50,000	建　　　　物	500,000
減価償却累計額	200,000		
未　　決　　算	250,000		

問題5

❶保険金の受取額が確定したので、未決算を取り崩す。未決算が減るので、右に書く。

/ 未決算 250,000

❷問題文に「保険会社から¥240,000支払う旨の連絡を受けた」と指示があり、保険金を受け取る権利が確定したが、まだ入金されていない。未収入金が増えるので、左に書く。

未収入金 240,000 / 未決算 250,000

❸差額が左側ということは、火災によって費用（損）が発生している状況なので、火災損失と書く。

未収入金 240,000 / 未決算 250,000
火災損失　 10,000 /

未 収 入 金	240,000	未 決 算	250,000
火 災 損 失	10,000		

問題6

❶当座預金口座から振り込んだので、当座預金が減る。右に書く。

20,000,000 × 40% = 8,000,000

/ 当座預金 8,000,000

❷建物の手付金を支払ったので、建設仮勘定が増える。建設仮勘定は資産（ホームポジション左）なので、増えるときは左に書く。

建設仮勘定 8.000,000 / 当座預金 8.000,000

建設仮勘定	8,000,000	当座預金	8,000,000

問題7

❶建物が完成し、引き渡しを受けたので、建物が増える。左に書く。

12,000,000 + 8,000,000 = 20,000,000

建物 20,000,000 /

❷手付金は建設仮勘定に計上済みなので、建設仮勘定を取り崩す。建設仮勘定は資産（ホームポジション左）なので、減るときは右に書く。

建物 20,000,000 / 建設仮勘定 8,000,000

❸固定資産の取得に約束手形を振り出したので、営業外支払手形が増える。営業外支払手形は負債（ホームポジション右）なので、増えるときは右に書く。

建物 20,000,000 / 建設仮勘定　8,000,000
　　　　　　　　　/ 営業外支払手形 12,000,000

建　　　　　物	20,000,000	建 設 仮 勘 定	8,000,000
		営業外支払手形	12,000,000

問題8

❶下書きを書いて、特許権償却の金額を計算する。

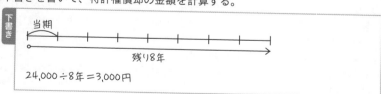

当期

残り8年

24,000 ÷ 8年 = 3,000円

148

❷特許権を償却することで、価値を減らす。特許権は資産（ホームポジション左）なので、減るときは右に書く。

/ 特許権 3,000

❸特許権を償却するので、特許権償却が増える。左に書く。

特許権償却 3,000 / 特許権 3,000

解答	特許権償却	3,000	特 許 権	3,000

問題9

❶ソフトウェアを取得したので、ソフトウェアが増える。ソフトウェアは資産（ホームポジション左）なので、増えるときは左に書く。

ソフトウェア 180,000 /

❷小切手を振り出したので、当座預金が減る。右に書く。

ソフトウェア 180,000 / 当座預金 180,000

解答	ソフトウェア	180,000	当 座 預 金	180,000

問題10

❶下書きを書いて、ソフトウェアを当期を含めて残り4年間で償却することを把握する。

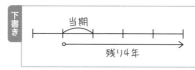

❷ソフトウェア償却額は次の(a)か(b)で計算する。
(a) 取得原価40,000÷取得時の償却期間5年＝8,000
(b) 帳簿価額32,000÷当期を含め残り4年間＝8,000
なお、(b)はソフトウェアを前期首に取得したので、前期末に1年間の償却が済んでいることを考慮した計算。このため、帳簿価額は40,000－8,000＝32,000となっており、残りの償却期間は5年－1年＝4年間となる。

❸ソフトウェアを償却するので、ソフトウェアが減る。ソフトウェアは資産（ホームポジション左）なので、減るときは右に書く。

/ ソフトウェア 8,000

❹ソフトウェアを償却するので、ソフトウェア償却が増える。左に書く。

ソフトウェア償却 8,000 / ソフトウェア 8,000

解答	ソフトウェア償却	8,000	ソ フ ト ウ ェ ア	8,000

豆知識 **圧縮記帳を行う理由**

圧縮記帳を行わない場合と行う場合を比較すると次のようになります。

例：機械装置￥500、国庫補助金の受け取り￥300、法人税率30%

	圧縮記帳を行わない場合	圧縮記帳を行う場合
国庫補助金を受け取ったとき	**現金 300 / 国庫補助金受贈益 300**	**現金 300 / 国庫補助金受贈益 300**
機械装置を購入したとき	**機械装置 500 / 現金 500**	**機械装置 500 / 現金 500**
圧縮記帳を行ったとき	—	**固定資産圧縮損 300 / 機械装置 300**
法人税等の金額	収益(益金)国庫補助金受贈益300 費用(損金)0 利益(課税所得)300−0＝300 法人税等　300×30%＝90 **法人税等 90 / 未払法人税 90**	収益(益金)　国庫補助金受贈益300 費用(損金)　固定資産圧縮損300 利益(課税所得)300−300＝0 法人税等　0×30%＝0 **法人税等 0 / 未払法人税 0**

圧縮記帳を行わない場合は利益が発生するため法人税等を支払うことになります。受け取った補助金300円の効果が法人税等の支払い額だけ、減ってしまうことになります。

　補助金300円−法人税等90円＝実際手許に残る金額210円

一方、圧縮記帳を行う場合、利益は発生しないため法人税等を支払う必要はありません。

　補助金300円−法人税等0円＝実際手許に残る金額300円

固定資産の圧縮記帳は、補助金の効果が下がらないようにするために利用されます。

Chapter06
リース取引

重要度 ★

リース取引とは

会社でコピー機などの固定資産を購入せずに借りることをリース取引といいます。リース取引について詳しく見ていきましょう。

リース取引とは

貸手（貸す人）が借手（借りる人）に対し使用する権利を与え、借手は使用料を貸手に支払う取引を**リース取引**といいます。簿記2級では、リース取引の**借手側**の仕訳を学習します。

コピー機を一括払い（一度に全額支払う方法）で購入するお金がない場合、リース取引を行うことでコピー機を使用することが可能になります。リース取引によって生じるリース料総額は当社がコピー機を購入するより割高にはなりますが、一括払いで購入するお金がなくてもコピー機が利用できる点、故障の修理代や固定資産税を払わなくてよい点など、実務上のメリットがあるため、リース取引は多く利用されています。

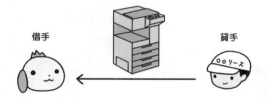

借手　　　　　　　　　　　　　貸手

リース取引の分類

リース取引には、ファイナンス・リース取引とオペレーティング・リース取引の2つがあります。

ファイナンス・リース取引とは、リース契約を解除することができないリース取引で、借手が使用する物件からもたらされる経済的利益を実質的に享受することができ、かつ、使用にともなって生じるコストを実質的に負担するリース取引をいいます。

オペレーティング・リース取引とは、ファイナンス・リース取引以外のリース取引をいいます。

　途中で解約不能なことをノンキャンセラブルといいます。使用する物件からもたらされる経済的利益を実質的に享受することができ、かつ、使用にともなって生じるコストを実質的に負担することをフルペイアウトといいます。

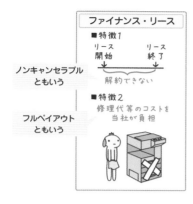
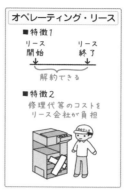

リース取引の会計処理

　ファイナンス・リース取引では、リースしたコピー機を当社の資産と考えて会計処理を行います。一方、オペレーティング・リース取引では、リースしたコピー機はレンタルしているだけで、当社の資産ではないと考えて会計処理を行います。

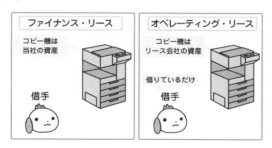

リース取引	会計処理の方法		本書
オペレーティング・リース取引	賃貸借処理		Ch06-02
ファイナンス・リース取引	売買処理	利子込み法（定額法）	Ch06-04
		利子抜き法	Ch06-05

オペレーティング・リース取引

オペレーティング・リース取引では、リース会社から借りたコピー機の使用料（リース料）を費用として処理します。

リース料を支払ったときの仕訳

❶ オペレーティング・リース取引でリース料を支払ったので、支払リース料が増える。支払リース料は費用（ホームポジション左）なので、増えるときは左に書く。

　　支払リース料 220 /

❷ 現金で支払ったので、現金が減る。右に書く。

　　支払リース料 220 / 現金 220

オペレーティング・リースとは

支払リース料とは、オペレーティング・リース取引でリース料を支払うさいに使用する勘定科目です。支払リース料は **費用** の勘定科目です。

リース取引のうち、ファイナンス・リース取引以外のリース取引を**オペレーティング・リース取引**といいます。オペレーティング・リース取引は、**賃貸借処理**により会計処理を行います。

賃貸借処理というのは、損益計算書には支払リース料を費用として計上し、貸借対照表にはリース資産とリース債務を計上しない方法です。借りているコピー機は、リース会社の資産であり当社の資産ではないと考えるため、このように処理します。

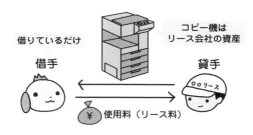

リース料を支払ったときの仕訳

オペレーティング・リース取引は賃貸借処理により仕訳を書きます。簿記3級の復習になりますが、建物を借りている場合に家賃を支払うとき、支払家賃という費用の勘定科目を使います。また、借りている建物は当社の資産ではないので、当社の仕訳で建物を計上しません。

これと同様に賃貸借処理では、リース資産を借りている場合にリース料を支払うとき、支払リース料という勘定科目を使います。また、借りているリース資産は当社の資産ではないので、当社の仕訳でリース資産を計上しません。そして、リース資産を計上しないため、決算で減価償却の対象とはなりません。

🐾 まとめ 🐾

リース料を支払ったときの仕訳	**支払リース料 220 / 現金 220**

155

ファイナンス・リース取引①

まずはファイナンス・リース取引の全体像を学びます。

ファイナンス・リース取引とは

リース契約を解除することができないリース取引で、借手が使用する物件からもたらされる経済的利益を実質的に享受することができ、かつ、使用にともなって生じるコストを実質的に負担するリース取引を**ファイナンス・リース取引**といいます。ファイナンス・リース取引は、**売買処理**により会計処理を行います。

売買処理というのは、貸借対照表にリース資産とリース債務を計上する方法です。契約上は借りているコピー機であっても、リース取引の実態は固定資産の割賦購入（P.110）と同じなので、当社の資産として処理します。

なお、所有権移転ファイナンス・リース取引と所有権移転外ファイナンス・リース取引についてはP.166の豆知識で説明しています。

ファイナンス・リース取引の契約

ファイナンス・リース取引を行う場合、当社とリース会社で、次のような契約が締結されます。

```
〈コピー機のリース契約〉
（1）リース期間　5年
（2）見積現金購入価額　1,000円
（3）年間リース料　220円（毎年3月31日に後払い）
（4）リース料総額　1,100円（年間リース料220円×5年間）
（5）利息相当額　100円（見積現金購入価額とリース料総額の差額）
```

<ruby>見積現金購入価額<rt>みつもりげんきんこうにゅうかがく</rt></ruby>とは、このコピー機を買う場合の見積金額のことをいいます。

リース料総額とは、リース期間に支払うリース料の合計額のことをいいます。

利息相当額とは、お金を借りたときに発生する支払利息に相当する金額のことをいいます。もし、現金一括払いでコピー機を購入すれば支払利息は発生しません。一方、リース契約では、5年間にわたってお金を支払うため、リース会社にお金を借りていると考え、支払利息に相当する金額が発生します。

利子込み法と利子抜き法

　ファイナンス・リース取引の仕訳には、利子込み法と利子抜き法という2つの方法があります。見積現金購入価額、リース料総額、利息相当額の関係は次のようになります。

　利子込み法とは、リース資産とリース債務の金額に利子（利息）の金額を含めて計上する方法です。**利子抜き法**とは、リース資産とリース債務の金額に利子（利息）の金額を含めずに計上する方法です。

　今回の例で、仕訳を書くと次のようになります。詳しくは、Chapter06-04、Chapter06-05 で学習します。

	①利子込み法 Ch06-04	②利子抜き法 Ch06-05
リース 契約時	リース資産 1,100 / リース債務 1,100	リース資産 1,000 / リース債務 1,000
リース料 の支払い	リース債務 220 / 現金 220	リース債務 200 ／現金 220 支払利息　 20／
決算時の 減価償却	減価償却費 220 / 減価償却累計額 220	減価償却費 200 / 減価償却累計額 200

ファイナンス・リース取引② 利子込み法

　今回はファイナンス・リース取引の利子込み法を学習します。利子込み法とは、リース資産とリース債務の金額に利子（利息）の金額を含めて計上する方法です。

リース契約書
○リース期間　5年（解約不能）
○見積現金購入価額　1,000円
○年間リース料　220円
　　　　　　（毎年3月31日に後払い）
○リース料総額　1,100円
○利息相当額　100円

お兄さんから
教えてもらった…

コレで契約を
結びましょう

ファイナンス・
リースだね

1　リース契約を結んだときの仕訳

❶ ファイナンス・リース取引を契約したので、リース資産が増える。左に書く。利子込み法では、リース資産の金額（見積現金購入価額）に利息の金額を含める。
　　1,000＋100＝1,100
　　リース資産 1,100 /

❷ リース契約によって、リース債務が増える。右に書く。
　　リース資産 1,100 / リース債務 1,100

今年のリース料を
支払うよ

220円

2　リース料を支払ったときの仕訳

❶ 現金を支払ったので、現金が減る。右に書く。
　　　　　　　　　　/ 現金 220

❷ リース料を支払ったので、リース債務が減る。左に書く。
　　リース債務 220 / 現金 220

決算

減価償却をしよう

定額法で

はーい

3　決算：減価償却の決算整理仕訳

❶ 下書きを書く。
　　(1,100 － 0) ÷ 5年 ＝220円
　　取得原価　残存価額　耐用年数

❷ 減価償却費の仕訳を書く。
　　減価償却費 220 / 減価償却累計額 220

利子込み法の仕訳について

リース取引により借りている固定資産をリース資産といいます。リース資産は 資産 の勘定科目です。また、リース会社に支払うべき債務をリース債務といいます。リース債務は 負債 の勘定科目です。

1 リース契約を結んだときの仕訳

ファイナンス・リース取引で利子込み法を採用している場合、リース資産とリース債務の金額は、リース料総額を使います。

見積現金購入価額1,000円＋利息相当額100円＝リース料総額1,100円

2 リース料を支払ったときの仕訳

利子込み法を採用している場合、リース料を支払ったときの仕訳で支払利息は出てきません。リース債務は1,100円÷5年＝220円を使います。この220円には利息相当額20円が含まれています。

	1年目	2年目	3年目	4年目	5年目
見積現金購入価額	200	200	200	200	200
利息相当額	20	20	20	20	20
合　計	220	220	220	220	220

3 決算：減価償却の決算整理仕訳

簿記2級で学習するファイナンス・リース取引の場合、リース資産は、定額法、残存価額はゼロ、耐用年数はリース期間で減価償却を行います。

まとめ

1 リース契約を結んだときの仕訳　**リース資産 1,100 / リース債務 1,100**
2 リース料を支払ったときの仕訳　　　　**リース債務 220 / 現金 220**
3 決算：減価償却の決算整理仕訳　**減価償却費 220 / 減価償却累計額 220**

重要度 ★★★

ファイナンス・リース取引③ 利子抜き法

今回はファイナンス・リース取引の利子抜き法を学習します。利子抜き法とは、リース資産とリース債務の金額に利子（利息）の金額を含めずに計上する方法です。

```
リース契約書
○リース期間　5年（解約不能）
○見積現金購入価額　1,000円
○年間リース料　220円
　　　　　（毎年3月31日に後払い）
○リース料総額　1,100円
○利息相当額　100円
```

コレで契約を
結びましょう

ファイナンス・
リースだね

1 リース契約を結んだときの仕訳

❶ ファイナンス・リース取引を契約したので、リース資産が増える。左に書く。利子抜き法では、リース資産の金額は見積現金購入価額を使う。
　　リース資産 1,000 /

❷ リース契約によって、リース債務が増える。右に書く。
　　リース資産 1,000 / リース債務 1,000

今年のリース料を
支払うよ

2 リース料を支払ったときの仕訳

❶ 現金を支払ったので、現金が減る。右に書く。
　　　　　　　　　/ 現金 220

❷ リース料を支払ったので、リース債務が減る。左に書く。支払利息が増えるので、左に書く。
　　リース債務　1,000÷5年＝200
　　支払利息　220－200＝20
　　リース債務 200 / 現金 220
　　支払利息　 20 /

決算

減価償却をしよう

定額法で

はーい

3 決算：減価償却の決算整理仕訳

❶ 下書きを書く。
　　（1,000 － 0 ）÷ 5年 ＝200円
　　取得原価　残存価額　耐用年数

❷ 減価償却費の仕訳を書く。
　　減価償却費 200 / 減価償却累計額 200

❘ 利子抜き法のポイント

リース取引により借りている固定資産を**リース資産**といいます。リース資産は **資産** の勘定科目です。また、リース会社に支払うべき債務を**リース債務**といいます。リース債務は **負債** の勘定科目です。リース料を支払ったときに、**支払利息**を計上する点が利子抜き法の特徴です。

資産	負債
リース資産	リース債務
	純資産

費用	収益
支払利息	

1 リース契約を結んだときの仕訳

ファイナンス・リース取引で利子抜き法を採用している場合、リース資産とリース債務の金額は、見積現金購入価額1,000円を使います。

2 リース料を支払ったときの仕訳

利子抜き法を採用している場合、リース料を支払ったときの仕訳で支払利息を計上します。リース債務は見積現金購入価額1,000円÷5年=200円を使います。支払利息は利息相当額20円を使います。

	1年目	2年目	3年目	4年目	5年目
見積現金購入価額	200	200	200	200	200
利息相当額	20	20	20	20	20
合　計	220	220	220	220	220

3 決算:減価償却の決算整理仕訳

簿記2級で学習するファイナンス・リース取引の場合、リース資産は、定額法、残存価額はゼロ、耐用年数はリース期間で減価償却を行います。

🐾 **まとめ** 🐾

1 リース契約を結んだときの仕訳　**リース資産1,000 / リース債務 1,000**

2 リース料を支払ったときの仕訳　**リース債務 200 /現金 220**
　　　　　　　　　　　　　　　　　支払利息　 20/

3 決算:減価償却の決算整理仕訳　**減価償却費 200 / 減価償却累計額 200**

Part
1
仕訳

Ch
06
リース取引

練習問題　Chapter06 01-05

問題1から問題8の取引について仕訳しなさい。ただし、勘定科目は、次の中から最も適当と思われるものを選びなさい。

現　　　金	当座預金	備　　　品	減価償却費
未払利息	普通預金	リース資産	減価償却累計額
未払リース料	支払利息	リース債務	支払リース料

問題1　　　　　　　　　　　　　　　　　　　　　　　　　P.154

本日、3月31日にリース料が普通預金口座から引き落とされた。なお、当該リース契約は、当期4月1日に締結しており、契約条件からオペレーティング・リース取引と判断された。リース期間は5年間、リース料は総額¥300,000、毎年3月31日に¥60,000ずつ支払うものとする。

問題2　　　　　　　　　　　　　　　　　　　　　　　　　P.154

3月31日決算においてリース料の未払額を計上した。当該リース契約は、当期8月1日に締結しており、契約条件からオペレーティング・リース取引と判断された。リース期間は5年間、リース料は総額¥900,000、毎年7月31日に¥180,000ずつ支払うものとする。

問題3　　　　　　　　　　　　　　　　　　　　　　　　　P.158

当社は当期首に次の条件でコピー機のリース契約を結んだ。当該リース契約はファイナンス・リース取引であり、利子込み法を採用している。

　　リース期間　5年間
　　リース料　　年額¥60,000（毎年3月末払い）
　　リース資産　見積現金購入価額　¥250,000

問題4　　　　　　　　　　　　　　　　　　　　　　　　　P.158

3月31日にリース料¥60,000を小切手を振り出して支払った。当該リース契約は問題3の条件とする。

問題5　　　　　　　　　　　　　　　　　　　　　　　　　P.158

決算において、問題3のリース資産（耐用年数はリース期間、残存価額ゼロ、定額法、間接法で記帳）の減価償却を行う。

問題6 P.160

当社は当期首に次の条件でコピー機のリース契約を結んだ。当該リース契約はファイナンス・リース取引であり、利子抜き法を採用している。

リース期間　5年間
リース料　　年額￥60,000（毎年3月末払い）
リース資産　見積現金購入価額　￥250,000

問題7 P.160

3月31日にリース料￥60,000を小切手を振り出して支払った。当該リース契約は問題6の条件とする。

問題8 P.160

決算において、問題6のリース資産（耐用年数はリース期間、残存価額ゼロ、定額法、間接法で記帳）の減価償却を行う。

解説・解答

問題1

❶ オペレーティング・リース取引なので、支払リース料を使う。支払リース料が増えるので、左に書く。
　　支払リース料 60,000 /
❷ 普通預金口座から引き落とされたので、普通預金が減る。右に書く。
　　支払リース料 60,000 / 普通預金 60,000

| 支払リース料 | 60,000 | 普 通 預 金 | 60,000 |

問題2

❶ 支払リース料も経費の一つなので、決算において未払いや前払いがあった場合、経過勘定の決算整理仕訳を書く。今回はリース料が未払いなので、当期の8か月分の支払リース料を費用に計上する。
　　180,000×8か月÷12か月＝120,000
　　支払リース料 120,000 /
❷ 支払リース料をまだ支払っていないので、未払リース料を使う。未払リース料は負債（ホームポジション右）なので、増えるときは右に書く。
　　支払リース料 120,000 / 未払リース料 120,000

解答	支払リース料	120,000	未払リース料	120,000

問題3

❶ ファイナンス・リース取引なので、リース契約を結んだときに、リース資産を計上する。利子込み法を採用しているため、取得原価はリース料総額（見積現金購入価額と支払利息の合計）を使う。リース資産が増えるので、左に書く。

60,000×5回＝300,000

リース資産 300,000 /

❷ リース契約によって、リース債務が増える。右に書く。

リース資産 300,000 / リース債務 300,000

解答	リース資産	300,000	リース債務	300,000

問題4

❶ 小切手を振り出したので、当座預金が減る。右に書く。

/ 当座預金 60,000

❷ 問題3で計上したリース債務300,000を5年間（5回払い）で返済する。リース債務が減るので、左に書く。

300,000÷5回＝60,000

リース債務 60,000 / 当座預金 60,000

解答	リース債務	60,000	当座預金	60,000

問題5

❶ 下書きを書いて、減価償却費の金額を計算する。

下書き

（300,000 － 0 ） ÷ 5年 ＝60,000
　　取得原価　残存価額　耐用年数

❷ 減価償却費の仕訳を書く。

減価償却費 60,000 / 減価償却累計額 60,000

解答	減 価 償 却 費	60,000	減価償却累計額	60,000

問題6

❶ ファイナンス・リース取引なので、リース契約を結んだときに、リース資産を計上する。利子抜き法を採用しているため、取得原価は見積現金購入価額を使

う。リース資産が増えるので、左に書く。

　　リース資産 250,000 /

❷ リース契約によって、リース債務が増える。右に書く。

　　リース資産 250,000 / リース債務 250,000

リース資産	250,000	リース債務	250,000

問題7

❶ 小切手を振り出したので、当座預金が減る。右に書く。

　　　　　　　　/ 当座預金 60,000

❷ 問題6で計上したリース債務250,000を5年間（5回払い）で返済する。リース債務が減るので、左に書く。

　　250,000÷5回＝50,000

　　リース債務 50,000 / 当座預金 60,000

❸ 利子抜き法なので、リース債務の返済額とリース料の差額は支払利息を使う。支払利息が増えるので、左に書く。

　　60,000－50,000＝10,000

　　リース債務 50,000 / 当座預金60,000

　　支払利息　 10,000 /

リース債務	50,000	当 座 預 金	60,000
支 払 利 息	10,000		

問題8

❶ 下書きを書いて、減価償却費の金額を計算する。

$$（250,000 － 0）÷ 5年 ＝50,000$$
取得原価　　残存価額　耐用年数

❷ 減価償却費の仕訳を書く。

　　減価償却費 50,000 / 減価償却累計額 50,000

減 価 償 却 費	50,000	減価償却累計額	50,000

豆知識 **「リース資産」を使わない場合**

ファイナンス・リース取引の場合、「リース資産」を使って仕訳することが基本ですが、「リース資産」を使わず「備品」や「車両」を使うこともあります。試験では「リース資産は備品勘定に含めている」などの指示がありますので、指示に従うようにしましょう。

	リース資産を使う場合	リース資産を使わない場合
リース契約時	リース資産 1,100 / 　　　　　リース債務 1,100	備品 1,100 / リース債務 1,100
決算時の決算整理	減価償却費 220 / 　　　リース資産減価償却累計額220	減価償却費 220 / 　　　備品減価償却累計額220

※「リース資産減価償却累計額」「備品減価償却累計額」は、「減価償却累計額」でもよい。

豆知識 **所有権移転と所有権移転外の違い**

ファイナンス・リース取引は、さらに所有権移転ファイナンス・リース取引と所有権移転外ファイナンス・リース取引の2種類に分けられます。所有権移転ファイナンス・リース取引とは、リース物件の所有権が借手に移転すると認められる取引です。それ以外のファイナンス・リース取引が所有権移転外ファイナンス・リース取引です。

簿記2級では、所有権移転外ファイナンス・リース取引のみが出題範囲となっています。本テキストでは、「ファイナンス・リース取引」と記載がある場合「所有権移転外ファイナンス・リース取引」として扱っています。

リース取引の分類			出題範囲
オペレーティング・リース取引			2級
ファイナンス・リース取引	所有権移転外	利子込み法	2級
		利子抜き法（定額法）	2級
		利子抜き法（利息法）	1級
	所有権移転		1級

Chapter07

有価証券

有価証券の種類

まずは、有価証券の全体像を把握しましょう。

株式と債券

簿記において有価証券とは、株式と債券のことをいいます。

株式とは、株式会社の所有者である株主の権利証です。株主は株式を売ることができ、また誰でも株式を買うことができます。株式の売買は東京証券取引所などの株式市場で行われ、株式の金額（株価）は毎日変動しています。

債券とは、利払日に利息を受け取ることができ、満期日になると額面金額の払い戻しを受けることができる権利証です。具体的には国が発行する国債や、株式会社が発行する社債などです。債券も売買が行われ、債券の価格は毎日変動しています。

有価証券の保有目的

有価証券の保有目的とは、当社がどのような目的で株式や債券を取得したかということです。株式と債券は保有目的によって5種類に区分され、各区分により使用する勘定科目が異なります。

売買目的有価証券 （Ch07-02〜05）	安く買って高く売ることで差額をもうける目的で持っている有価証券のこと。株式でも債券でも、売買目的で取得すれば売買目的有価証券となる。
満期保有目的債券 （Ch07-06〜07）	満期まで保有する目的で取得した債券のこと。株式には満期がないので、株式は満期保有目的債券にならない。
子会社株式 （Ch07-08）	当社の子会社の株式のこと。株式の保有割合により、子会社株式となるか判別する。子会社株式を持っていると、Chapter15の連結会計を行う必要がある。
関連会社株式 （Ch07-08）	当社の関連会社の株式のこと。株式の保有割合により、関連会社株式となるか判別する。
その他有価証券 （Ch07-09〜10）	上記4つ以外の有価証券をその他有価証券という。「その他」というのは売買目的でも満期保有目的でもなく、また子会社株式でも関連会社株式でもないという意味。

株式の保有割合

株式の保有割合とは、ある会社の発行済株式数に対して、当社が保有している株式数の割合のことです。

株式の保有割合は、子会社株式と関連会社株式を判別するために使います。ある会社の発行済株式数の50%超を保有していれば子会社株式、20%以上50%以下を保有していれば関連会社株式になります。子会社株式と関連会社株式について、詳しくはChapter07-08で学習します。

なお、債券の場合は保有割合によって処理が変わることはありませんので、債券の保有割合を考える必要はありません。

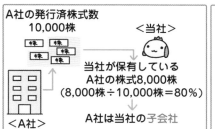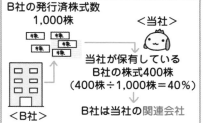

貸借対照表の表示

有価証券は、貸借対照表では次のように表示されます。

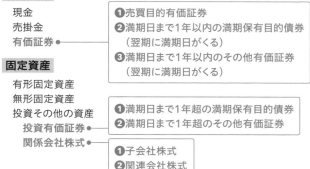

重要度 ★★

売買目的有価証券の取得

買ったり売ったりして、もうける目的（売買目的）で株式や債券を取得した場合、売買目的有価証券となります。

1 売買目的有価証券を取得したときの仕訳

❶ 株式を売買目的で買ったので、売買目的有価証券が増える。売買目的有価証券は資産（ホームポジション左）なので、増えるときは左に書く。手数料などの付随費用は取得原価に含める。

　購入代価100＋付随費用10＝110
　売買目的有価証券 110 /

❷ 現金で支払ったので、現金が減る。右に書く。

　売買目的有価証券 110 / 現金 110

2 配当金領収証を受け取ったときの仕訳

❶ 配当金を受け取ったので、受取配当金が増える。受取配当金は収益（ホームポジション右）なので、増えるときは右に書く。

　　　　　/ 受取配当金 10

❷ 配当金領収証は現金に含まれるので、配当金領収証をもらったときに現金を増やす。左に書く。

　現金 10 / 受取配当金 10

売買目的有価証券とは

買ったり売ったりしてもうけるために取得する株式や債券などのことを売買目的有価証券といいます。売買目的有価証券は 資産 の勘定科目です。

有価証券のうち株式を持っている場合には、配当金を受け取ることができます。配当とは、会社の利益を株主に分配することで、分配するお金のことを配当金といいます。配当金を受け取ったときは受取配当金を使って仕訳します。受取配当金は 収益 の勘定科目です。なお、配当金領収証は金融機関に持って行くとすぐに換金できるため、配当金領収証を受け取ったときに現金として仕訳します。

有価証券の取得原価

有価証券を取得したときの仕訳で使用する金額は、取得原価です。取得原価には、有価証券の購入代価に付随費用（手数料など）を含めます。

株式の取得原価＝1株あたりの購入単価×株数＋付随費用
　　　　　　　　　　　購入代価

社債や国債の取得原価＝1口あたりの購入単価×口数＋付随費用
　　　　　　　　　　　　　　購入代価

株式は1株、2株と数えるのに対して、社債や国債は1口、2口という数え方をします。そして、社債や国債は基本的に1口あたりの額面金額は100円という前提で問題が作成されています。例えば、額面 ¥400,000の社債というのは、1口100円の社債を4,000口保有していることになります。口数は額面総額÷100円で計算します。

🐾 まとめ 🐾

1 売買目的有価証券を取得したときの仕訳
　　　　　　　　　　　　　　売買目的有価証券 110 / 現金 110

2 配当金領収証を受け取ったときの仕訳　　　　**現金 10 / 受取配当金 10**

売買目的有価証券の売却

　売買目的有価証券を売った場合について学びます。同じ銘柄の株式でも購入単価が違う場合についても見ていきましょう。

売買目的有価証券を取得したときの仕訳

売買目的有価証券が増えるので、左に書く。現金が減るので、右に書く。
売買目的有価証券 100 / 現金 100

売買目的有価証券を取得したときの仕訳

売買目的有価証券が増えるので、左に書く。現金が減るので、右に書く。
売買目的有価証券 120 / 現金 120

売買目的有価証券を売却したときの仕訳

❶ 売買目的で取得した株式を1株売ったので、売買目的有価証券が減る。右に書く。金額は平均単価110を使う。
（100＋120）÷2株＝110
　　　　　　/ 売買目的有価証券 110

❷ 現金を受け取ったので、現金が増える。左に書く。
現金 150 / 売買目的有価証券 110

❸ 差額が右側ということは、収益（利益）が発生している状況なので、有価証券売却益と書く。
現金 150 / 売買目的有価証券 110
　　　　　/ 有価証券売却益　　40

売買目的有価証券の売却のポイント

　売買目的有価証券を帳簿価額より高く売った場合、有価証券売却益になります。有価証券売却益は 収益 の勘定科目です。一方、帳簿価額より安く売った場合、有価証券売却損になります。有価証券売却損は 費用 の勘定科目です。

売却時の単価の計算

　購入単価がバラバラの売買目的有価証券を売る場合、1株の単価はどのように計算すればよいでしょうか。売買目的有価証券は、平均原価法で計算します。平均原価法とは、次の公式にもとづいて、平均単価を計算する方法です。

平均単価＝取得原価の合計÷購入した株式数

例題	売買目的でP株式会社の株式を100円で1株、120円で1株を購入した。1株あたりの平均単価を計算しなさい。

解答	110円

解説　(100円＋120円)÷　2株　＝110円
　　　　取得原価の合計　購入した株式数　平均単価

豆知識　**売却時の付随費用**

有価証券を売却するさいに付随費用（手数料など）を支払うことがあります。売却時の付随費用は次の2つの方法で処理します。売却手数料が10円かかった場合の仕訳は次のとおりです。

独立した費用とする方法		売却損益に含める方法	
現金　　　　140	売買目的有価証券 110	現金 140	売買目的有価証券 110
支払手数料　 10	有価証券売却益　 40		有価証券売却益　 30

🐾 まとめ 🐾

売買目的有価証券を売却したときの仕訳（有価証券売却益の場合）
　　　　　　　　　　現金 150 ／売買目的有価証券 110
　　　　　　　　　　　　　　　／有価証券売却益　　 40

売買目的有価証券の時価評価①

　売買目的有価証券は、決算のときに時価評価を行います。時価評価の仕訳には切放法（きりはなしほう）と洗替法（あらいがえほう）があります。今回は切放法を学習します。

●評価益の場合

1 決算：時価評価（評価益）の決算整理仕訳

❶ 下書きを書く。

$$売買目的 \quad \underset{帳簿価額}{110} \xrightarrow{\ +410\ } \underset{決算日の時価}{520}$$

❷ 売買目的有価証券の帳簿価額を時価に修正する。売買目的有価証券の価値が増えるので、左に書く。

　売買目的有価証券 410 /

❸ 差額が右側ということは、収益（利益）が発生している状況なので、有価証券評価益と書く。

　売買目的有価証券 410 / 有価証券評価益 410

●評価損の場合

2 決算：時価評価（評価損）の決算整理仕訳

❶ 下書きを書く。

売買目的 110 $\xrightarrow{\triangle 30}$ 80
　　　　帳簿価額　　　　　決算日の時価

❷ 売買目的有価証券の帳簿価額を時価に修正する。売買目的有価証券の価値が減るので、右に書く。
　　　　　　　　　　/ 売買目的有価証券 30

❸ 差額が左側ということは、費用（損）が発生している状況なので、有価証券評価損と書く。
　　有価証券評価損 30 / 売買目的有価証券 30

時価評価のポイント

　決算時に売買目的有価証券の帳簿価額を時価の金額に修正することを、売買目的有価証券の時価評価といいます。

　売買目的有価証券の決算日における時価が帳簿価額を上回った場合、有価証券評価益を使います。有価証券評価益は 収益 の勘定科目です。時価が帳簿価額を下回った場合、有価証券評価損を使います。有価証券評価損は 費用 の勘定科目です。

　売買目的有価証券は、売却によって利益を得ることを目的としていますので、いくらで売れるのか（時価）の情報が重要です。このため、決算のときに時価に修正するのです。

資産	負債
売買目的有価証券	
	純資産

費用	収益
有価証券評価損	有価証券評価益

🐾 まとめ 🐾

[1] 決算：時価評価（評価益）の決算整理仕訳
　　　　売買目的有価証券 410 / 有価証券評価益 410

[2] 決算：時価評価（評価損）の決算整理仕訳
　　　　有価証券評価損 30 / 売買目的有価証券 30

重要度 ★

売買目的有価証券の時価評価②

売買目的有価証券の時価評価の洗替法を学習します。

●評価益の場合

1 決算：時価評価（評価益）の決算整理仕訳

❶ 下書きを書く。

$$売買目的 \quad 110 \xrightarrow{+410} 520$$
　　　　　　　帳簿価額　　　　　決算日の時価

❷ 売買目的有価証券の帳簿価額を時価に修正する。売買目的有価証券の価値が増えるので、左に書く。

売買目的有価証券 410 /

❸ 差額が右側ということは、収益（利益）が発生している状況なので、有価証券評価益と書く。

売買目的有価証券 410 / 有価証券評価益 410

2 翌期首：再振替仕訳

前期末の時価評価の逆仕訳を書く。

有価証券評価益 410 / 売買目的有価証券 410

評価損の場合

　洗替法を採用しており、P.175と同じ評価損30が計上される場合の仕訳は次のとおりです。

決算　　**有価証券評価損 30 / 売買目的有価証券 30**

翌期首　**売買目的有価証券 30 / 有価証券評価損 30**

切放法と洗替法

　売買目的有価証券の時価評価の仕訳には、切放法と洗替法の2パターンがありますが、そのうち洗替法は、翌期首に再振替仕訳を行う点がポイントです。試験では、基本的に切放法が出題されますので、切放法を覚えておきましょう。

切放法	翌期首に再振替仕訳を行わない方法。 翌期になっても帳簿価額は時価のまま。 主に売買目的有価証券で利用される。	Ch07-04
洗替法	翌期首に再振替仕訳を行う方法。 翌期首に帳簿価額を取得原価に戻す。 売買目的有価証券だけでなく、その他有価証券で利用される。	今回

> 豆知識　**有価証券運用益と有価証券運用損**
>
> 売買目的有価証券に関連して生じた損益（有価証券売却損益、受取配当金、有価証券利息、有価証券評価損益）をまとめた勘定科目として、有価証券運用益（または有価証券運用損）を使うこともあります。滅多に出題されませんので、余裕がある方は覚えてきましょう。

🐾 まとめ 🐾

①決算：時価評価（評価益）の決算整理仕訳

　　　　売買目的有価証券 410 / 有価証券評価益 410

②翌期首：再振替仕訳

　　　　有価証券評価益 410 / 売買目的有価証券 410

満期保有目的債券の取得

満期日まで保有する目的で取得した債券を満期保有目的債券といいます。債券とは社債や国債のことです。

1 満期保有目的債券を取得したときの仕訳

❶ 社債を満期まで保有する目的で買ったので、満期保有目的債券が増える。満期保有目的債券は資産（ホームポジション左）なので、増えるときは左に書く。

満期保有目的債券 440 /

❷ 現金で支払ったので、現金を減らす。右に書く。

満期保有目的債券 440 / 現金 440

2 有価証券利息を受け取ったときの仕訳

❶ 社債の利息を受け取ったので、有価証券利息が増える。有価証券利息は収益（ホームポジション右）なので、増えるときは右に書く。

/ 有価証券利息 10

❷ 現金を受け取ったので、現金が増える。左に書く。

現金 10 / 有価証券利息 10

満期保有目的債券のポイント

有価証券のうち社債や国債は、持っていると利息を受け取ることができます。また、満期日（指定された期日）になると額面金額が返金されます。額面金額とは社債や国債の券に記載されている金額のことです。複数の券に記載されている額面金額を合計した額面総額という用語も使われます。満期日まで保有するために取得し

た社債や国債を満期保有目的債券といいます。満期保有目的債券は 資産 の勘定科目です。社債や国債を持っていることにより受け取った利息を有価証券利息といいます。有価証券利息は 収益 の勘定科目です。

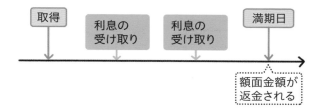

有価証券利息について

債券は、例えば「パブロフはA社社債（額面総額500円、年利率2%、利払日は年1回3月31日）を440円で取得し、現金を支払った。」のような条件で取得することになります。この場合、利払日の3月31日に利息を受け取ることができます。この利息のことをクーポン利息と呼び、勘定科目は有価証券利息を使います。

利息（クーポン利息）＝額面総額×年利率

この計算式に当てはめると、パブロフが受け取ることのできるクーポン利息は500円×2%＝10円になります。

┌─ 🐾 まとめ 🐾 ─────────────────────
│ **1** 満期保有目的債券を取得したときの仕訳
│ 　　　　　　　**満期保有目的債券 440 / 現金 440**
│ **2** 有価証券利息を受け取ったときの仕訳　**現金 10 / 有価証券利息 10**
└──────────────────────────

満期保有目的債券の償却原価法

　満期保有目的債券は、決算のときに償却原価法を行います。償却原価法とは、取得原価を額面金額に近づけていく方法です。

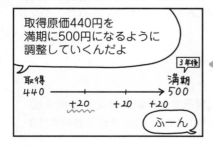

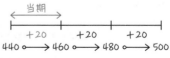

決算:償却原価法の決算整理仕訳

❶ 下書きを書く。
差額　500－440＝60
1年あたりの償却　60÷3年＝20

| | 当期 | |
| +20 | +20 | +20 |

440 ○──→ 460 ○──→ 480 ○──→ 500

❷ 償却原価法により3年後に500円となるように、1年あたりの償却20円だけ満期保有目的債券を増やす。左に書く。
満期保有目的債券 20 /

❸ 有価証券利息が増えるので、右に書く。
満期保有目的債券 20 / 有価証券利息 20

180

償却原価法のポイント

満期保有目的債券の取得原価と額面金額との差額が金利の調整と認められる場合、償却原価法を行います。償却原価法とは、取得原価を額面金額に近づけていく方法です。例えば、社債の取得原価が440円、額面金額500円の場合、3年後の満期日に差額60円だけ多くの現金を回収することができます。この差額60円は3年間の利息と考えるのが、償却原価法の考え方です。安く購入できた分だけ、利息が発生したと考えます。

決算：償却原価法の決算整理仕訳

額面金額500円と取得原価440円の差額60円について、償却原価法を適用します。取得日から満期日までの3年間で60円を償却するので、1年あたり20円の満期保有目的債券を増やします。その分は有価証券利息を受け取ったと考え、有価証券利息を増やします。

満期日の帳簿価額は440円＋20円＋20円＋20円＝500円となり、額面金額と一致します。

取得したとき	満期保有目的債券 440 / 現金 440
決算（1年目）	満期保有目的債券 20 / 有価証券利息 20
決算（2年目）	満期保有目的債券 20 / 有価証券利息 20
満期日（3年目）	満期保有目的債券 20 / 有価証券利息 20 現金 500 / 満期保有目的債券 500

なお、満期保有目的債券の償却原価法を行う場合、期中に受け取るクーポン利息（P.179）と決算の償却原価法の利息の2つの利息が計上されます。

豆知識　**満期保有目的債券の決算の処理**

満期保有目的債券の厳密な決算の処理方法は次のとおりですが、例外処理である償却原価法が試験でよく出題されるので、このページでは償却原価法を学びました。原則処理を行うか例外処理（償却原価法）を行うかは、問題文に指示があります。

　原則処理…決算時に仕訳なし（原価法）。

　例外処理…取得原価と額面金額の差額が、金利を調整するために生じたもの（金利調整差額）である場合、償却原価法を行う。

🐾 まとめ 🐾

決算：償却原価法の決算整理仕訳　**満期保有目的債券 20 / 有価証券利息 20**

子会社株式・関連会社株式の取得

子会社株式、関連会社株式の処理について詳しく見ていきましょう。

1 子会社株式を取得したときの仕訳

❶ 株式の50%超を取得し、支配を獲得したので、子会社株式が増える。子会社株式は資産（ホームポジション左）なので、増えるときは左に書く。

子会社株式 3,000 /

❷ 現金で支払ったので、現金が減る。右に書く。

子会社株式 3,000 / 現金 3,000

2 関連会社株式を取得したときの仕訳

❶ 株式の20%以上50%以下を取得し、重要な影響を与えることができるようになったので、関連会社株式が増える。関連会社株式は資産（ホームポジション左）なので、増えるときは左に書く。

関連会社株式 2,000 /

❷ 現金で支払ったので、現金が減る。右に書く。

関連会社株式 2,000 / 現金 2,000

決算

仕訳なし

子会社株式と関連会社株式とは

当社が他社を支配しているとき、他社は当社の**子会社**といい、子会社の株式のことを**子会社株式**といいます。支配しているとは、他社の株式を50%超保有している場合などのことをいいます。子会社株式は 資産 の勘定科目です。子会社株式を持っている場合、Chapter15で学習する連結会計を行います。

当社が他社に重要な影響を与えることができるとき、他社は当社の**関連会社**といい、関連会社の株式のことを**関連会社株式**といいます。重要な影響を与えることができるとは、他社の株式を20%以上50%以下保有している場合などのことをいいます。関連会社株式は 資産 の勘定科目です。

貸借対照表では、子会社株式の金額と関連会社株式の金額を合計して**関係会社株式**として表示します。

1 子会社株式を取得したときの仕訳

株主が集まって会社の重要な事項を決定する会を株主総会といいます。株主総会では、持っている株式の数に応じて多数決により決まります。パブロフが他の会社の株式の50%超を取得した場合、パブロフが賛成に投票すると他の株主が反対に投票したとしても、賛成に決まります。つまり、会社を支配できるようになったといえます。

2 関連会社株式を取得したときの仕訳

株式の50%超までは取得していませんが、20%以上50%以下を取得すると、株主総会で賛成か反対かを投票するうえでの影響力が強くなります。つまり、重要な影響を与えることができるようになったといえます。

🐾 まとめ 🐾

1 子会社株式を取得したときの仕訳　**子会社株式 3,000 / 現金 3,000**
2 関連会社株式を取得したときの仕訳
　　　　　　　　　　　　　　　関連会社株式 2,000 / 現金 2,000

重要度 ★

その他有価証券の取得と売却

売買目的有価証券、満期保有目的債券、子会社株式、関連会社株式以外の有価証券をその他有価証券といいます。

1 その他有価証券を取得したときの仕訳

❶ 株式を売買目的ではなく買ったので、その他有価証券が増える。その他有価証券は資産（ホームポジション左）なので、増えるときは左に書く。

その他有価証券 1,000 /

❷ 現金で支払ったので、現金が減る。右に書く。

その他有価証券 1,000 / 現金 1,000

2 その他有価証券を売却したときの仕訳

❶ 株式を売ったので、その他有価証券が減る。右に書く。

/ その他有価証券 1,000

❷ 現金を受け取ったので、現金が増える。左に書く。

現金 1,200 / その他有価証券 1,000

❸ 差額が右側ということは、収益（利益）が発生している状況なので、投資有価証券売却益と書く。

現金 1,200 / その他有価証券　1,000
/ 投資有価証券売却益 200

その他有価証券とは

　売買目的有価証券、満期保有目的債券、子会社株式、関連会社株式以外の有価証券を**その他有価証券**といいます。その他有価証券を取得原価より高く売った場合、**投資有価証券売却益**になります。一方、取得原価より安く売った場合、**投資有価証券売却損**になります。

1 その他有価証券を取得したときの仕訳

株式や債券を売買目的ではなく、長期利殖目的（配当金やクーポン利息を受け取る目的）で取得した場合、その他有価証券に計上します。ただし、株式の場合は保有割合が20％未満の取得に限ります。保有割合が20％以上の場合は関連会社株式、50％超の場合は子会社株式に計上します。

2 その他有価証券を売却したときの仕訳

利殖目的で取得したが、時価が上昇したため、売却することもあります。

豆知識　**その他有価証券の保有割合が増えた場合（段階取得）**

その他有価証券として保有していた株式を追加して取得した場合、保有割合によって子会社株式や関連会社株式になることがあります。この場合、保有していたその他有価証券を子会社株式や関連会社株式に振り替えることになります。

例題　5月1日にS社株式100株（発行済株式総数の10％）を1,000円で現金購入し、その他有価証券として処理した。6月1日に500株（発行済株式総数の50％）を5,000円で現金購入した。

仕訳　5月1日　**その他有価証券 1,000 / 現金 1,000**
　　　　6月1日　**子会社株式　　　6,000 / その他有価証券 1,000**
　　　　　　　　　　　　　　　　　 / 現金　　　　　　 5,000

🐾 まとめ 🐾

1 その他有価証券を取得したときの仕訳

　　　　　　　その他有価証券 1,000 / 現金 1,000

2 その他有価証券を売却したときの仕訳

　　　　　　　現金 1,200 / その他有価証券　　　　 1,000
　　　　　　　　　　 / 投資有価証券売却益　　 200

その他有価証券の時価評価

その他有価証券は、決算のときに時価評価を行います。仕訳は洗替法で行います。

1 決算：時価評価の決算整理仕訳

❶ 下書きを書く。

$$\text{その他} \quad \underset{\text{帳簿価額}}{1,000} \xrightarrow{\ +300\ } \underset{\text{決算日の時価}}{1,300}$$

❷ その他有価証券の帳簿価額を時価に修正する。その他有価証券の価値が増えるので、左に書く。

その他有価証券 300 /

❸ その他有価証券の時価評価による差額はその他有価証券評価差額金を使う。その他有価証券評価差額金は純資産（ホームポジション右）なので、増えるときは右に書く。

その他有価証券 300 / その他有価証券評価差額金 300

2 翌期首：再振替仕訳

前期末の時価評価の逆仕訳を書く。

その他有価証券評価差額金 300 / その他有価証券 300

その他有価証券評価差額金とは

決算のときにその他有価証券の取得原価を、時価の金額に修正することを時価評価といいます。取得原価と時価評価した差額は**その他有価証券評価差額金**に計上します。その他有価証券評価差額金は 純資産 の勘定科目です。

その他有価証券の時価評価の仕訳は、必ず洗替法で行います。決算時に時価評価し、翌期首に再振替仕訳を行います。

豆知識 **その他有価証券評価差額金の貸借対照表の表示**

その他有価証券評価差額金は、貸借対照表の純資産の部では次のように表示されます。

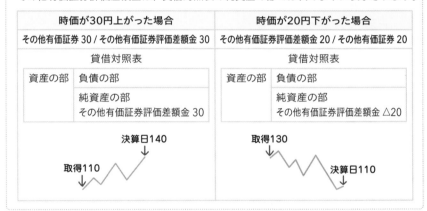

時価が30円上がった場合	時価が20円下がった場合
その他有価証券 30 / その他有価証券評価差額金 30	その他有価証券評価差額金 20 / その他有価証券 20

豆知識 **全部純資産直入法とは**

その他有価証券の時価評価の差額をすべて純資産に計上する方法を全部純資産直入法といいます。今回学習したのは全部純資産直入法です。簿記2級の試験では、全部純資産直入法しか出題されません。

🐾 まとめ 🐾

1 決算：時価評価の決算整理仕訳

その他有価証券 300 / その他有価証券評価差額金 300

2 翌期首：再振替仕訳

その他有価証券評価差額金 300 / その他有価証券 300

端数利息
（は す う り そ く）

有価証券のうち、社債や国債などの債券を取得、売却した場合、端数利息
を考える必要があります。端数利息は日割計算します。

●端数利息を支払う場合（売買目的有価証券を取得した例）

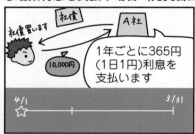

1 端数利息を支払ったときの仕訳

❶ 売買目的有価証券を取得したので、売
買目的有価証券が増える。左に書く。
  売買目的有価証券 10,000 /

❷ 端数利息を支払ったので、有価証券利
息を減らす。有価証券利息は収益（ホ
ームポジション右）なので、減るとき
は左に書く。
  売買目的有価証券 10,000 /
  有価証券利息　　　 30 /

❸ 現金を支払ったので、現金を減らす。
右に書く。
  売買目的有価証券 10,000 / 現金 10,030
  有価証券利息　　　 30 /

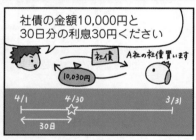

2 有価証券利息が
入金されたときの仕訳

有価証券利息が増えるので、右に書く。
現金を受け取ったので、左に書く。
  現金 365 / 有価証券利息 365

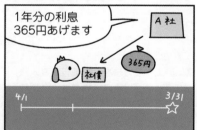

端数利息とは

端数利息とは、前回の利払日の翌日から売却日までの利息のことです。4コマ漫画の例だと30円が端数利息です。端数利息の仕訳は、有価証券（売買目的有価証券やその他有価証券）と同じ側に有価証券利息を書きます。これだけ覚えておけば確実に解答できます。

1 端数利息を支払ったときの仕訳

売買目的有価証券を取得したときは、端数利息を支払います。これは取引相手が保有している30日分の有価証券利息をマイナスしておくと考えます。

有価証券利息

30 |

2 有価証券利息が入金されたときの仕訳

A社は利払日に社債を保有している当社に1年分の利息を振り込みます。よって、当社はA社から1年分（365日分）の有価証券利息を受け取ります。

有価証券利息

30 | 365

その結果、有価証券利息の残高は△30 + 365 = 335円（335日分の利息）になります。 1 の仕訳で有価証券利息を減らしておき、 2 の仕訳を書いた後、当社が債券を所有していた335日分の有価証券利息になるよう調整しているのです。

●端数利息を受け取る場合（売買目的有価証券を売却した例）

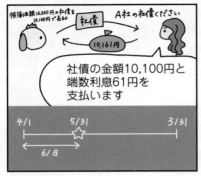

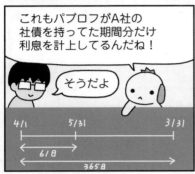

3 端数利息を受け取ったときの仕訳

❶ 売買目的有価証券を売却したので、売買目的有価証券を減らす。右に書く。

	/ 売買目的有価証券 10,000

❷ 端数利息を受け取ったので、有価証券利息が増える。右に書く。

	売買目的有価証券 10,000
	有価証券利息 　　61

❸ 現金を受け取ったので、現金が増える。左に書く。

現金 10,161	売買目的有価証券 10,000
	有価証券利息 　　61

❹ 差額が右側ということは、収益（利益）が発生している状況なので、有価証券売却益と書く。

現金 10,161	売買目的有価証券 10,000
	有価証券利息 　　61
	有価証券売却益 　100

3 端数利息を受け取ったときの仕訳

当社は売却先から61日分の有価証券利息を受け取ります。

🐾 **まとめ** 🐾

1 端数利息を支払ったときの仕訳

売買目的有価証券 10,000	現金 10,030
有価証券利息 　　　30	

2 有価証券利息が入金されたときの仕訳　現金 365 / 有価証券利息 365

3 端数利息を受け取ったときの仕訳

現金 10,161	売買目的有価証券 10,000
	有価証券利息 　　　61
	有価証券売却益 　　100

重要度 ★★★

有価証券のまとめ

決算において有価証券をどのように処理するのか、まとめました。

売買目的有価証券

決算整理仕訳	：時価評価する。
貸借対照表	：時価の金額を流動資産「有価証券」として表示する。
損益計算書	：帳簿価額と時価の差額を営業外収益「有価証券評価益」または営業外費用「有価証券評価損」に表示する。

例：帳簿価額110円、決算日の時価520円の場合。

　　決算整理仕訳：売買目的有価証券 410 / 有価証券評価益 410

　　貸借対照表：流動資産「有価証券」520円

　　損益計算書：営業外収益「有価証券評価益」410円

満期保有目的債券

①原則的な処理（原価法）

決算整理仕訳	：時価評価しない。
貸借対照表	：取得原価を投資その他の資産「投資有価証券」として表示する。
※満期日まで1年以内（翌期に満期日がくる）の場合、流動資産「有価証券」として表示する。	
損益計算書	：なし。

②例外的な処理（償却原価法）

決算整理仕訳	：取得原価と額面金額の差額が、金利を調整するために生じたものである場合、償却原価法を行う。
貸借対照表	：償却原価法を適用した後の帳簿価額（償却原価）を投資その他の資産「投資有価証券」として表示する。
※満期日まで1年以内（翌期に満期日がくる）の場合、流動資産「有価証券」として表示する。	
損益計算書	：当期の償却額を営業外収益「有価証券利息」に表示する。

例：X1年4月1日当期首に、満期保有目的で額面総額500円の社債（償還日は
X4年3月31日）を440円で購入し、償却原価法を行う場合。
　決算整理仕訳：（500円 − 440円）÷ 3年 = 20円

　　　　　　　　満期保有目的債券 20 / 有価証券利息 20

　貸借対照表：投資その他の資産「投資有価証券」440 + 20 = 460円

　損益計算書：営業外収益「有価証券利息」20円

子会社株式・関連会社株式

決算整理仕訳：時価評価しない。
貸借対照表：子会社株式と関連会社株式の取得原価を合計して投資その
　　　　　　　　他の資産「関係会社株式」として表示する。
損益計算書　：なし。

その他有価証券

決算整理仕訳：時価評価する。
貸借対照表　：時価の金額を投資その他の資産「投資有価証券」として表
　　　　　　　　示する。
　　　　　　　　帳簿価額と時価の差額を純資産の部「その他有価証券評価
　　　　　　　　差額金」に表示する。
※満期日まで1年以内（翌期に満期日がくる）の場合、流動資産「有価証券」として表示する。
損益計算書　：なし。

例：帳簿価額1,000円、決算日の時価1,300円の場合。
　決算整理仕訳：**その他有価証券 300 / その他有価証券評価差額金 300**

　貸借対照表　：投資その他の資産「投資有価証券」1,300円

　　　　　　　　　純資産の部「その他有価証券評価差額金」300円

　損益計算書　：なし

練習問題 Chapter07 01-12

動画解説

問題1から問題10の取引について仕訳しなさい。ただし、勘定科目は、次の中から最も適当と思われるものを選びなさい。

現　　金	当 座 預 金	有価証券評価損	売買目的有価証券
買 掛 金	子 会 社 株 式	有価証券評価益	その他有価証券評価差額金
未 払 金	関連会社株式	有価証券売却益	そ の 他 有 価 証 券
未 収 入 金	前 払 金	有価証券売却損	満期保有目的債券
支 払 利 息	売 掛 金	有 価 証 券 利 息	投資有価証券売却益

また、問題11、問題12に答えなさい。

問題1 P.172

当期中に3回に分けて取得した同一銘柄の売買目的有価証券100株のうち80株を1株￥2,000で売却した。代金は当座預金口座に振り込まれた。3回に分けて購入した有価証券の総額は￥180,000である。平均原価法で処理をしており、分記法で記帳している。

※分記法…簿記2級で学習する有価証券の仕訳はすべて分記法によるもの。

問題2 P.174、P.176

決算において、売買目的有価証券の帳簿価額は￥240,000、時価は￥300,000である。

問題3 P.180

X3年3月31日の決算において、D社社債（額面総額￥500,000、年利率1％、利払日は年1回3月末、償還日はX7年3月31日）は、X2年4月1日に額面@￥100につき@￥95.0の価額で取得したものであり、償却原価法（定額法）で評価する。なお、X3年3月31日のクーポン利息については期中に計上済みである。

問題4 P.182

S社の発行済議決権株式の60%を￥800,000で取得し、A社株式の発行済議決権株式の30%を￥120,000で取得し、小切手を振り出した。なお、当社は取得後にS社を支配しており、またA社の意思決定に重要な影響を与えることができる。

問題5 P.182

四国物流株式会社の発行済株式の10%を取得価額 ¥400,000で所有していたが、追加で50%を取得し四国物流株式会社に対する支配を獲得することになり、代金 ¥2,400,000は小切手を振り出して支払った。

問題6 P.184

長期利殖目的でM社株式1,500株を@ ¥900で取得した。なお、買入手数料等 ¥5,000を含めた代金は5営業日内に証券会社に支払うこととした。

問題7 P.184

K社株式（帳簿価額 ¥250,000）を ¥330,000で売却し、代金は翌月末に受け取ることとした。なお、K社株式は、5年前にK社との商品販売取引の開始にあたり、同社との長期にわたる取引関係を維持するために取得したものであったが、今期をもってK社との商品販売取引が終了したため、売却した。

問題8 P.186

T社株式については、全部純資産直入法により時価評価する。なお、T社株式の帳簿価額は ¥161,000、時価は ¥164,000であり、その他有価証券として処理している。

問題9 P.188

X2年6月19日、満期保有目的の有価証券として、他社が発行する額面総額 ¥1,000,000の社債（利率年0.365%、利払日は3月末）を額面 ¥100につき ¥98.50で購入し、代金は直近の利払日の翌日から売買日当日までの端数利息とともに小切手を振り出して支払った。なお、端数利息の金額については、1年を365日として日割計算する。

問題10 P.188

X2年5月10日に、売買目的で保有している額面総額 ¥1,000,000の社債（利率年0.365%、利払日は3月末）を額面 ¥100につき ¥98.80（裸相場）で売却し、売却代金は売買日までの端数利息とともに現金で受け取った。なお、この社債はX2年4月1日に額面 ¥100につき ¥98.70の価額（裸相場）で買い入れたものであり、端数利息は1年を365日として日割計算する。
※裸相場と利付相場…売却金額に端数利息の金額が含まれていない価格を裸相場といいます。一方、売却金額に端数利息の金額が含まれている価格を利付相場といいます。

問題11
P.178、180

X1年4月1日に満期保有目的で額面総額￥100,000のA社社債（利率は年1%、利払いは3月末の年1回、償還日はX6年3月31日）を額面@￥100につき@￥98で購入し、代金は小切手を振り出して支払った。なお、額面金額と取得価額の差額は金利の調整の性格を有すると認められる。また、A社社債の利息はすべて当座預金口座に振り込まれている。X1年度（X1年4月1日からX2年3月31日）の損益計算書の有価証券利息の金額を答えなさい。

問題12
P.191

当社は次の有価証券を保有している。

	帳簿価額	時　価	保有目的	期末から満期日
E社社債	￥197,000	￥210,000	売買目的	6か月
F社社債	￥98,000	￥101,000	満期保有目的	2年間
G社株式	￥110,000	￥119,000	子会社	―
H社株式	￥140,000	￥133,000	関連会社	―
I社株式	￥210,000	￥202,000	その他	―

なお、F社社債は取得原価と額面金額の差額は金利を調整するために生じたものではない。
次の貸借対照表の表示科目と金額（空欄ア～オ）を答えなさい。

〈貸借対照表の一部〉

　流動資産
　　（　ア　）（　ウ　）円
　固定資産
　　投資その他の資産
　　　（　イ　）（　エ　）円
　　　関係会社株式（　オ　）円

豆知識　**利札**

国債や社債は次のような形式になっています。下に付いている部分は利札といい、利息を受け取ることができる権利を表します。利札のうち期日が到来したものは、金融機関に持って行くとすぐに換金できるため、期日が到来したときに現金に計上します。

解説・解答

問題1

❶ 売買目的有価証券の1株あたりの単価を計算する。
　180,000÷100株＝@1,800

❷ 売買目的有価証券を売却したので、売買目的有価証券が減る。右に書く。
　@1,800×80株＝144,000
　　　　　　　　　　　/ 売買目的有価証券 144,000

❸ 当座預金口座に振り込まれたので、当座預金が増える。左に書く。
　@2,000×80株＝160,000
　　当座預金 160,000 / 売買目的有価証券 144,000

❹ 差額が右側、収益が発生している状況なので、有価証券売却益と書く。
　　当座預金 160,000 / 売買目的有価証券 144,000
　　　　　　　　　　　　有価証券売却益　　16,000

当　座　預　金	160,000	売買目的有価証券	144,000
		有価証券売却益	16,000

問題2

❶ 下書きを書く。

```
        　　　　　　　＋60,000
売買目的　240,000 ──────→ 300,000
```

❷ 売買目的有価証券の帳簿価額を時価に修正する。売買目的有価証券の価値が増えるので、左に書く。
　　売買目的有価証券 60,000 /

❸ 差額が右側、収益が発生している状況なので、有価証券評価益と書く。
　　売買目的有価証券 60,000 / 有価証券評価益 60,000

売買目的有価証券	60,000	有価証券評価益	60,000

問題3

❶ 下書きを書く。

```
償還期間　X2/4/1〜X7/3/31の5年間
取得原価　500,000円÷100×95＝475,000円
差額　500,000円ー475,000円＝25,000円
1年あたりの償却額　25,000円÷5年＝5,000円
```

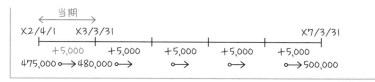

❷償却原価法によって、満期保有目的債券が増えるので、左に書く。

❸有価証券利息が増えるので、右に書く。

満期保有目的債券	5,000	有 価 証 券 利 息	5,000

問題4

❶ S社の株式の60%を取得したので、子会社株式となる。子会社株式が増えるので、左に書く。

　子会社株式 800,000 /

❷A社の株式の30%を取得したので、関連会社株式となる。関連会社株式が増えるので、左に書く。

　子会社株式　800,000 /
　関連会社株式 120,000 /

❸小切手を振り出したので、当座預金が減る。右に書く。

　子会社株式　800,000 / 当座預金 920,000
　関連会社株式 120,000 /

子 会 社 株 式	800,000	当 座 預 金	920,000
関連会社株式	120,000		

問題5

❶四国物流株式会社の株式を60%取得しているため、子会社株式となる。

❷その他有価証券から子会社株式に振り替える。

　子会社株式 400,000 / その他有価証券 400,000

❸新たに子会社株式が増えるので、左に書く。小切手を振り出したので、当座預金が減る。右に書く。

　子会社株式　400,000 / その他有価証券　400,000
　子会社株式 2,400,000 / 当座預金　　2,400,000

❹借方（左側）の子会社株式を合算する。

　子会社株式 2,800,000 / その他有価証券　400,000
　　　　　　　　　　　　/ 当座預金　　2,400,000

子 会 社 株 式	2,800,000	その他有価証券	400,000
		当 　 座 　 預 　 金	2,400,000

問題6

❶ M社株式なので、債券ではないため満期保有目的債券には該当せず、また、売買目的ではなく長期利殖目的であるため、その他有価証券となる。

❷ その他有価証券が増えるので、左に書く。

@900×1,500株＋5,000＝1,355,000

❸ 代金は後日支払うので、未払金が増える。右に書く。

その他有価証券	1,355,000	未払金	1,355,000

問題7

❶ K社株式は、売買目的ではなく、取引関係を維持するために取得している株式であるので、その他有価証券となる。

❷ その他有価証券が減るので、右に書く。

／その他有価証券 250,000

❸ 代金はまだ回収していないので、未収入金が増える。左に書く。

未収入金 330,000 ／その他有価証券 250,000

❹ 差額が右側、収益が発生している状況なので、投資有価証券売却益と書く。

未収入金 330,000 ／その他有価証券　250,000
　　　　　　　　　　　投資有価証券売却益　80,000

未　　収　　入　　金	330,000	その他有価証券	250,000
		投資有価証券売却益	80,000

問題8

❶ 下書きを書く。

その他　161,000 ──── +3,000 ────→ 164,000

❷ その他有価証券の帳簿価額を時価に修正する。その他有価証券の価値が増えるので、左に書く。

❸ その他有価証券の時価評価による差額はその他有価証券評価差額金を使う。その他有価証券評価差額金は純資産（ホームポジション右）なので、増えるときは右に書く。

そ　の　他　有　価　証　券	3,000	その他有価証券評価差額金	3,000

問題9

❶ 満期保有目的なので、満期保有目的債券が増える。左に書く。

$1,000,000 \div 100 \times 98.5 = 985,000$

　満期保有目的債券　985,000 /

❷端数利息（利払日の翌日4月1日〜 6月19日の80日分）を支払ったので、有価証券利息を減らす。左に書く。日数は自分で数える必要がある。

　　$1,000,000 \times 0.365\% \div 365日 \times 80日 = 800$

　0.365％について、％を使わず電卓に入力するときは次のようになるので注意。

　　$1,000,000 \times 0.00365 \div 365日 \times 80日 = 800$

　満期保有目的債券 985,000 ⎱
　有価証券利息　　　 800 ⎰

❸小切手を振り出したので、当座預金が減る。右に書く。

　満期保有目的債券 985,000 ⎸当座預金 985,800
　有価証券利息　　　 800 ⎸

| 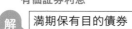 | 満期保有目的債券 | 985,000 | 当　座　預　金 | 985,800 |
| | 有 価 証 券 利 息 | 800 | | |

問題10

❶売買目的有価証券を売却したので、売買目的有価証券が減る。右に書く。

　　$1,000,000 \div 100 \times 98.7 = 987,000$

　　　　　　　　⎸売買目的有価証券 987,000

❷端数利息（利払日の翌日4月1日〜5月10日の40日分）を受け取ったので、有価証券利息が増える。右に書く。

　　$1,000,000 \times 0.365\% \div 365日 \times 40日 = 400$

　　　　　　　　⎸売買目的有価証券 987,000
　　　　　　　　⎸有価証券利息　　 400

❸現金で受け取ったので、現金が増える。左に書く。

　　$1,000,000 \div 100 \times 98.8 + 端数利息400 = 988,400$

　現金 988,400 ⎸売買目的有価証券 987,000
　　　　　　　⎸有価証券利息　　 400

❹差額が右側、収益が発生している状況なので、有価証券売却益と書く。

　現金 988,400 ⎸売買目的有価証券 987,000
　　　　　　　⎸有価証券利息　　 400
　　　　　　　⎸有価証券売却益　 1,000

解答	現　　　　　金	988,400	売買目的有価証券	987,000
			有 価 証 券 利 息	400
			有 価 証 券 売 却 益	1,000

問題11

❶満期保有目的債券の取得の仕訳を書く。

$100,000 \div 100 \times 98 = 98,000$

満期保有目的債券 98,000 / 当座預金 98,000

❷3月末が利払日なので、年1%のクーポン利息の仕訳を書く。

$100,000 \times 1\% = 1,000$

当座預金 1,000 / 有価証券利息 1,000

❸問題文の「額面金額と取得価額の差額は金利の調整の性格を有すると認められる」との文言より、償却原価法を適用することがわかる。

$(100,000 - 98,000) \div 5年 = 400$

満期保有目的債券 400 / 有価証券利息 400

❹有価証券利息の金額を計算する。❷1,000円と❸400円の合計1,400円が損益計算書の有価証券利息となる。

 解答 | 1,400円 |

問題12

E社社債　売買目的有価証券なので、流動資産の有価証券に計上する。
　　　　　貸借対照表の金額は時価210,000を使う。

F社社債　満期保有目的債券であり、満期日まで1年超なので、投資その他の資産の投資有価証券に計上する。
　　　　　「取得原価と額面金額の差額は金利を調整するために生じたものではない」と指示があるため、償却原価法を適用せず、原価法（P.181）で評価する。貸借対照表の金額は帳簿価額98,000を使う。

G社株式　子会社株式なので、投資その他の資産の関係会社株式に計上する。
　　　　　貸借対照表の金額は帳簿価額110,000を使う。

H社株式　関連会社株式なので、投資その他の資産の関係会社株式に計上する。
　　　　　貸借対照表の金額は帳簿価額140,000を使う。

I社株式　その他有価証券であり、債券でなく株式なので満期日がないため、投資その他の資産の投資有価証券に計上する。
　　　　　貸借対照表の金額は時価202,000を使う。

有価証券　210,000
　　　　　売買目的有価証券（E社社債）

投資有価証券　　98,000　　　＋　　　202,000　　　＝300,000
　　　　　　満期保有目的債券（F社社債）　その他有価証券（I社株式）

関係会社株式　　110,000　　　＋　　　140,000　　　＝250,000
　　　　　　子会社株式（G社株式）　関連会社株式（H社株式）

 解答

ア	有価証券	イ	投資有価証券		
ウ	210,000	エ	300,000	オ	250,000

Chapter08
引当金

重要度 ★

引当金の種類
ひきあてきん

まずは、引当金の全体像を把握しましょう。
ひきあてきん

引当金とは

引当金とは、将来発生する費用に備えて計上する金額のことです。

なぜ、決算時に引当金を計上する必要があるのでしょうか。例えば、貸倒引当金の場合、会社は、決算時に将来どれくらい貸し倒れが発生するのかを予想して、商品を売った期に費用を計上しておきます。これにより、「売上」と「売上に対応する費用（貸倒引当金繰入）」を同じ期に計上することができます。このように引当金は、収益と費用を対応させるために計上する必要があるのです。

差額補充法

引当金の仕訳は、基本的に差額補充法で行います。差額補充法とは、決算整理前の引当金残高と引当金の積み立て額の差額を計上する方法です。

	引当金を繰り入れる場合	引当金を戻し入れる場合
説明	決算前の引当金の残高が、計算した引当金より少なかった場合に引当金を繰り入れる。	決算前の引当金の残高が、計算した引当金より多かった場合に引当金を戻し入れる。
下書き	引当金 100 $\xrightarrow{+20}$ 120	引当金 100 $\xrightarrow{\triangle 10}$ 90
仕訳	○○引当金繰入 20 / ○○引当金 20	○○引当金 10 / ○○引当金戻入 10

引当金の種類

引当金には、資産の部に表示する評価性引当金と、負債の部に表示する負債性引当金の2種類があります。

種類	名称
評価性引当金	貸倒引当金
負債性引当金	商品保証引当金、修繕引当金、賞与引当金、退職給付引当金、役員賞与引当金

損益計算書の表示

I 売上高	10,000
II 売上原価	6,000
売上総利益	4,000
III 販売費及び一般管理費	
貸倒引当金繰入	40
商品保証引当金繰入	200
修繕引当金繰入	100
賞与引当金繰入	600
退職給付費用	10
役員賞与引当金繰入	600
IV 営業外収益	
V 営業外費用	
貸倒引当金繰入	60

> 営業債権（売掛金）の貸倒引当金繰入

> 営業外債権（長期貸付金）の貸倒引当金繰入

貸借対照表の表示

資産の部			負債の部	
I 流動資産			**I 流動負債**	
売掛金	2,000		商品保証引当金	200
貸倒引当金	△80	1,920	修繕引当金	100
			賞与引当金	600
II 固定資産			役員賞与引当金	600
長期貸付金	1,500			
貸倒引当金	△60	1,440	**II 固定負債**	
			退職給付引当金	380

貸倒引当金の一括評価と個別評価

　貸倒引当金は簿記3級で学習しました。簿記2級では、貸倒引当金を一括評価と個別評価で計算する方法を学習します。

決算:貸倒引当金の決算整理仕訳

❶ 下書きを書く。
　個別　100円×50％＝50円
　一括　1,000円×5％＝50円
　貸倒引当金　50円＋50円＝100円

❷ 貸倒引当金が増えるので、右に書く。
　　　　　　　　　　/ 貸倒引当金 100

❸ 貸倒引当金繰入が増えるので、左に書く。
　貸倒引当金繰入 100 / 貸倒引当金 100

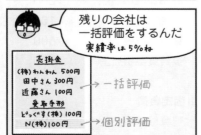

一括評価とは

債権（売掛金、受取手形、貸付金など）をまとめて評価し、貸倒引当金を計上することを一括評価といいます。一括評価の計算は次のように行います。貸倒実績率とは過去どれくらいの貸し倒れが発生したかの割合です。

> **貸倒引当金（一括評価）＝債権の帳簿価額合計×貸倒実績率**

個別評価とは

例えば、当社が持っている債権のうち、倒産しそうな会社の債権があるとします。一括評価では貸倒実績率5％だとしても、倒産しそうな会社の債権が貸し倒れる確率がもっと高いことは明らかです。倒産しそうな会社の債権を個別に評価して貸倒引当金を計上することを個別評価といいます。

個別評価の計算は次のように行います。貸倒実績率は問題文に指示がありますが、貸倒実績率50％を使うことが多いです。なお、債権に担保を設定する場合は、債権の帳簿価額合計から担保処分見込額を差し引いて計算することになります。担保処分見込額とは、担保となる物件を売却したさいの処分価額のことです。

> **貸倒引当金（個別評価）＝（債権の帳簿価額合計－担保処分見込額）×貸倒実績率**

一括評価と個別評価を同時に行う場合

まず個別評価を行う債権を抜き出し、個別評価の計算を行います。次に、残った債権について、一括評価の計算を行います。

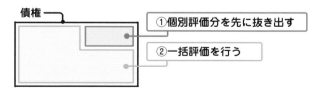

債権

① 個別評価分を先に抜き出す

② 一括評価を行う

❁ まとめ ❁

決算：貸倒引当金の決算整理仕訳　**貸倒引当金繰入 100 / 貸倒引当金 100**

貸倒引当金の表示

貸倒引当金の損益計算書と貸借対照表の表示について見ていきましょう。

債権の種類

債権には、営業債権（売上債権）と営業外債権の2種類があります。営業債権とは、主たる営業取引から発生する売掛金や受取手形などの債権です。営業外債権とは、貸付金や営業外受取手形などの債権です。

損益計算書の表示

営業債権と営業外債権について、次の表のように貸倒引当金繰入が計算された場合を考えます。

債権の種類	勘定科目	貸倒引当金繰入			表示区分
		個別評価	一括評価	合計	
営業債権	受取手形	—	4,000	58,000	販売費及び一般管理費
	売掛金	50,000	4,000		
営業外債権	短期貸付金	—	2,000	8,000	営業外費用
	長期貸付金	—	6,000		

貸倒引当金繰入は、損益計算書では次のようになります。なお、一括評価による貸倒引当金繰入と個別評価による貸倒引当金繰入は区別せず、合計して表示します。

〈損益計算書の一部〉
I 売上高
II 売上原価
III 販売費及び一般管理費
　1. 給料　　　　　　　　　　600,000
　2. 貸倒引当金繰入　　　　　 58,000 ●――― 営業債権の貸倒引当金繰入
　3. 減価償却費　　　　　　　120,000
IV 営業外収益
V 営業外費用
　1. 支払利息　　　　　　　　 24,000
　2. 貸倒引当金繰入　　　　　　8,000 ●――― 営業外債権の貸倒引当金繰入

貸借対照表の表示

営業債権と営業外債権について、次の表のように貸倒引当金が設定されていた場合を考えます。

債権の種類	勘定科目	残高	貸倒引当金（貸倒実績率）		
			個別評価 （50%）	一括評価 （4%）	合計
営業債権	受取手形	100,000	—	4,000	4,000
	売掛金	100,000	50,000	—	54,000
		100,000	—	4,000	
営業外債権	短期貸付金	50,000	—	2,000	2,000
	長期貸付金	150,000	—	6,000	6,000

貸倒引当金は、原則として各勘定科目から控除（マイナス）して表示しますので、貸借対照表は次のようになります。なお、個別評価による貸倒引当金と一括評価による貸倒引当金は区別せずに、合計して表示します。短期貸付金と長期貸付金についてはP.320参照。

〈貸借対照表の一部〉
資産の部
Ⅰ流動資産

1. 現金預金		216,000
2. 受取手形	100,000	
貸倒引当金	△ 4,000	96,000
3. 売掛金	200,000	
貸倒引当金	△ 54,000	146,000
4. 商品		60,000
5. 短期貸付金	50,000	
貸倒引当金	△ 2,000	48,000
6. 前払費用		2,000
流動資産合計		568,000

Ⅱ固定資産

1. 建物	400,000	
減価償却累計額	△ 280,000	120,000
2. ソフトウェア		80,000
3. 投資有価証券		115,000
4. 長期貸付金	150,000	
貸倒引当金	△ 6,000	144,000
固定資産合計		459,000
資産合計		1,027,000

営業債権の貸倒引当金

営業外債権の貸倒引当金

営業外債権（長期貸付金）の貸倒引当金

商品保証引当金・製品保証引当金

　　商品の保証は、商品に付属している無料保証（品質保証）と、お店が追加
料金を受け取って保証期間を延ばす有償保証（延長保証）の2種類があります。

1　保証を付けて商品を売ったときの仕訳

❶ 商品を売ったので、売上が増える。

　　　　　　　　/ 売上 30,000

❷ 延長保証を行ったので、契約負債が増える。右に書く。

　　　　　　　　| 売上　　　30,000
　　　　　　　　| 契約負債　 2,000

❸ 現金が増えるので、左に書く。

　　現金 32,000 | 売上　　　30,000
　　　　　　　　| 契約負債　 2,000

2　決算：商品保証引当金の決算整理仕訳

無料保証について、決算で商品保証引当金を積み立てる。

　　商品保証引当金繰入 500 / 商品保証引当金 500

3　翌期：修理代を保証したときの仕訳

商品保証引当金を取り崩すので、左に書く。現金が減るので、右に書く。

　　商品保証引当金 500 / 現金 500

4　翌々期の決算：延長保証の取り崩しの仕訳

延長保証を使用していないので、契約負債を取り崩し、売上を増やす。使用しなかった1年分を取り崩す。

　　2,000÷2年＝1,000

　　契約負債 1,000 / 売上 1,000

商品保証引当金とは

電化製品には修理の保証が付くことがあります。お店（または製造元）が負担する修理代を商品保証費といいます。保証には、商品に付属している1年間程度の無料保証（品質保証）と追加料金を受け取って保証期間を延ばす有償保証（延長保証）の2種類があります。

無料保証（品質保証）については 2 決算のタイミングで翌期の商品の保証に備えて、商品保証引当金を積み立てます。商品保証引当金繰入とは、商品保証引当金の当期の積み立て額のことです。 2 と 3 の仕訳を書きます。

有償保証（延長保証）については 1 で契約負債に計上し、使わなかった分は対象期間に応じて取り崩します（ 4 で取り崩し）。契約負債とは、契約によって将来保証する義務があるサービスの代金を前受けした金額です。

1 保証を付けて商品を売ったときの仕訳

購入後1年間は無料保証が付き、2～3年後は2,000円で延長保証が付いています。無料保証については 2 で商品保証引当金を積み立てます。延長保証については 1 で契約負債を計上します。

4 のように延長保証期間中に修理が行われなかった場合は契約負債を取り崩し、売上を計上します。延長保証の代金を受け取っていますが、修理を行わなかったので、当社の利益となるため、売上に計上します。

豆知識 **製品保証引当金**

製造業のときは、製品保証引当金を使います。仕訳は商品保証引当金と同じです。

🐾 **まとめ** 🐾

1 保証を付けて商品を売った　　　　　現金 32,000 ／売上　　 30,000
　 ときの仕訳　　　　　　　　　　　　　　　　 ／契約負債　2,000

2 決算：商品保証引当金の決算整理仕訳
　　　　　　　商品保証引当金繰入 500 ／ 商品保証引当金 500

3 翌期：修理代を保証したときの仕訳　商品保証引当金 500 ／ 現金 500

4 翌々期の決算：延長保証の取り崩しの仕訳
　　　　　　　　　　　　　　 契約負債 1,000 ／ 売上 1,000

重要度 ★★

固定資産の修繕引当金

　翌期以降に修繕が予定されている場合、決算のときに修繕引当金を積み立てます。

1 決算：修繕引当金の決算整理仕訳

❶ 修繕引当金を積み立てるので、修繕引当金が増える。右に書く。

　　　　　　　/ 修繕引当金 100

❷ 修繕引当金繰入が増えるので、左に書く。

　修繕引当金繰入 100 / 修繕引当金 100

2-1 3年後：修繕したときの仕訳

❶ 修繕引当金を取り崩す。修繕引当金が減るので、左に書く。

　修繕引当金 300 /

❷ 現金で支払ったので、現金が減る。右に書く。

　修繕引当金 300 / 現金 300

修繕引当金のポイント

修繕引当金とは、翌期以降の修繕に備えて、引当金を積み立てることです。修繕引当金は 負債 の勘定科目です。修繕引当金繰入とは、修繕引当金の当期の積み立て額のことです。修繕引当金繰入は 費用 の勘定科目です。

修繕引当金と修繕引当金繰入は、特別修繕引当金と特別修繕引当金繰入という勘定科目が使われることがあります。どちらを使うのかは問題文の指示に従いましょう。

修繕引当金が足りない場合

修繕引当金が足りない部分については、修繕費を使います。

3年後
えっ
天井こわれてたので400円かかりました
400

2-2 3年後：修繕したときの仕訳

❶ 修繕引当金を取り崩す。修繕引当金が減るので、左に書く。
修繕引当金 300 /

❷ 足りない分は、修繕費を増やす。
修繕引当金 300 /
修繕費　　100 /

❸ 現金で支払ったので、現金が減る。右に書く。
修繕引当金 300 / 現金 400
修繕費　　100 /

☆ まとめ ☆

1 決算：修繕引当金の決算整理仕訳
修繕引当金繰入 100 / 修繕引当金 100

2-1 3年後：修繕したときの仕訳（修繕引当金が足りる場合）
修繕引当金 300 / 現金 300

2-2 3年後：修繕したときの仕訳（修繕引当金が足りない場合）
修繕引当金 300 / 現金 400
修繕費　　100 /

Chapter08-06

賞与引当金

翌期の賞与の支払いに備えて、決算のときに賞与引当金を積み立てます。

賞与を支払ったときの仕訳

賞与が増えるので、左に書く。
現金が減るので、右に書く。
賞与 2,000 / 現金 2,000

1 決算：賞与引当金の決算整理仕訳

❶ 翌期に支給する賞与1,200円のうち、当期の分1,000円は賞与引当金を積み立てる。賞与引当金が増えるので、右に書く。

/ 賞与引当金 1,000

❷ 賞与引当金繰入が増えるので、左に書く。

賞与引当金繰入 1,000 / 賞与引当金 1,000

2 翌期：賞与を支払ったときの仕訳

❶ 現金が減ったので、右に書く。

/ 現金 1,200

❷ 賞与引当金を取り崩すので、左に書く。
賞与引当金 1,000 / 現金 1,200

❸ 当期の分200円は賞与を使う。賞与が増えるので、左に書く。
1,200－1,000＝200
賞与引当金 1,000 / 現金 1,200
賞与　　　　200 /

212

賞与引当金とは

賞与とは会社が従業員に支給するボーナスのことです。賞与は 費用 の勘定科目です。賞与引当金とは、翌期の賞与の支払いに備え、引当金を積み立てることです。賞与引当金は 負債 の勘定科目です。賞与引当金繰入とは、賞与引当金の当期の積み立て額のことです。

賞与は会社ごとに対象期間や支給日が違います。今回の例では、冬季と夏季の賞与を次の条件で支払っています。

	対象期間	支給日
冬季の賞与	X1年 5月～X1年10月	X1年12月末
夏季の賞与	X1年11月～X2年 4月	X2年 6月末

冬季の賞与 5月～10月分の賞与2,000円を12月末に支給。

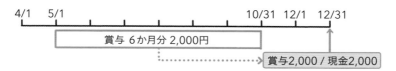

夏季の賞与 11月～4月分の賞与1,200円を6月末に支給。途中、決算をはさむため、決算整理仕訳も書きます。

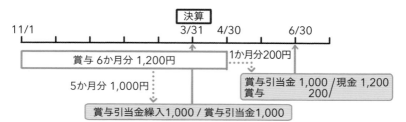

> 🐾 **まとめ** 🐾
>
> 1. 決算：賞与引当金の決算整理仕訳
>
>   賞与引当金繰入 1,000 / 賞与引当金 1,000
>
> 2. 翌期：賞与を支払ったときの仕訳　　賞与引当金 1,000 /現金 1,200
>
>   賞与　　　　 200/

退職給付引当金
たいしょくきゅうふひきあてきん

退職金の制度がある会社では、退職までの間に毎年少しずつ引当金を積み立てます。そして、退職金を支払うときに、引当金を取り崩します。

1 決算：退職給付引当金の決算整理仕訳

❶ 退職給付引当金を積み立てるので、退職給付引当金が増える。右に書く。

／ 退職給付引当金 10

❷ 退職給付費用が増えるので、左に書く。

退職給付費用 10 ／ 退職給付引当金 10

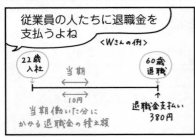

2 退職金を支払ったときの仕訳

❶ 現金を支払ったので、現金が減る。右に書く。

／ 現金 380

❷ 退職給付引当金を取り崩すので、退職給付引当金を減らす。左に書く。

退職給付引当金 380 ／ 現金 380

退職給付引当金とは

退職給付引当金とは、将来の退職金支払いに対して、引当金を積み立てることです。退職給付引当金は 負債 の勘定科目です。

退職給付費用とは、退職給付引当金の当期の積み立て額のことです。退職給付費用は 費用 の勘定科目です。他の引当金のように「退職給付引当金繰入」ではないので注意が必要です。

退職給付引当金のポイント

入社～退職 毎年、決算時に退職給付引当金を積み立てます。

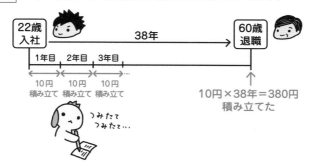

退職したとき 退職給付引当金を取り崩して、退職金を支払います。

まとめ

1 決算：退職給付引当金の決算整理仕訳

退職給付費用 10 / 退職給付引当金 10

2 退職金を支払ったときの仕訳　　　退職給付引当金 380 / 現金 380

退職給付は、年金の種類、支給方法、積立方法で分けることができます。

年金の種類	支給方法	積立方法	試験範囲
確定給付制度	退職一時金	内部積立方式	簿記2級
	確定給付企業年金	外部積立方式	簿記2級
確定拠出制度	企業型確定拠出年金	外部積立方式（従業員運用）	簿記1級

簿記2級の試験では基本的にChapter08-07で学習したような、支給方法や積立方式の違いを知らなくても解ける問題が出題されます。最近の試験で例題1〜3のような問題が出題されたため、ここで詳しく説明しますが、難しい内容ですので余裕がない人は飛ばして構いません。また、簿記1級の内容の説明は省略します。

●**確定給付制度**
確定給付制度とは、従業員が受け取ることのできる退職金の給付額が決まっている制度です。会社は退職給付のためのお金（掛金）を積み立てて、退職金の原資とします。給付額が固定されているので、確定給付制度と呼びます。

●**退職一時金と確定給付企業年金**
退職給付の支給方法には、退職一時金と確定給付企業年金（企業年金）の2種類があります。退職時に一括で支給されるのが退職一時金で、いわゆる「退職金」と呼ばれるものです。従業員が退職した後に毎月受け取ることができるのが企業年金で、いわゆる「年金」と呼ばれるものです。

●**内部積立方式と外部積立方式**
退職給付の積立方式には、内部積立方式と外部積立方式の2種類があります。退職給付のために貯めている原資を当社の内部で運用するのが内部積立方式、外部の運用会社に依頼するのが外部積立方式です。

●**内部積立方式（退職一時金）の仕訳**
Chapter08-07で学習した仕訳が、内部積立方式（退職一時金）の仕訳です。

●**外部積立方式（確定給付企業年金）の仕訳**
外部積立方式（確定給付企業年金）の場合、①年金資産、②退職給付債務、③退職給付引当金という3つの用語を理解することが重要になります。

①**年金資産**
当社が従業員の年金のために貯めている原資を年金資産といいます。また、当社が掛金を運用会社に積み立てることを掛金の拠出といい、掛金の拠出を行うことで年金資

産が増加します。年金資産は運用会社で記録されており、当社の貸借対照表の資産に表示される勘定科目ではありません。

②退職給付債務

当社が従業員に対して将来の退職給付をいくら支払うのか見積もった金額を退職給付債務といいます。当社は退職給付債務の金額の計算を行いますが、当社の貸借対照表の負債に表示される勘定科目ではありません。

③退職給付引当金

外部積立方式の場合、退職給付引当金は、①年金資産と②退職給付債務の差額で計算します。退職給付引当金は貸借対照表の負債に表示される勘定科目です。

---

②退職給付債務 − ①年金資産 ＝ ③退職給付引当金

例題1 掛金の拠出

当社は将来の退職給付の支給に備えるため、外部積立方式による年金制度を設定している。本日、外部の運用会社に当座預金 ￥800を掛金として拠出した。

仕訳 **退職給付引当金800 / 当座預金800**

解説 外部積立方式の場合、❶年金資産の増加と❷退職給付債務の増減を計算し、最後に差額で❸退職給付引当金を計算して仕訳を書きます。

❶ 掛金の拠出によって、年金資産が800増える。

❷ 掛金の拠出によって、退職給付債務は変わらない。

❸ 退職給付引当金は、❷退職給付債務0 − ❶年金資産800 ＝ △800と計算できる。△800はマイナスなので、負債である退職給付引当金が減るため、左側（借方）に「退職給付引当金」と書く。

例題2 退職給付を支給したとき

当社は将来の退職給付の支給に備えるため、外部積立方式による年金制度を設定している。本日、外部の運用会社から退職金 ￥500が支払われた。

仕訳 **仕訳なし**

解説 外部積立方式の場合、外部の運用会社が退職金を支払います。当社はお金を支払っていないので、現金や当座預金は減りません。また、退職給付引当金については次のように考えます。

❶ 外部の運用会社では、退職金を支払ったことで記録されている年金資産が500減る。

❷ 同時に退職金として支払うべき退職給付債務が500減る。

❸ 退職給付引当金は、❷退職給付債務△500 − ❶年金資産△500 ＝ 0となり、退職給付引当金の増減はゼロとなる。よって「仕訳なし」が解答となる。

例題3 退職給付引当金の決算整理仕訳

従業員に対する退職給付を見積もった結果、当期の負担に属する金額は ￥200と計算されたので、引当金として計上する。

仕訳 **退職給付費用200 / 退職給付引当金200**

解説 毎期末に、運用会社から年金資産の見積額が通知され、また、当社で退職給付債務の見積りを行います。問題文「当期の負担に属する金額」が、年金資産と退職給付債務の差額を指しており、退職給付引当金を増やす仕訳を書きます。

問題1、問題3から問題6の取引について仕訳しなさい。ただし、勘定科目は、次の中から最も適当と思われるものを選びなさい。

現　　金	当座預金	貸倒引当金	貸倒引当金繰入
未払金	修　繕　費	修繕引当金	修繕引当金繰入
賞　　与	商品保証費	賞与引当金	賞与引当金繰入
契約資産	契約負債	商品保証引当金	商品保証引当金繰入
預り金	退職給付費用	退職給付引当金	退職給付引当金繰入

また、問題2に答えなさい。

問題1　　　　　　　　　　　　　　　　　　　　　　　　　　　P.204

決算において、受取手形残高 ¥34,000、売掛金残高 ¥39,500、貸倒引当金残高 ¥1,500であった。得意先F社に対する売掛金 ¥4,500については、債権額から担保処分見込額 ¥2,000を控除した残額の50%の金額を貸倒引当金として設定することにした。その他の売上債権については、貸倒実績率3%として貸倒引当金を差額補充法により設定する。

問題2　　　　　　　　　　　　　　　　　　　　　　　　　　　P.206

期末における債権及び貸倒引当金の残高は次のとおりであった。

　　受取手形　¥250,000　　　貸倒引当金（流動資産）¥10,000
　　売掛金　　¥450,000　　　貸倒引当金（固定資産）¥20,000
　　長期貸付金 ¥1,000,000

営業債権については、貸倒実績率2%にもとづき、それ以外の債権については、貸倒実績率3%にもとづき貸倒引当金を差額補充法により設定している。決算整理後における次の空欄ア～エの金額を答えよ。

貸倒引当金（流動資産）	（　　ア　　）円
貸倒引当金（固定資産）	（　　イ　　）円
貸倒引当金繰入（販売費及び一般管理費）	（　　ウ　　）円
貸倒引当金繰入（営業外費用）	（　　エ　　）円

問題3　　　　　　　　　　　　　　　　　　　　　　　　　　　P.210

当期首に営業用建物の修繕を行い、代金 ¥600,000は月末に支払うこととした。修繕引当金の残高は ¥500,000である。

問題4　P.212

次の一連の取引（1）（2）について仕訳しなさい。

（1） X2年3月31日、決算整理仕訳を行う。翌年度のX2年6月20日における従業員に対する賞与の支給額（対象期間X1年12月からX2年5月の6か月分）は￥1,500,000と見積もられたため、当期の負担分（X1年12月からX2年3月の4か月分）￥1,000,000を賞与引当金に計上した。当社の決算日は年1回、3月31日である。

（2） X2年6月20日、従業員の賞与￥1,500,000（前期末に賞与引当金￥1,000,000を計上している）に対して、源泉所得税等の預り金￥225,000を差し引き、残額を現金で支払った。

問題5　P.214

決算において、退職給付引当金への当期繰入額は￥40,000である。

問題6　P.208

前期に1年間の品質保証を付けて販売した商品について無償修理の依頼があり、修理業者に修理を依頼し、代金￥75,000は現金で支払った。なお、前期末に計上した商品保証引当金の残高は￥80,000であった。

解説・解答

問題1

❶ 下書きを書く。F社に対する売掛金について個別評価の貸倒引当金を計算する。受取手形と売掛金（F社に対する売掛金を除く）について一括評価の貸倒引当金を計算する。

```
個別　F社売掛金　（4,500－2,000）×50％＝1,250 ⎫
一括　売掛金　　（39,500－4,500）×3％＝1,050 ⎬ 3,320
　　　受取手形　34,000×3％＝1,020 　　　　　⎭
　　　　　　　　　　　　　　＋1,820
貸倒引当金　1,500 ──────→ 3,320
```

❷ 貸倒引当金の決算整理仕訳を書く。

貸倒引当金繰入1,820 / 貸倒引当金1,820

| 貸倒引当金繰入 | 1,820 | 貸倒引当金 | 1,820 |

問題2

貸倒引当金は営業債権とそれ以外の債権で、損益計算書と貸借対照表の表示区分が変わることを理解しておこう。

①営業債権（受取手形・売掛金）について

貸倒引当金（流動資産）（250,000 + 450,000）× 2% = 14,000 … （ア）

貸倒引当金繰入（販売費及び一般管理費）　14,000 − 10,000 = 4,000 … （ウ）

②それ以外の債権（長期貸付金）について

貸倒引当金（固定資産）　1,000,000 × 3% = 30,000 … （イ）

貸倒引当金繰入（営業外費用）　30,000 − 20,000 = 10,000 … （エ）

 解答

ア	14,000	イ	30,000	ウ	4,000	エ	10,000

問題3

❶修繕の代金は月末に支払うので、未払金を使う。未払金が増えるので、右に書く。

/ 未払金 600,000

❷修繕を行ったので、修繕引当金をすべて取り崩す。左に書く。

修繕引当金 500,000 / 未払金 600,000

❸足りない金額は、修繕費を増やす。左に書く。

修繕引当金 500,000 / 未払金 600,000
修繕費　　100,000 /

 解答

修繕引当金	500,000	未　払　金	600,000
修　繕　費	100,000		

問題4

（1）

❶下書きを書く。

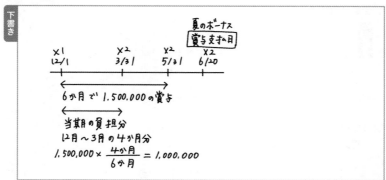

❷賞与引当金の決算整理仕訳を書く。

賞与引当金繰入 1,000,000 / 賞与引当金 1,000,000

賞与引当金繰入	1,000,000	賞 与 引 当 金	1,000,000

(2)

❶賞与引当金を取り崩すので、左に書く。

賞与引当金 1,000,000 /

❷残りは当期分なので賞与を使う。賞与が増えるので、左に書く。

賞与引当金 1,000,000 /
賞与　　　 500,000 /

❸賞与の源泉所得税等は預り金を使う。預り金が増えるので、右に書く。

賞与引当金 1,000,000 / 預り金 225,000
賞与　　　 500,000 /

❹現金で支払ったので、現金が減る。右に書く。

1,500,000 − 225,000 = 1,275,000

賞与引当金 1,000,000 / 預り金　 225,000
賞与　　　 500,000 / 現金　 1,275,000

賞与引当金	1,000,000	預 り 金	225,000
賞　　　与	500,000	現　　　金	1,275,000

問題5

❶退職給付引当金が増えるので、右に書く。

/ 退職給付引当金 40,000

❷退職給付引当金の場合、退職給付費用を使う。退職給付費用が増えるので、左に書く。

退職給付費用 40,000 / 退職給付引当金 40,000

退 職 給 付 費 用	40,000	退職給付引当金	40,000

問題6

❶現金で支払ったので、現金が減る。右に書く。

/ 現金 75,000

❷ 1年間の品質保証の対象なので、商品保証引当金を取り崩す。左に書く。

商品保証引当金 75,000 / 現金 75,000

商品保証引当金	75,000	現　　　　金	75,000

役員への報酬や賞与

役員とは、取締役、監査役などの会社法で決められている会社の責任者のことをいいます。従業員とは違い、誰が役員になるのかについては株主総会で決定します。

役員報酬とは、役員に対して支払う給料のことです。役員賞与とは、会社が役員に対して支給するボーナスのことです。どちらも 費用 の勘定科目です。役員賞与引当金とは、翌期の役員賞与の支払いに備えて、引当金を積み立てることです。 負債 の勘定科目です。役員賞与引当金繰入とは、役員賞与引当金の当期の積み立て額のことです。 費用 の勘定科目です。P.212の賞与と同じ設定の場合、仕訳は次のようになります。

決算：役員賞与引当金の決算整理仕訳

    役員賞与引当金繰入 1,000 / 役員賞与引当金 1,000

翌期：役員賞与を支払ったときの仕訳

    役員賞与引当金 1,000 / 現金 1,200
    役員賞与   200 /

Chapter09
純資産

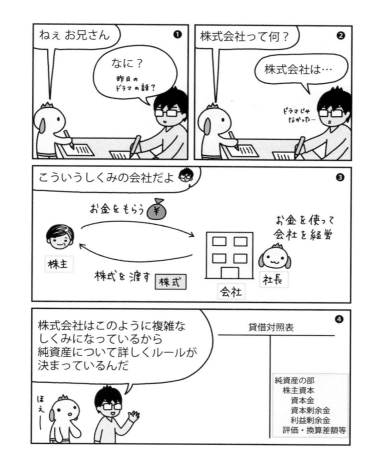

純資産とは

まずは純資産の全体像を把握しましょう。

純資産とは

純資産とは資産と負債の差額です。

純資産は、株主資本と評価・換算差額等に分かれます。株主資本はさらに資本金、資本剰余金、利益剰余金に区分されます。資本剰余金に資本準備金、その他資本剰余金が含まれ、利益剰余金に利益準備金、任意積立金、繰越利益剰余金が含まれます。

株主資本	資本金		設立・増資のときに資本金として決めた金額
	資本剰余金	資本準備金	設立・増資のときに資本金としなかった金額
		その他資本剰余金	資本剰余金のうち資本準備金以外のもの
	利益剰余金	利益準備金	会社法で積み立てが必要なもの
		任意積立金	会社が独自に積み立てたもの 新築積立金、修繕積立金、配当平均積立金、別途積立金などがある 詳細はP.233参照
		繰越利益剰余金	配当や処分が確定していない、会社がこれまで獲得した利益の蓄積
評価・換算差額等	その他有価証券評価差額金		その他有価証券の時価評価の差額 詳細はP.186参照

資本金と資本剰余金は、会社の設立や増資をするときに増えます。利益剰余金は、会社が当期純利益を出したときに増え、配当したときなどに減ります。資本金、資本剰余金、利益剰余金は、このような違いにより分けられています。

資本金と資本準備金の違い

　資本金と資本準備金は、どちらも会社の設立や増資をするときに計上されますが、いくら計上するかは、会社法で決められた範囲内であれば、会社が自由に決めることができます。

　資本金は会社の規模を表す指標として利用されます。資本金の金額は、会社外部の人が簡単に知ることができ、資本金の金額が減ると会社の規模が小さくなった印象を与えてしまいます。

　一方、資本準備金の金額は、会社外部の人は簡単に知ることができないため、金額を減らしやすいです。したがって、会社は設立や増資のときに資本準備金を計上しておき、繰越欠損金の填補（P.236）などに使うことが多いのです。

　このように、会社は資本金と資本準備金を使い分けています。

財務諸表との関係

　純資産の当期末残高については、貸借対照表の純資産の部に表示されます。貸借対照表の書き方はChapter13-03で学習します。

　純資産の当期の増加額と減少額については、株主資本等変動計算書に表示されます。また、株主資本等変動計算書の当期末残高は、貸借対照表の純資産の部の残高と一致します。株主資本等変動計算書の書き方はChapter13-04で学習します。

貸借対照表

資産	負債
	純資産 資本金　　10,000 資本準備金 4,000 利益準備金 7,000

株主資本等変動計算書

	株主資本		
	資本金	資本準備金	利益準備金
当期首残高	10,000	5,000	5,000
当期変動額	−	△1,000	2,000
当期末残高	10,000	4,000	7,000

一致する

株式会社の設立

　株式会社を作ることを株式会社の設立といいます。ここでは、株式会社の設立について、見ていきましょう。

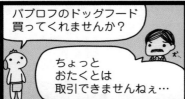

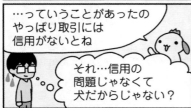

株式会社を設立したときの仕訳

❶ 株式会社の設立によって株式を発行したので、資本金が増える。資本金は純資産（ホームポジション右）なので、増えるときは右に書く。資本金とするのは、払込金額の半分の2,500。

　　　　　　　　　／ 資本金　　　2,500

❷ 資本準備金が増える。資本準備金は純資産（ホームポジション右）なので、増えるときは右に書く。資本準備金とするのは、払込金額の半分の2,500。

　　　　　　　　／ 資本金　　　　2,500
　　　　　　　　／ 資本準備金 2,500

❸ 会社の当座預金が増えるので、左に書く。

　　当座預金 5,000／ 資本金　　　　2,500
　　　　　　　　　／ 資本準備金 2,500

株式会社の設立のポイント

　株式会社の設立については、会社法という法律でルールが決まっています。株式会社を設立したときには、株主が銀行に振り込んだ金額の全額または一定額を資本金として処理する必要があります。株主が銀行に払い込んだ金額を払込金額といいます。

株式会社を設立したときの仕訳

　株式会社の設立の仕訳は、原則処理と容認処理の2種類があります。簿記2級では設立の容認処理の仕訳を学習します。容認処理の場合には、問題文で「払込金額のうち会社法で認められている最低額（最低限度額）を資本金とする」という指示があります。最低額（最低限度額）とは、払込金額の半分を指します。

	処理方法	仕訳
原則処理 （簿記3級）	全額を資本金とする	当座預金 5,000 / 資本金 5,000
容認処理 （簿記2級）	最低でも半分を資本金とし、残額を資本準備金とする	当座預金 5,000 / 資本金　　　 2,500 / 資本準備金 2,500

創立費と開業費

　創立費とは、株主募集の広告費や定款（会社のルールを定めた文書）の作成費用など、会社の設立準備や設立にかかった諸費用のことをいいます。創立費は 費用 の勘定科目です。

仕訳　**創立費 200 / 現金 200**

　開業費とは、会社設立後から営業開始までにかかった開業準備のための諸費用のことをいいます。開業費は 費用 の勘定科目です。

仕訳　**開業費 100 / 現金 100**

まとめ

株式会社を設立したときの仕訳	当座預金 5,000 / 資本金　　　 2,500 / 資本準備金 2,500

最近の試験では、株式会社の設立時に発行する株式数について、特別な指示がある問題がたまに出題されるようになりました。細かい内容ですので、余裕がない方は飛ばしても構いません。

●株式会社と株主と株主総会

株式会社とは会社の形態の一つです。会社は資金を集めるさいに**株式**を発行します。会社へ資金を提供した人は、株式を受け取り**株主**となります。株式とは、株主が会社へ資金を提供したことを表す券です。

会社が株式を発行して集めた資金、言い換えると、株主が会社へ資金を提供した金額のことを**払込金額（払込金）**といいます。株主は会社へ資金を提供しているので、会社の持ち主であり、会社に関する重要な決定（経営者の選任、増資の決定など）に参加できます。また、株主が集まって、会社に関する重要な決定を行う会議のことを**株主総会**といいます。株主は株主総会で重要な決定を行いますが、日々の会社の経営については、経営者（代表取締役、社長）に任せます。

●公開会社と非公開会社

基本的に株主は、株式を自由なタイミングで売る（譲渡する）ことができます。しかし、株式会社では株主の影響力がとても大きいため、株主が頻繁に変わると会社の安定した運営に影響が出てきます。そのため、株式会社において「誰が株主になるのか」は重要な事項です。

株式会社で「誰が株主になるのか」を管理したい場合、「株式を譲渡するさいに会社の承認が必要」というルールを定めることができます。このルールは「株式の譲渡制限」と呼ばれ、定款に書かれます。株式の譲渡制限を定めた会社のことを**非公開会社**といい、株式の譲渡制限を定めていない会社のことを**公開会社**といいます。

参考 **上場会社と非上場会社**

上場会社とは、金融商品取引所（東京証券取引所など）に株式を上場している会社のこと。上場とは、会社が発行する株式を証券取引所で売買できるように、証券取引所が資格を与えることです。株式の売買を自由に行うことが条件となるため、非公開会社は上場することができません。日本で上場している会社は約3,900社で、残り約230万社が非上場会社です。

●公開会社の発行可能株式総数と発行済株式総数

発行可能株式総数とは、会社が発行できる株式の総数の上限のことです。発行可能株式総数は会社を設立するさいに決め、定款に書いておく必要があります。**発行済株式総数**とは、実際に会社が発行している株式の総数のことです。公開会社の場合「発行可能株式総数は発行済株式総数の4倍が上限」と会社法で規定されています。

発行済株式総数 100株 $\xrightarrow{\times 4}$ 発行可能株式総数 400株が上限

ここまで理解できたところで、視点を変えてみましょう。会社を設立するさいに発行

可能株式総数を1,000株と決めた場合、最低何株の株式を発行しなければならないでしょうか。

発行済株式総数？株 $\xrightarrow{\times 4}$ 発行可能株式総数1,000株

発行可能株式総数1,000株÷4＝250株が最低の株式数となります。発行可能株式総数を1,000株と決めた場合、会社を設立するさいに250株以上の株式を発行しなければいけないことがわかります。

発行済株式総数 250株 $\xleftarrow{\div 4}$ 発行可能株式総数 1,000株

例題 公開会社である当社の会社設立にあたり、定款において定めた発行可能株式総数10,000株のうち、会社法が定める最低限の株式数の普通株式を1株につき￥600で発行し、払込金はすべて当座預金とした。なお、会社法が定める最低限度額を資本金とした。

仕訳 **当座預金 1,500,000 ／ 資本金 　　 750,000**
**　　　　　　　　　　　 ／ 資本準備金 750,000**

解説 発行済株式総数は、発行可能株式総数10,000株のうち最低限の株式数なので、次の計算となる。

　発行済株式総数　10,000株÷4＝2,500株

1株@￥600の株式を2,500株発行するので、次の計算となる。

　払込金　@￥600×2,500株＝￥1,500,000

会社法が定める最低限度額は払込金の2分の1なので、2分の1を資本金に、残りを資本準備金にする。

　資本金　　　　￥1,500,000÷2＝￥750,000
　資本準備金　　￥1,500,000÷2＝￥750,000

会社のお金が足りない場合、新しく株主を募集して、資金を集めることがあります。これを増資といいます。

1 増資用の口座に振り込まれたときの仕訳

❶ まだ増資の手続きが終わっていないので、別段預金を使う。別段預金が増えるので、左に書く。
別段預金 2,000 /

❷ 株式申込証拠金が増える。株式申込証拠金は純資産（ホームポジション右）なので、増えるときは右に書く。
別段預金 2,000 / 株式申込証拠金 2,000

2 増資の払込期日の仕訳

❶ 払込期日になると増資の手続きが終わるので、別段預金から当座預金に振り替える。
当座預金 2,000 / 別段預金 2,000

❷ 株式申込証拠金を資本金と資本準備金に振り替える。
当座預金 2,000 / 別段預金 2,000
株式申込証拠金 2,000 / 資本金　　1,000
　　　　　　　　/ 資本準備金 1,000

増資のポイント

会社設立後に、新しい株式を発行して資本金を増やすことを増資といいます。株式会社の設立と同じように、株主が銀行に振り込んだ金額の全額または一定額を資本金として処理する必要があります。

1 増資用の口座に振り込まれたときの仕訳

申込期間中は、まだ株主として確定していないため、当座預金や資本金で仕訳を行うことができません。一時的に別段預金と株式申込証拠金を使って仕訳を行います。別段預金と株式申込証拠金は、株式申込から払込期日の間に一時的に使用する勘定科目です。別段預金は 資産 の勘定科目です。株式申込証拠金が 純資産 の勘定科目です。

豆知識 まとめて仕訳を書く場合

問題文に「増資を行うため、新株を発行し、全額払込みを受け、払込金は全額当座預金とした」という指示があった場合、口座への振込日と払込期日が同日と考え、1 と 2 を合わせて、次のように仕訳を書くこともあります。

当座預金 2,000 / 資本金　　 1,000
　　　　　　／ 資本準備金 1,000

株式交付費

株式交付費とは、株主募集の広告費や証券会社への手数料など、増資したときにかかった諸費用のことをいいます。株式交付費は 費用 の勘定科目です。

仕訳 **株式交付費 100 / 現金 100**

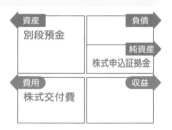

まとめ

1 増資用の口座に振り込まれたときの仕訳

　　　　　　　　別段預金 2,000 / 株式申込証拠金 2,000

2 増資の払込期日の仕訳　　当座預金 2,000 / 別段預金 2,000

　　　　　　　　株式申込証拠金 2,000 ／資本金　　　 1,000
　　　　　　　　　　　　　　　　　／資本準備金 1,000

重要度 ★★★

剰余金の配当と処分

繰越利益剰余金やその他資本剰余金について、配当や処分をするときの仕訳を見ていきましょう。

剰余金の配当と処分とは

剰余金の処分とは、会社の剰余金を減少させて何かに使うことをいいます。剰余金の処分のうち、株主に対して剰余金を配分することを配当といいます。

どのように剰余金の配当や処分を行うかについては、株主総会で決定します。株主総会とは、株主が集まり重要な決定をする会議です。

繰越利益剰余金の配当と処分

繰越利益剰余金は、当期純利益が計上されると増えるため、会社の利益の累計額といえます。この利益の累計額を株主に配当したり、会社のために積立金として使用します。配当や積立金として使用すると繰越利益剰余金が減ります。繰越利益剰余金は 純資産 の勘定科目です。

株主総会で決定した配当金は、後日支払うので、未払配当金に計上します。未払配当金は 負債 の勘定科目です。

株主としては多くの配当金を受け取りたいと考え、株主総会で当期純利益の全額を配当して欲しいです。一方、当社にお金を貸している銀行などの債権者は全額を配当するのではなく、返済に必要なお金を残しておいて欲しいです。株主から債権者を保護するために、会社法で配当に関する制限や準備金の積み立てに関する規定があるのです。

会社法の規定によって、繰越利益剰余金の配当を行う場合に利益準備金の積み立てが必要です。積み立てをする金額は、次の式で計算します。この式はよく使いますので覚えておきましょう。

> a. 資本金の4分の1まで準備金を積み立てる。
>
> **資本金の $\dfrac{1}{4}$ −（資本準備金＋利益準備金）**
>
> b. 配当金の10分の1を準備金に積み立てる。
>
> **配当金の $\dfrac{1}{10}$**
>
> 上記a.かb.のどちらか少ない方の金額を積み立てる。

任意積立金とは、株主総会の決議にしたがって将来のために積み立てる金額のことです。任意積立金は次のとおりです。すべて 純資産 の勘定科目です。

新築積立金	建物の建て替えなどのために積み立てられる。
配当平均積立金	将来の配当のために積み立てられる。
修繕積立金	建物などの修繕のために積み立てられる。
別途積立金	特に使途は決まっていないが将来何かに使うために積み立てられる。

繰越利益剰余金の配当と処分について、例題を使って見ていきましょう。

例題 株主総会で以下のように繰越利益剰余金の処分が行われた。なお、会社の資本金は¥1,000、資本準備金は¥200、利益準備金は¥40である。
- 配当金　　　　¥150
- 利益準備　　会社法の定める必要額
- 別途積立金　¥50

仕訳 繰越利益剰余金 210 ┃ 未払配当金　　　150
　　　　　　　　　　　　┃ 利益準備金　　　 10
　　　　　　　　　　　　┃ 別途積立金　　　 50

解説 次の❶〜❹の手順で仕訳を書きます。

❶ 株主に配当金を支払うことが確定したが、まだ支払っていないので、未払配当金を使います。未払配当金は負債（ホームポジション右）なので、増えるときは右に書きます。

／未払配当金 150

❷ 繰越利益剰余金の配当を行う場合、会社法で利益準備金を積み立てることが定められています。会社法の定める必要額を式に当てはめて計算します。

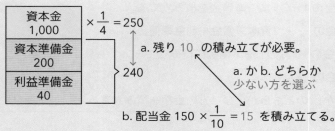

a. 資本金 $1,000 \times \dfrac{1}{4}$ −（資本準備金 200 ＋利益準備金 40）＝ 10

b. 配当金 $150 \times \dfrac{1}{10} = 15$

aとbでは、aの方が少ないので、aの10を積み立てます。利益準備金が増えるので、右に書きます。

未払配当金 150

利益準備金　10

❸別途積立金を積み立てるので、別途積立金が増えます。右に書きます。

未払配当金 150

利益準備金　10

別途積立金　50

❹繰越利益剰余金を処分したので、繰越利益剰余金が減ります。左に書きます。

$150 + 10 + 50 = 210$

繰越利益剰余金 210 ｜ 未払配当金 150

利益準備金　10

別途積立金　50

その他資本剰余金の配当と処分

　その他資本剰余金は、資本金や資本準備金の変動などがあった場合に発生します。その他資本剰余金も株主に配当することがあります。

　会社法に規定があるため、その他資本剰余金の配当を行う場合に資本準備金の積み立てが必要です。積み立てをする金額は、利益準備金の積み立ての式と同じ式で計算します。

　その他資本剰余金の配当と処分について、例題を使って見ていきましょう。

例題 株主総会で以下のようにその他資本剰余金の処分が行われた。なお、会社の資本金は￥1,000、資本準備金は￥100、利益準備金は￥40である。
- 配当金　　　￥150
- 資本準備金　会社法の定める必要額

仕訳 その他資本剰余金 165 ╱未払配当金 150
　　　　　　　　　　　　　╱資本準備金　15

解説 次の❶〜❸の手順で仕訳を書きます。

❶ 株主に配当金を支払うことが確定したが、まだ支払っていないので、未払配当金を使います。未払配当金が増えるので、右に書きます。

╱未払配当金 150

❷ その他資本剰余金の配当を行う場合、会社法で資本準備金を積み立てることが定められています。会社法の定める必要額を式に当てはめて計算します。

a. 資本金 $1,000 × \frac{1}{4}$ − (資本準備金 100 + 利益準備金 40) = 110

b. 配当金 $150 × \frac{1}{10}$ = 15

a と b では、b の方が少ないので、b の15を積み立てます。資本準備金が増えるので、右に書きます。

未払配当金 150
╱資本準備金　15

❸ その他資本剰余金を処分しているので、その他資本剰余金が減ります。左に書きます。

150 + 15 = 165
その他資本剰余金 165 ╱未払配当金 150
　　　　　　　　　　　　╱資本準備金　15

　繰越利益剰余金とその他資本剰余金の配当と処分が同時に行われる場合については、練習問題で説明しています。

🐾 まとめ 🐾

繰越利益剰余金の配当と処分の仕訳　繰越利益剰余金 210 ╱未払配当金 150
　　　　　　　　　　　　　　　　　　　　　　　　　╱利益準備金　10
　　　　　　　　　　　　　　　　　　　　　　　　　╱別途積立金　50

その他資本剰余金の配当と処分の仕訳
　　　　　　　　　　　その他資本剰余金 165 ╱未払配当金 150
　　　　　　　　　　　　　　　　　　　　　　╱資本準備金　15

株主資本の計数の変動

株主資本の中で勘定科目を振り替える場合について見ていきましょう。

計数の変動とは

株主資本のある勘定科目を減少させ、別の株主資本の勘定科目を増加させることを**計数の変動**といいます。

会社を大きく見せるために資本金を大きくしたいが、新株発行により株主を増やしたくない場合、資本準備金を資本金にすることがあります。

仕訳 **資本準備金 4,000 / 資本金 4,000**

長年の赤字によって繰越利益剰余金がマイナスとなってしまい、マイナスを解消するために、別途積立金や利益準備金などを減少させ繰越利益剰余金を増加させることがあります。これを**繰越欠損金の填補**といいます。

仕訳 **別途積立金 1,000 /繰越利益剰余金 3,000**
　　　利益準備金 2,000/

その他にも、株主総会で決議されればさまざまな株主資本の勘定科目を減少、増加させることができます。簿記の試験では問題文で指示がありますので指示に従って仕訳を書きましょう。

豆知識　**資本剰余金と利益剰余金の区分**

P.224で学習したように資本剰余金と利益剰余金は増加する原因が違うため、基本的に区分を超えることはできません。このため、問題文に具体的な指示がない限り、資本準備金を取り崩すときは、資本剰余金の中にある「その他資本剰余金」に振り替えます。また、利益準備金や別途積立金を取り崩すときは、利益剰余金の中にある「繰越利益剰余金」に振り替えます。

❀ まとめ ❀

資本準備金を資本金に振り替えたときの仕訳

資本準備金 4,000 / 資本金 4,000

繰越欠損金を填補したときの仕訳

別途積立金 1,000 /繰越利益剰余金 3,000
利益準備金 2,000/

練習問題　Chapter09 01-05

動画解説

問題1から問題6の取引について仕訳しなさい。ただし、勘定科目は、次の中から最も適当と思われるものを選びなさい。

現　　　金	普 通 預 金	当 座 預 金	その他資本剰余金
資 　本 　金	資本準備金	利益準備金	繰越利益剰余金
別 段 預 金	創 　立 　費	開 　業 　費	株式申込証拠金
別途積立金	支払手数料	未払配当金	株 式 交 付 費

問題1　　　　　　　　　　　　　　　　　　　　　　　　　P.226

会社の設立にあたり、発行可能株式総数12,000株のうち3,000株を1株あたり¥20,000で発行し、その全額について引受けと払込みを受け、払込金は当座預金とした。なお、会社法に規定する最低限度額を資本金として計上する。同時に、設立準備のために発起人が立て替えていた諸費用¥600,000を現金で支払った。

問題2　　　　　　　　　　　　　　　　　　　　　　　　　P.230

新株1,000株（1株の払込金額は¥24,000）を発行して増資を行うことになり、払い込まれた1,000株分の申込証拠金は別段預金に預け入れていたが、株式の払込期日となったので、申込証拠金を資本金に充当し、別段預金は当座預金に預け替えた。なお、資本金には会社法が規定する最低額を組み入れることとする。

問題3　　　　　　　　　　　　　　　　　　　　　　　　　P.230

新株1,000株を1株につき¥5,000で発行して増資を行い、全額の払込みを受け、払込金は当座預金とした。なお、会社法が定める最低限度額を資本金とした。同時に増資のために要した手数料¥400,000は現金で支払った。

問題4　　　　　　　　　　　　　　　　　　　　　　　　　P.232

定時株主総会を開催し、繰越利益剰余金の処分を次のとおり決定した。なお、純資産は、資本金¥20,000,000、資本準備金¥4,000,000、利益準備金¥900,000、繰越利益剰余金¥4,500,000であり、発行済株式総数は20,000株である。

　　株主配当金：1株につき¥100
　　利益準備金：会社法が定める金額
　　別途積立金：¥400,000

問題5
P.232、P.234

6月26日、定時株主総会を開催し、剰余金の配当および処分を次のように決定した。なお、当社の資本金は￥2,000,000、資本準備金は￥80,000、利益準備金は￥50,000である。

- 株主への配当金について、その他資本剰余金を財源として￥200,000、繰越利益剰余金を財源として￥600,000、合計￥800,000の配当を行う。
- 上記の配当に関連して、会社法が定める金額を準備金（資本準備金および利益準備金）として積み立てる。

問題6
P.236

株主総会の決議により、資本準備金￥100,000、その他資本剰余金￥120,000、繰越利益剰余金￥140,000を減少して資本金に組み入れた。

解説・解答

問題1

❶会社の設立によって株式を発行したので、資本金と資本準備金が増える。右に書く。問題文の「会社法に規定する最低限度額を資本金として計上した」とは、払込金の半分を資本金に計上し、残り半分を資本準備金に計上するということ。

払込金　@20,000×3,000株＝60,000,000
資本金　60,000,000×50％＝30,000,000
資本準備金　60,000,000×50％＝30,000,000

資本金　　　30,000,000
資本準備金　30,000,000

❷当座預金が増えるので、左に書く。

当座預金 60,000,000／資本金　　　30,000,000
　　　　　　　　　　　資本準備金 30,000,000

❸会社の設立準備にかかった費用は創立費を使う。創立費を現金で支払った仕訳を書く。

創立費 600,000／現金 600,000

当 座 預 金	60,000,000	資 本 金	30,000,000
		資本準備金	30,000,000
創 立 費	600,000	現 金	600,000

問題2

❶ 払込期日になると増資の手続きが終わるので、別段預金から当座預金に振り替える。

払込金　@24,000×1,000株＝24,000,000

当座預金 24,000,000 / 別段預金 24,000,000

❷ 株式申込証拠金を資本金と資本準備金に振り替える。問題文の「資本金には会社法が規定する最低額を組み入れる」とは、払込金の半分を資本金に計上し、残り半分を資本準備金に計上するということ。

資本金　24,000,000×50%＝12,000,000

資本準備金　24,000,000×50%＝12,000,000

株式申込証拠金 24,000,000 / 資本金　　 12,000,000
　　　　　　　　　　　　 / 資本準備金 12,000,000

当 座 預 金	24,000,000	別 段 預 金	24,000,000
株式申込証拠金	24,000,000	資 本 金	12,000,000
		資 本 準 備 金	12,000,000

問題3

❶ 問題文に「別段預金」「株式申込証拠金」が書いてなく、「払込金は当座預金とした」と指示があるので、まとめて仕訳を書く場合（P.231を参照）とわかる。

❷ 増資によって株式を発行したので、資本金と資本準備金が増える。右に書く。問題文の「会社法が定める最低限度額を資本金とした」とは、払込金の半分を資本金に計上し、残り半分を資本準備金に計上するということ。

払込金　@5,000×1,000株＝5,000,000

資本金　5,000,000×50%＝2,500,000

資本準備金　5,000,000×50%＝2,500,000

　　　　　　　　　 / 資本金　　 2,500,000
　　　　　　　　　 / 資本準備金 2,500,000

❸ 問題文に「払込金は当座預金とした」と指示があるので、当座預金が増える。左に書く。

当座預金 5,000,000 / 資本金　　 2,500,000
　　　　　　　　　 / 資本準備金 2,500,000

❹ 増資にかかった費用は株式交付費を使う。株式交付費を現金で支払った仕訳を書く。

株式交付費 400,000 / 現金 400,000

当 座 預 金	5,000,000	資 本 金	2,500,000
		資本準備金	2,500,000
株式交付費	400,000	現 金	400,000

問題4

❶株主に配当金を支払うことが確定したが、まだ支払っていないので、未払配当金を使う。右に書く。

　@100×20,000株＝2,000,000

　　　　　　　　　　　　　　　／未払配当金 2,000,000

❷繰越利益剰余金の配当を行うので、利益準備金の積み立てを行う。

　　a. 資本金の4分の1まで準備金を積み立てる。

　　　20,000,000÷4－（4,000,000＋900,000）＝100,000

　　b. 配当金の10分の1を準備金に積み立てる。

　　　2,000,000÷10＝200,000

　以上よりbよりaの方が小さいので、100,000を準備金に積み立てる。

　　　　　　　　　　　　　　　／未払配当金 2,000,000
　　　　　　　　　　　　　　　／利益準備金　　100,000

❸別途積立金を積み立てるので、別途積立金が増える。右に書く。

　　　　　　　　　　　　　　　／未払配当金 2,000,000
　　　　　　　　　　　　　　　／利益準備金　　100,000
　　　　　　　　　　　　　　　／別途積立金　　400,000

❹繰越利益剰余金を処分したので、繰越利益剰余金が減る。左に書く。

　繰越利益剰余金 2,500,000／未払配当金 2,000,000
　　　　　　　　　　　　　　／利益準備金　　100,000
　　　　　　　　　　　　　　／別途積立金　　400,000

繰越利益剰余金	2,500,000	未 払 配 当 金	2,000,000
		利 益 準 備 金	100,000
		別 途 積 立 金	400,000

問題5

❶株主に配当金を支払うことが確定したが、まだ支払っていないので、未払配当金を使う。右に書く。

　　　　　　　　　　　　　　　／未払配当金 800,000

❷配当を行うので、準備金の積み立てを行う。

　　a. 資本金の4分の1まで準備金を積み立てる。

　　　2,000,000÷4－（80,000＋50,000）＝370,000

　　b. 配当金の10分の1を準備金に積み立てる。

　　　800,000÷10＝80,000

　以上よりaよりbの方が小さいので、配当金の10分の1を準備金に積み立てる。

　　資本準備金の積み立て　200,000÷10＝20,000

　　利益準備金の積み立て　600,000÷10＝60,000

	未払配当金 800,000
	資本準備金　20,000
	利益準備金　60,000

❸その他資本剰余金、繰越利益剰余金が減るので、左に書く。

その他資本剰余金　200,000＋20,000＝220,000

繰越利益剰余金　600,000＋60,000＝660,000

その他資本剰余金 220,000	未払配当金 800,000
繰越利益剰余金　660,000	資本準備金　20,000
	利益準備金　60,000

その他資本剰余金	220,000	未 払 配 当 金	800,000
繰 越 利 益 剰 余 金	660,000	資 本 準 備 金	20,000
		利 益 準 備 金	60,000

問題6

❶資本準備金、その他資本剰余金、繰越利益剰余金が減るので、左に書く。

資本準備金　　　 100,000	
その他資本剰余金 120,000	
繰越利益剰余金　 140,000	

❷資本金が増えるので、右に書く。

資本準備金　　　 100,000	資本金 360,000
その他資本剰余金 120,000	
繰越利益剰余金　 140,000	

資 本 準 備 金	100,000	資　　本　　金	360,000
その他資本剰余金	120,000		
繰 越 利 益 剰 余 金	140,000		

豆知識 **消費税について**

消費税は3級の試験範囲ですが、2級でも出題されるので復習しておきましょう。
2021年度の会計基準改定により税込方式による会計処理が認められなくなりました。したがって次の例題のように税抜方式で仕訳します。

商品などを買うときに消費税を支払い、仮払消費税を使って仕訳します。仮払消費税は ▶ 資産 の勘定科目です。

例題　商品（本体価格100円）を仕入れ、10%の消費税を含め現金で支払った。

仕訳　仕入　　　　100 ／現金 110
　　　仮払消費税　 10／

商品などを売るときに消費税を受け取り、仮受消費税を使って仕訳します。仮受消費税は ▶ 負債 の勘定科目です。

例題　商品（本体価格300円）を消費税込み価格330円で販売し現金で受け取った。

仕訳　現金 330 ／売上　　　　300
　　　　　　　／仮受消費税　 30

決算整理仕訳で仮払消費税と仮受消費税を相殺し、当期に納付するべき消費税の金額（未払消費税）を確定させます。未払消費税は ▶ 負債 の勘定科目です。

例題　決算にさいして消費税の納付額を計算し、これを確定した。本年度の消費税仮払分は10円、消費税仮受分は30円である。

仕訳　仮受消費税 30 ／仮払消費税 10
　　　　　　　　 ／未払消費税 20

Chapter10
税金

法人税等の仕訳
ほうじんぜいとう

会社は、利益に応じて税金を支払う必要があります。まずは、期中に1年間で支払う税金の半額を予想して、税金の中間納付を行います。

●法人税等の中間納付

1 法人税等を中間納付したときの仕訳

❶ 現金を支払ったので、現金が減る。右に書く。

/ 現金 200

❷ 法人税等の中間納付をしたので、仮払法人税等が増える。左に書く。

仮払法人税等 200 / 現金 200

決算のタイミングで、当期の法人税等の金額を確定させます。期中に仮払い（中間納付）をしておいたので、差額だけを納付することになります。

●法人税等の確定納付

決算

過去最高益だーっ

ワッショイ　ワッショイ

当期の利益が確定したから
法人税等の金額を計算しよう

ドンとこい！

2 決算：法人税等の決算整理仕訳

❶ 決算で当期純利益の金額が確定したので、法人税等の金額が確定する。法人税等が増えるので、左に書く。
　法人税等 500 /

❷ 中間納付をしたので、仮払法人税等を取り崩す。右に書く。
　法人税等 500 / 仮払法人税等 200

❸ 残額は翌期に支払うので、未払法人税等を使う。未払法人税等が増えるので、右に書く。
　法人税等 500 / 仮払法人税等 200
　　　　　　　 / 未払法人税等 300

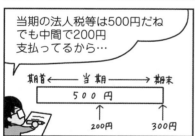

当期の法人税等は500円だね
でも中間で200円
支払ってるから…

期首←──当期──→期末
　　　　500円
　　　　↑　　　　↑
　　　200円　　300円

3 翌期：確定納付したときの仕訳

❶ 現金を支払ったので、現金が減る。右に書く。
　　　　　　　　　　　/ 現金 300

❷ 前期の未払法人税等を支払ったので、未払法人税等が減る。左に書く。
　未払法人税等 300 / 現金 300

翌期

税務署

前期の法人税等
持って来た

300

法人税等の納付

　3月31日が期末日（決算）の場合、当期10月〜11月末に中間申告し中間納付を行います。翌期4月〜5月末に確定申告し確定納付を行います。中間申告や確定申告とは、会社が納付する税金の金額を税務署に申告することをいいます。

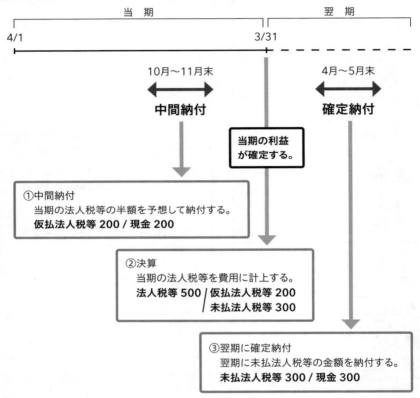

法人税等の中間納付のポイント

　法人税等とは、会社の利益に応じて支払う税金のことで、法人税、法人住民税、法人事業税の金額を合算したものです。正式な勘定科目名は法人税、住民税及び事業税で、簡便的な勘定科目名が法人税等です。法人税等は 費用 の勘定科目です。

　仮払法人税等とは、当期の税金の半額を予想して納付（中間納付）したときなど、法人税等の前払いで使用する勘定科目です。当期の税金が確定し最

終的にゼロになります。仮払法人税等は 資産 の勘定科目です。

法人税等の確定納付のポイント

当期純利益は、決算が終わるまでわかりません。そのため、当期純利益に対応して計算する法人税などの金額も決算が終わるまで確定しません。

また、決算で法人税等を計上しますが、計上する時点ではまだ法人税等を税務署へ納付しません。3月31日が期末日の場合、決算や法人税等の申告書を書く作業（確定申告）を終えた4月～5月末に確定納付します。決算時に法人税等を計上したときに出てくる、未払いの法人税等のことを未払法人税等といいます。未払法人税等は 負債 の勘定科目です。

法人税等の追徴と還付

確定納付後に税務署は法人税等の金額が正しいか確認します。会社の納付した法人税等の金額が足りなかった場合、税務署から追徴（税金を追加して徴収すること）を受けます。勘定科目は追徴法人税等を使います。追徴法人税等は 費用 の勘定科目です。一方、会社の納付した法人税等の金額が多かった場合、税務署から還付を受けます。勘定科目は還付法人税等を使います。還付法人税等は 収益 の勘定科目です。

追徴の仕訳：**追徴法人税等 100 / 未払法人税等 100**

還付の仕訳：**未収還付法人税等 100 / 還付法人税等 100**

> 🐾 まとめ 🐾
> 1 法人税等を中間納付したときの仕訳　**仮払法人税等 200 / 現金 200**
> 2 決算：法人税等の決算整理仕訳　**法人税等 500 / 仮払法人税等 200**
> 　　　　　　　　　　　　　　　　　　　　　　**／ 未払法人税等 300**
> 3 翌期：確定納付したときの仕訳　**未払法人税等 300 / 現金 300**

法人税等の計算と課税所得

今回は法人税等の計算について学習します。課税所得を使って、法人税等の金額を計算できるようになりましょう。

企業会計と税務会計

商業簿記で学習しているのは**企業会計**（財務会計）と呼ばれるものです。企業会計は、取引を仕訳として記録し、財務諸表を作成するために行われます。

一方、税金の金額を計算するための会計を**税務会計**といいます。会社は法人税等の金額を計算し、税務署に納付します。法人税等は日本全国、どの会社でも公平に納めることが求められています。したがって、公平に法人税等の金額が計算できるよう、計算方法が法律で決められているのです。

	企業会計（商業簿記の内容）	税務会計（税金計算の内容）
目的	取引を仕訳として記録し、財務諸表を作成することで、経営成績と財政状態の把握をする。	どの会社も公平かつ適正に税金の計算ができるようにする。
もうけの計算式	収益－費用＝利益	益金－損金＝課税所得

法人税等の計算方法

例題 当期の損益計算書は次のとおりであった。減価償却費の損金不算入額が3,000円、法定実効税率は30％である場合、当期の法人税等の金額を計算しなさい。

損益計算書

売上高	10,000
売上原価	3,000
減価償却費	5,000
税引前当期純利益	2,000
法人税等	?
当期純利益	?

解答 1,500円

解説 本問は、法人税等の金額を計算する問題です。法人税等の金額は次の式で計算します。

法人税等の金額 ＝ 課税所得の金額 × 法定実効税率	
課税所得	「益金（税務会計における収益）−損金（税務会計における費用）」で計算される、税務会計における利益のこと。
法定実効税率	法人税等の金額を計算するための率。

問題文に「法定実効税率は30％」と書いてありますが、課税所得の金額がわからないため、法人税等の金額が計算できません。まずは、課税所得の金額を計算する必要があります。

企業会計と税務会計を比較すると、収益と益金、費用と損金は基本的には同じです。したがって、企業会計の税引前当期純利益と税務会計の課税所得は基本的には同じ金額になりますが、いくつか違う点もあります。

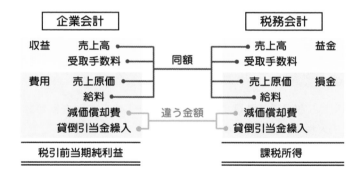

本問では損益計算書からわかるとおり、企業会計では減価償却費5,000円が計上されています。しかし、税務会計では5,000円全額を損金にすることは認められません。このように、企業会計上の費用が、税務会計上の損金として認められない金額（損金算入できない金額）を損金不算入額といいます。例題に書いてある「減価償却費の損金不算入額が3,000円」は、このような状況を表しているのです。

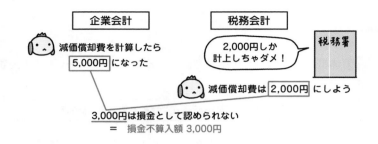

企業会計の税引前当期純利益は、損益計算書から次のように計算します。

　これを使って、税務会計の課税所得を計算してみましょう。わかっているのは、「売上高10,000円と売上原価3,000円は企業会計と同じ」「減価償却費は企業会計が5,000円で税務会計が2,000円」ということです。

　課税所得は5,000円と計算することができました。これを計算式に当てはめると、法人税等の金額は次のように計算できます。

課税所得の金額5,000円 × 法定実効税率30% = 法人税等の金額1,500円

┃ 税引前当期純利益と課税所得の関係

　ここまでは丁寧に計算してきましたが、税引前当期純利益と課税所得の関係を知ることで、もっと簡単に法人税等の金額を計算できます。税引前当期純利益と課税所得の関係とは「税引前当期純利益2,000円に損金不算入額3,000円を加算すると課税所得の金額になる」ということです。

税引前当期純利益2,000円 + 加算3,000円 = 課税所得5,000円

P.248の例題では税引前当期純利益と損金不算入額が与えられていますので、この関係を知っていればすぐに課税所得5,000円を計算し、法人税等1,500円を導くことができます。

課税所得の金額5,000円×法定実効税率30％＝法人税等の金額1,500円

このような関係が成り立つ理由は、損金不算入額と課税所得が次のようになっているからです。

企業会計			税務会計	
売上高	10,000	損金不算入額 3,000	売上高	10,000
売上原価	3,000		売上原価	3,000
減価償却費	5,000	→	減価償却費	2,000
税引前当期純利益	2,000		課税所得	5,000

加算＋3,000

損金不算入額の種類

簿記2級で学習する損金不算入額は、次の2つです。

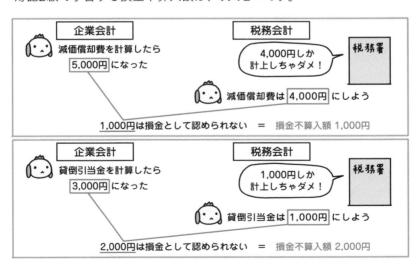

税引前当期純利益から課税所得は次のように計算します。

税引前当期純利益2,000円
＋加算（減価償却費の損金不算入額1,000円）
＋加算（貸倒引当金の損金不算入額2,000円）
＝課税所得5,000円

なお、次の形式で書かれる場合もありますが計算方法は同じです。

減価償却費償却限度超過額とは減価償却費の損金不算入額のことで、貸倒引当金繰入超過額とは貸倒引当金の損金不算入額のことです。

税引前当期純利益		2,000円
加　算	減価償却費償却限度超過額 貸倒引当金繰入超過額	1,000円 2,000円
減　算	―	―
課税所得の金額		5,000円

2,000円＋1,000円＋2,000円＝5,000円

 損金不算入額や課税所得の金額が書いてない問題もあったんだけど…。

 問題文に損金不算入額や課税所得が書いていない場合は、税引前当期純利益と課税所得の金額が同じと考えて、問題を解けばいいんだよ。

豆知識 理論問題対策

日商簿記2級の試験での出題可能性は低いですが、課税所得の計算の全体像について説明します。

企業会計の税引前当期純利益と税務会計の課税所得のズレは、損金不算入額だけでなく、損金算入額、益金不算入額、益金算入額によっても発生します。税引前当期純利益と課税所得の関係は次のようになります。

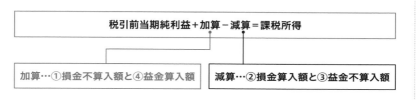

①損金不算入額…企業会計の費用だが、税務会計の損金として認められない金額。
②損金算入額　…企業会計の費用ではないが、税務会計の損金となる金額。
③益金不算入額…企業会計の収益だが、税務会計の益金として認められない金額。
④益金算入額　…企業会計の収益ではないが、税務会計の益金となる金額。

まとめると次のようになります。

	企業会計	税務会計	税引前当期純利益に加算・減算
①損金不算入額	費用	×	加算
②損金算入額	×	損金	減算
③益金不算入額	収益	×	減算
④益金算入額	×	益金	加算

税効果会計とは
ぜいこうかかいけい

　企業会計と税務会計の違いを調整するために、税効果会計の仕訳が必要に
ぜいこうかかいけい
なります。税効果会計について詳しく見ていきましょう。

税効果会計とは

　これまで学習したように、法人税等の金額は「課税所得×法定実効税率」
で計算します。このため、企業会計の損益計算書では「税引前当期純利益×
法定実効税率＝法人税等」という対応関係はなくなってしまいます。この点
を改善し、「税引前当期純利益×法定実効税率＝法人税等」の対応関係を維持
するための処理が税効果会計です。

　　　　　　　　　　　　　　　| 税効果会計を適用 |

損益計算書			損益計算書		
売上高	10,000		売上高		10,000
売上原価	3,000		売上原価		3,000
減価償却費	5,000		減価償却費		5,000
税引前当期純利益	2,000		税引前当期純利益		2,000
法人税等	1,500		法人税等	1,500	
当期純利益	500		法人税等調整額	△900	600
			当期純利益		1,400

税引前当期純利益2,000×法定実効税率
30%＝600と法人税等1,500が一致しない

税引前当期純利益2,000×法定実効税率
30%＝600と法人税等合計600が一致する

一時差異と永久差異

　企業会計の税引前当期純利益と税務会計の課税所得のズレは、将来ズレが
解消するかどうかという視点から、一時差異と永久差異に分けることができ
ます。税効果会計を適用するのは、一時差異です。

　一時差異とは、一定期間を経るとズレが解消する差異です。例えば固定資
産の減価償却は、企業会計と税務会計では耐用年数が違うことがあり、減価
償却費の金額に一時差異が出てきます。しかし、P.256の例題のように、耐
用年数全体で見ると減価償却費の合計金額は同じになり、最終的に一時差異
は解消します。

永久差異とは、ズレが解消しない差異のことです。例えば、企業会計では社長の役員報酬が全額費用と認められる場合でも、税務会計では一部が損金として認められない場合があります。この場合、翌期になってもズレが解消しませんので、永久差異となり、税効果会計を適用しません。

簿記2級では、減価償却、貸倒引当金、その他有価証券の3つの一時差異について、税効果会計を学習します。なお、将来減算一時差異、将来加算一時差異については、P.270の豆知識で詳しく説明しています。

> **豆知識** **一時差異の定義**
>
> 一時差異の正確な定義は「企業会計の資産および負債の金額と、税務会計の資産および負債の金額との差額」ですが、本書では理解しやすいように「企業会計の税引前当期純利益と、税務会計の課税所得のズレ」と説明しています。

貸借対照表の表示

税効果会計の仕訳で出てくる繰延税金資産（くりのべぜいきんしさん）は固定資産に表示し、繰延税金負債（くりのべぜいきんふさい）は固定負債に表示します。繰延税金資産と繰延税金負債の両方が発生した場合は相殺します。結果的に固定資産「繰延税金資産」か固定負債「繰延税金負債」のどちらかの表示となります。

一時差異の種類	勘定科目	表示区分
固定資産の減価償却	繰延税金資産	固定資産
売掛金の貸倒引当金	繰延税金資産	固定資産
長期貸付金の貸倒引当金	繰延税金資産	固定資産
その他有価証券	繰延税金資産	固定資産
その他有価証券	繰延税金負債	固定負債

	貸借対照表		（単位：円）
固定資産		固定負債	
繰延税金資産	4,000	繰延税金負債	9,000

相殺 ⇔

	貸借対照表	（単位：円）
固定資産	固定負債	
	繰延税金負債	5,000

税効果会計① 減価償却

今回は、減価償却の税効果会計について見ていきましょう。

減価償却の税効果会計

例題を使って、減価償却の税効果会計の仕訳を見ていきましょう。

例題 1年目から5年目までの決算整理仕訳を書きなさい。

決算にあたり、当期首に取得した備品（取得原価10,000円、残存価額ゼロ、間接法で記帳）について、定額法により減価償却を行った。企業会計の耐用年数は2年、税務会計の耐用年数は5年である。法人税等の法定実効税率は30%として税効果会計を適用する。

仕訳

1年目	減価償却費　　5,000 / 減価償却累計額 5,000 繰延税金資産　　900 / 法人税等調整額　900
2年目	減価償却費　　5,000 / 減価償却累計額 5,000 繰延税金資産　　900 / 法人税等調整額　900
3年目	法人税等調整額 600 / 繰延税金資産　　600
4年目	法人税等調整額 600 / 繰延税金資産　　600
5年目	法人税等調整額 600 / 繰延税金資産　　600

解説 本問では、企業会計と税務会計で耐用年数が違うので、減価償却費の金額と減価償却をする期間に違いが出ます。

企業会計の減価償却費　10,000円÷2年＝5,000円

税務会計の減価償却費　10,000円÷5年＝2,000円

	企業会計 耐用年数2年	税務会計 耐用年数5年	一時差異	一時差異 （累計額）
1年目の減価償却費	5,000円	2,000円	3,000円	3,000円
2年目の減価償却費	5,000円	2,000円	3,000円	6,000円
3年目の減価償却費	—	2,000円	△2,000円	4,000円
4年目の減価償却費	—	2,000円	△2,000円	2,000円
5年目の減価償却費	—	2,000円	△2,000円	0円
合計	10,000円	10,000円	0円	—

2年目までは一時差異が発生し、3年目以降は一時差異が解消します。仕訳の書き方を詳しく説明します。

1 一時差異が発生するときの税効果会計の仕訳（1年目、2年目）
❶企業会計の減価償却の決算整理仕訳を書きます。

　　減価償却費 5,000 / 減価償却累計額 5,000

❷税効果会計の仕訳を書きます。まずは繰延税金資産の金額を計算します。

　（　5,000円　　－　　2,000円　　）　×　30%　＝900円
　　企業会計の減価償却費　税務会計の減価償却費　　法定実効税率

仕訳を書きます。減価償却累計額の反対側に繰延税金資産を書きます。繰延税金資産が増えます。

　　減価償却費　5,000 / 減価償却累計額 5,000

　　繰延税金資産　900 /

費用である減価償却費の反対側に法人税等調整額を書きます。

　　減価償却費　5,000 / 減価償却累計額 5,000

　　繰延税金資産　900 / 法人税等調整額　900

売上高	10,000
売上原価	3,000
減価償却費	5,000
税引前当期純利益	2,000
法人税等　　　　　1,500	
法人税等調整額　　△900	600
当期純利益	1,400

2,000円×30％＝600円と法人税等の合計600円が一致する

実際の納付額は1,500円

2 一時差異が解消するときの税効果会計の仕訳（3年目〜5年目）
❶企業会計では耐用年数が経過後なので、減価償却の決算整理仕訳は書きません。
❷税効果会計の仕訳を書きます。まずは繰延税金資産の金額を計算します。

　（　　0円　　－　　2,000円　　）　×　30%　＝△600円
　　企業会計の減価償却費　税務会計の減価償却費　　法定実効税率

仕訳を書きます。 1 で計上した繰延税金資産を取り崩すので、右に書きます。

　　　　　　　　　/ 繰延税金資産 600

反対側に法人税等調整額を書きます。

　　法人税等調整額 600 / **繰延税金資産 600**

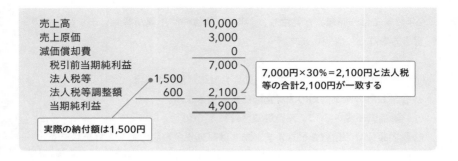

売上高		10,000
売上原価		3,000
減価償却費		0
税引前当期純利益		7,000
法人税等	1,500	
法人税等調整額	600	2,100
当期純利益		4,900

7,000円×30%＝2,100円と法人税等の合計2,100円が一致する

実際の納付額は1,500円

減価償却費償却限度超過額とは

企業会計の減価償却費が税務会計の減価償却費を超過している金額のことを減価償却費償却限度超過額といいます。減価償却費償却限度超過額は一時差異で、損金不算入額（企業会計の費用だが、税務会計の損金として認められない金額）です。減価償却費償却限度超過額が発生した場合、税効果会計の仕訳が必要になります。

P.256の例題では減価償却費償却限度超過額は3,000円です。

$$\underline{\text{5,000円}} \quad - \quad \underline{\text{2,000円}} \quad = \quad \underline{\text{3,000円}}$$

企業会計の減価償却費　　　税務会計の減価償却費　　減価償却費償却限度超過額

減価償却費の税効果会計のポイント

繰延税金資産とは、将来の税金を減額するもので、実質的に法人税等の前払いを表す勘定科目です。繰延税金資産は 資産 の勘定科目です。法人税等調整額とは、法人税等を調整するために使用する勘定科目です。法人税等調整額は収益にも費用にもなる勘定科目です。

資産	負債
繰延税金資産	
	純資産
費用	収益
法人税等調整額	法人税等調整額

😺 まとめ 🐾

1 減価償却の一時差異が発生するときの税効果会計の仕訳

減価償却費　5,000 / 減価償却累計額 5,000

繰延税金資産　900 / 法人税等調整額　900

2 減価償却の一時差異が解消するときの税効果会計の仕訳

法人税等調整額600 / 繰延税金資産600

Chapter10-05

税効果会計② 貸倒引当金

例題を使って、貸倒引当金の税効果会計の仕訳を見ていきましょう。

例題 次の取引について仕訳を書きなさい。

[1] X2年3月31日の決算にあたり、企業会計の貸倒引当金繰入10,000円を計上した。税務会計の貸倒引当金繰入の限度額は6,000円である。法人税等の法定実効税率は30%として税効果会計を適用する。

[2] X2年4月10日に売掛金10,000円の貸し倒れが発生したので、貸倒引当金を取り崩した。

仕訳

[1]
貸倒引当金繰入 10,000 / 貸倒引当金　　　 10,000
繰延税金資産　　 1,200 / 法人税等調整額　 1,200

[2]
貸倒引当金　　　 10,000 / 売掛金　　　　　 10,000
法人税等調整額　 1,200 / 繰延税金資産　　 1,200

解説

[1] 一時差異が発生するときの税効果会計の仕訳

❶企業会計の貸倒引当金の決算整理仕訳を書きます。

　　貸倒引当金繰入 10,000 / 貸倒引当金 10,000

❷税効果会計の仕訳を書きます。まずは繰延税金資産の金額を計算します。

（　　10,000円　　 － 　　6,000円　　）× 30% = 1,200円
　企業会計の貸倒引当金繰入　税務会計の貸倒引当金繰入　　法定実効税率

仕訳を書きます。貸倒引当金の反対側に繰延税金資産を書きます。繰延税金資産が増えます。

貸倒引当金繰入 10,000 / 貸倒引当金 10,000

繰延税金資産　　 1,200 /

費用である貸倒引当金繰入の反対側に法人税等調整額を書きます。

貸倒引当金繰入 10,000 / 貸倒引当金 10,000

繰延税金資産　　 1,200 / 法人税等調整額 1,200

2　一時差異が解消するときの税効果会計の仕訳

❶企業会計の貸し倒れの仕訳を書きます。

　　貸倒引当金 10,000 / 売掛金10,000

❷税効果会計の仕訳を書きます。 1 で計上した繰延税金資産を取り崩すので、右に書きます。反対側に法人税等調整額を書きます。

　　法人税等調整額1,200 / 繰延税金資産1,200

貸倒引当金繰入限度超過額とは

　企業会計と税務会計で貸倒引当金の対象となる債権の範囲や貸倒実績率が違うので、企業会計と税務会計の貸倒引当金繰入の金額に違いが出ます。

　企業会計の貸倒引当金繰入が税務会計の貸倒引当金繰入を超過している金額のことを貸倒引当金繰入限度超過額といいます。貸倒引当金繰入限度超過額は一時差異で、損金不算入額です。貸倒引当金繰入限度超過額が発生した場合、税効果会計の仕訳が必要になります。

　P.259の例題では、貸倒引当金繰入限度超過額は4,000円です。

10,000円	−	6,000円	=	4,000円
企業会計の貸倒引当金繰入		税務会計の貸倒引当金繰入		貸倒引当金繰入限度超過額

🐾 まとめ 🐾

1 貸倒引当金の一時差異が発生するときの税効果会計の仕訳

　　　　　貸倒引当金繰入 10,000 / 貸倒引当金　　　 10,000

　　　　　繰延税金資産　 1,200 / 法人税等調整額　 1,200

2 貸倒引当金の一時差異が解消するときの税効果会計の仕訳

　　　　　貸倒引当金　　 10,000 / 売掛金　　　　　 10,000

　　　　　法人税等調整額 1,200 / 繰延税金資産　　 1,200

税効果会計③　その他有価証券

　今回は、その他有価証券の税効果会計について見ていきましょう。

　これまでは繰延税金資産が出てくる仕訳を学習しました。その他有価証券の税効果会計では、繰延税金負債が出てくる場合（例題1）と繰延税金資産が出てくる場合（例題2）があります。その他有価証券は、企業会計の当期純利益と税務会計の課税所得にズレは生じませんが、「企業会計の資産の金額（その他有価証券は時価の金額）」と「税務会計の資産の金額（その他有価証券は取得原価の金額）」にズレが生じるため、税効果会計の対象となります。

例題1　次の取引について仕訳を書きなさい。

　　1　決算にあたり、その他有価証券の時価評価を行う。その他有価証券の帳簿価額は5,000円、時価は6,000円である。法人税等の法定実効税率は30％として税効果会計を適用する。

　　2　翌期首にその他有価証券について 1 の再振替仕訳を行う。

- -

仕訳　1　その他有価証券 1,000 ／その他有価証券評価差額金 700
　　　　　　　　　　　　　　　　　／繰延税金負債　　　　　　　300

　　　　2　その他有価証券評価差額金 700 ／その他有価証券 1,000
　　　　　　繰延税金負債　　　　　300 ／

解説

1　繰延税金負債が発生するときの税効果会計の仕訳

❶企業会計のその他有価証券の決算整理仕訳を書きます。

　　その他有価証券 1,000 ／ その他有価証券評価差額金 1,000

❷税効果会計の仕訳を書きます。まずは繰延税金負債の金額を計算します。

　税務会計ではその他有価証券の時価評価を行わないので、その他有価証券評価差額金は0円です。

　（　1,000円　－　　0円　　）×　30％　＝300円
　　　　企業会計　　　　税務会計　　　法定実効税率

仕訳を書きます。その他有価証券の反対側に繰延税金負債を書きます。繰延税金負債が増えます。

　　その他有価証券 1,000 ／ その他有価証券評価差額金 1,000

　　　　　　　　　／繰延税金負債　　　　　　300

その他有価証券評価差額金を減らすので、左に書きます。減価償却費や貸倒引当金と違い、法人税等調整額を使わないので注意が必要です。

その他有価証券　　　　　1,000 / その他有価証券評価差額金 1,000

その他有価証券評価差額金　300 / 繰延税金負債　　　　　　　　300

借方と貸方にある、その他有価証券評価差額金を相殺します。

その他有価証券 1,000 / その他有価証券評価差額金 700
　　　　　　　　　　　 / 繰延税金負債　　　　　　　　300

2　繰延税金負債が解消するときの税効果会計の仕訳

再振替仕訳では、1 の逆仕訳を書きます。

その他有価証券評価差額金 700 / その他有価証券 1,000
繰延税金負債　　　　　　 300 /

例題2　次の取引について仕訳を書きなさい。

　　　3　決算にあたり、その他有価証券の時価評価を行う。その他有価証券の帳簿価額は5,000円、時価は3,000円である。法人税等の法定実効税率は30％として税効果会計を適用する。

　　　4　翌期首にその他有価証券について 3 の再振替仕訳を行う。

仕訳　3　その他有価証券評価差額金 1,400 / その他有価証券 2,000
　　　　　繰延税金資産　　　　　　　 600 /

　　　4　その他有価証券 2,000 / その他有価証券評価差額金 1,400
　　　　　　　　　　　　　　 / 繰延税金資産　　　　　　　 600

解説

3　繰延税金資産が発生するときの税効果会計の仕訳

❶企業会計のその他有価証券の決算整理仕訳を書きます。

その他有価証券評価差額金 2,000 / その他有価証券 2,000

❷税効果会計の仕訳を書きます。まずは繰延税金資産の金額を計算します。

（　2,000円　　－　　0円　　）　×　30%　＝ 600円
　　企業会計　　　　　税務会計　　　法定実効税率

仕訳は、その他有価証券の反対側に繰延税金資産を書きます。繰延税金資産が増えます。

その他有価証券評価差額金 2,000 / その他有価証券 2,000

繰延税金資産　　　　　　 600 /

その他有価証券評価差額金を減らすので、右に書きます。

その他有価証券評価差額金 2,000 / その他有価証券　　　　　 2,000
繰延税金資産　　　　　　　 600 / その他有価証券評価差額金　600

借方と貸方にある、その他有価証券評価差額金を相殺します。

その他有価証券評価差額金 1,400 /その他有価証券 2,000
繰延税金資産　　　　　　　 600 /

[4] 繰延税金資産が解消するときの税効果会計の仕訳

再振替仕訳では、[3] の逆仕訳を書きます。

その他有価証券 2,000 /その他有価証券評価差額金 1,400
　　　　　　　　　　　 /繰延税金資産　　　　　　　 600

その他有価証券の税効果会計のポイント

　繰延税金負債とは、将来の税金を増額するもので、実質的に法人税等の未払いを表す勘定科目です。繰延税金負債は 負債 の勘定科目です。

　その他有価証券の税効果会計は、企業会計の当期純利益と税務会計の課税所得にズレが発生していないため、「法人税等調整額」を使わず、「その他有価証券評価差額金」を使って仕訳します。

まとめ

[1] その他有価証券の繰延税金負債が発生するときの税効果会計の仕訳
　　その他有価証券 1,000 /その他有価証券評価差額金 700
　　　　　　　　　　　　　 /繰延税金負債　　　　　　　 300
[2] その他有価証券の繰延税金負債が解消するときの税効果会計の仕訳
　　その他有価証券評価差額金 700 /その他有価証券 1,000
　　繰延税金負債　　　　　　　 300/
[3] その他有価証券の繰延税金資産が発生するときの税効果会計の仕訳
　　その他有価証券評価差額金 1,400 /その他有価証券 2,000
　　繰延税金資産　　　　　　　 600/
[4] その他有価証券の繰延税金資産が解消するときの税効果会計の仕訳
　　その他有価証券 2,000 /その他有価証券評価差額金 1,400
　　　　　　　　　　　　　 /繰延税金資産　　　　　　　 600

その他の税金

法人税と消費税の他にもさまざまな税金があります。今回はその中でも、預金利息と配当金の源泉徴収と固定資産税について見ていきましょう。

あっお兄さん
いいところに

ヒヨイ

1 預金利息を受け取ったときの仕訳

❶ 受取利息が増えるので、右に書く。
/ 受取利息 100

❷ 源泉徴収は法人税等の前払いなので、仮払法人税等を使う。仮払法人税等が増えるので、左に書く。
仮払法人税等 20 / 受取利息 100

❸ 差額は普通預金口座に入金されたので、普通預金が増える。左に書く。
仮払法人税等 20 / 受取利息 100
普通預金　　80 /

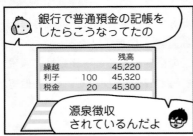

銀行で普通預金の記帳をしたらこうなってたの

		残高
繰越		45,220
利子	100	45,320
税金	20	45,300

源泉徴収
されているんだよ

2 配当金を受け取ったときの仕訳

❶ 受取配当金が増えるので、右に書く。
/ 受取配当金 300

❷ 源泉徴収は法人税等の前払いなので、仮払法人税等を使う。仮払法人税等が増えるので、左に書く。
仮払法人税等　60 / 受取配当金 300

❸ 差額は普通預金口座に入金されたので、普通預金が増える。左に書く。
仮払法人税等　60 / 受取配当金 300
普通預金　　240 /

株主のパブロフ様へ
配当金300円をあげます

A社

銀行 ← 300円

税金が60円引かれて
普通預金に240円
入ってる

3 納税通知書を受け取ったときの仕訳

❶ 固定資産税の納税通知書を受け取ったので、租税公課が増える。左に書く。
租税公課 500 /

❷ まだ支払っていないので、未払金を使う。未払金が増えるので、右に書く。
租税公課 500 / 未払金 500

それと市役所からコレが
届いたから来月支払うの

固定資産税
¥500

固定資産税は租税公課で
仕訳をしよう

預金利息と配当金の源泉徴収とは

　銀行や証券会社などが当社へ預金利息や配当金を支払うさい、当社が支払うべき法人税等を差し引くことを源泉徴収といいます。後日、銀行や証券会社などは差し引いた金額を、当社の代わりに税務署へ納めます。

　当社の預金口座には、受取利息や配当金の総額から源泉徴収分を差し引いた金額が入金されます。源泉徴収分は法人税等の前払いなので、仮払法人税等を使って仕訳をします。

豆知識 **源泉所得税とは**

源泉所得税という用語が出てくる場合があります。個人商店の場合は所得税を申告しますが、株式会社の場合は法人税等を申告します。銀行が源泉徴収する場合、個人商店と株式会社を区別せず、「源泉所得税を控除」と表現することが多いです。
源泉所得税という用語が出てきても、源泉徴収のことを意味していますので、法人税等の前払いと考えましょう。

固定資産税とは

　建物や土地を持っていると、固定資産税という税金を支払わなければいけません。年間で100,000円支払わなければいけない場合、納税通知書には1年間の金額を4期に分けて、1期（6月末期限）25,000円、2期（9月末期限）25,000円、3期（12月末期限）25,000円、4期（3月末期限）25,000円のように支払い金額と支払い期限が掲載されています。1回ですべて支払うこともできますし、期日ごとに支払うこともできますが、納税通知書を受け取ったときに100,000円分租税公課を計上する仕訳を行うことが多いです。

😺 **まとめ** 😺

1. 預金利息を受け取ったときの仕訳　仮払法人税等 20 ／受取利息 100
　　　　　　　　　　　　　　　　　普通預金　　　80／
2. 配当金を受け取ったときの仕訳　仮払法人税等 60 ／受取配当金 300
　　　　　　　　　　　　　　　　普通預金　　240／
3. 納税通知書を受け取ったときの仕訳　　租税公課 500 ／ 未払金 500

問題1から問題8の取引について仕訳しなさい。ただし、勘定科目は、次の中から最も適当と思われるものを選びなさい。

現　　　　金	当 座 預 金	繰延税金負債	減 価 償 却 累 計 額
普 通 預 金	貸 倒 引 当 金	追徴法人税等	法 人 税 等 調 整 額
受 取 配 当 金	法 人 税 等	繰延税金資産	その他有価証券評価差額金
租 税 公 課	未 払 法 人 税	還付法人税等	そ の 他 有 価 証 券
未 払 金	減 価 償 却 費	仮払法人税等	貸 倒 引 当 金 繰 入

問題1　　　　　　　　　　　　　　　　　　　　　　　　　　P.244、P.249

当期の決算において、税引前当期純利益￥95,000、課税所得￥90,000であった。当期の法人税、住民税及び事業税の法定実効税率を30%として未払法人税等を計上する。なお、￥12,000についてはすでに中間納付をしている。

問題2　　　　　　　　　　　　　　　　　　　　　　　　　　　　　P.247

過年度に納付した法人税￥27,000に関して、税務当局から追徴の指摘を受け、追加で￥8,000を支払うようにとの通知が届いたため、未払法人税等の計上を行った。

問題3　　　　　　　　　　　　　　　　　　　　　　　　　　　　　P.248

X1年度の決算において、税引前当期純利益は￥100,000計上している。しかし、減価償却費の損金不算入額が￥20,000あった。当期の法人税、住民税及び事業税の法定実効税率を30%として、未払法人税等を計上する。

問題4　　　　　　　　　　　　　　　　　　　　　　　　　　　　　P.259

決算にあたり、売掛金に対して貸倒引当金を￥12,000計上する。貸倒引当金のうち￥5,000は税法上損金に算入することが認められなかったため、法定実効税率30%として税効果会計を適用する。

問題5　　　　　　　　　　　　　　　　　　　　　　　　　　　　　P.256

決算にあたり、当期首に取得した備品（取得原価￥240,000、残存価額ゼロ、耐用年数4年）について、定額法により減価償却を行う。税法で認められている耐用年数は6年であり、税法で認められる償却額を超過した部分に

ついては損金に算入することが認められないため、法定実効税率30%として税効果会計を適用する。

問題6   P.261

決算にあたり、その他有価証券として保有しているD社株式（取得原価￥1,200,000）を時価￥1,500,000に評価替えする。ただし、法定実効税率30%として税効果会計を適用する。

問題7   P.264

普通預金口座に、D社の株式に対する期末配当金￥320,000（源泉所得税20%を控除後）の入金があった旨の通知があった。

問題8   P.264

固定資産税￥12,000（4期で分納）の納税通知書を受け取り、未払計上した。

解説・解答

問題1

❶法人税等が増えるので、左に書く。金額は課税所得に法定実効税率を掛けて計算する。

　90,000×30％＝27,000

　法人税等 27,000 /

❷中間納付をしているので、仮払法人税等を取り崩す。右に書く。

　法人税等 27,000 / 仮払法人税等 12,000

❸残額は翌期に支払うので、未払法人税等を使う。未払法人税等が増えるので、右に書く。

　法人税等 27,000 / 仮払法人税等 12,000
　　　　　　　　 / 未払法人税等 15,000

	法　人　税　等	27,000	仮払法人税等	12,000
			未払法人税等	15,000

問題2

❶税務当局から法人税の追徴を受けたので、追徴法人税等が増える。左に書く。

　追徴法人税等 8,000 /

❷通知が届いたがまだ支払っていないため、未払法人税等を計上する。右に書く。

追徴法人税等 8,000 / 未払法人税等 8,000

 解答

追徴法人税等	8,000	未払法人税等	8,000

問題3

❶課税所得の金額を計算する。損金不算入額とは、会計上の費用が税務上の損金に認められない金額である。つまり、税務上は損金が20,000円減るため、課税所得が20,000円増えることになる。

税引前当期純利益100,000 + 損金不算入額20,000 = 課税所得120,000

❷法人税等が増えるので、左に書く。金額は課税所得に法定実効税率を掛けて計算する。

120,000×30% = 36,000

法人税等 36,000 /

❸問題文に中間納付の情報がないので、すべて未払法人税等に計上する。右に書く。

法人税等 36,000 / 未払法人税等 36,000

 解答

法 人 税 等	36,000	未払法人税等	36,000

問題4

❶貸倒引当金の決算整理仕訳を書く。

貸倒引当金繰入 12,000 / 貸倒引当金　12,000

❷税効果会計の仕訳を書く。

5,000×30% = 1,500

貸倒引当金繰入 12,000 / 貸倒引当金　12,000
繰延税金資産　1,500 / 法人税等調整額 1,500

 解答

貸倒引当金繰入	12,000	貸 倒 引 当 金	12,000
繰 延 税 金 資 産	1,500	法人税等調整額	1,500

問題5

❶減価償却費の決算整理仕訳を書く。

企業会計の減価償却費　(240,000 − 0)÷4年 = 60,000

減価償却費　60,000 / 減価償却累計額 60,000

❷税効果会計の仕訳を書く。

税務会計の減価償却費　(240,000 − 0)÷6年 = 40,000
繰延税金資産　(60,000 − 40,000)×30% = 6,000
減価償却費　60,000 / 減価償却累計額 60,000
繰延税金資産　6,000 / 法人税等調整額　6,000

減 価 償 却 費	60,000	減価償却累計額	60,000
繰 延 税 金 資 産	6,000	法人税等調整額	6,000

問題6

❶その他有価証券の時価評価を行う。

1,500,000 − 1,200,000 = 300,000

その他有価証券 300,000 / その他有価証券評価差額金 300,000

❷税効果会計の仕訳を書く。法人税等調整額を使わずにその他有価証券評価差額金からマイナスする。

繰延税金負債　300,000 × 30% = 90,000

その他有価証券評価差額金　300,000 − 90,000 = 210,000

その他有価証券 300,000 ／ その他有価証券評価差額金 210,000

　　　　　　　　　　　　　繰延税金負債　　　 90,000

そ の 他 有 価 証 券	300,000	その他有価証券評価差額金	210,000
		繰 延 税 金 負 債	90,000

問題7

❶配当金を受け取ったので、受取配当金が増える。右に書く。源泉所得税20%を控除後の320,000から、受取配当金の金額を計算する。

320,000 ÷ (1 − 0.2) = 400,000

　　　　　　　 ／ 受取配当金 400,000

❷源泉徴収は法人税等の前払いなので、仮払法人税等を使う。仮払法人税等が増えるので、左に書く。

400,000 × 20% = 80,000

仮払法人税等　80,000 / 受取配当金 400,000

❸差額は普通預金口座に入金されたので、普通預金が増える。左に書く。

仮払法人税等　80,000 ／受取配当金 400,000

普通預金　　 320,000 ／

仮払法人税等	80,000	受 取 配 当 金	400,000
普 通 預 金	320,000		

問題8

❶固定資産税の納税通知書を受け取ったので、租税公課が増える。左に書く。

租税公課 12,000 /

❷まだ支払っていないので、未払金を使う。未払金が増えるので、右に書く。

租税公課 12,000 / 未払金 12,000

| 解答 | 租税公課 | 12,000 | 未 払 金 | 12,000 |

豆知識 **将来減算一時差異と将来加算一時差異**

将来減算一時差異と将来加算一時差異という用語が出てくることがあります。将来というのは「一時差異が解消するとき」を表しており、減算・加算は「税金を減額・増額する」という意味です。

例えば減価償却費償却限度超過額は、P.256〜258で学習したように一時差異が発生するときには損金に算入されません（損金不算入額）。一時差異が解消するときに税金を減額するので将来減算一時差異ともいわれ、繰延税金資産という資産の勘定科目を使って仕訳します。用語の対応関係をまとめると次のようになります。

減価償却費償却限度超過額 （損金算入限度超過額ということもある）	損金 不算入額	将来減算 一時差異	繰延税金 資産
貸倒引当金繰入限度超過額 （損金算入限度超過額ということもある）	損金 不算入額	将来減算 一時差異	繰延税金 資産
その他有価証券 （帳簿価額より時価が高い場合）	※	将来加算 一時差異	繰延税金 負債
その他有価証券 （帳簿価額より時価が低い場合）	※	将来減算 一時差異	繰延税金 資産

※その他有価証券は、企業会計の当期純利益と税務会計の課税所得にズレは生じないため、損金不算入額といった用語は使われない。

Chapter11
その他の仕訳

合併① 現金を渡す場合

　他の会社と合体して、一つの会社になることを合併といいます。当社が他の会社に現金を渡して合併する場合について見ていきましょう。

現金を渡して吸収合併したときの仕訳

❶ 現金を支払ったので、現金が減る。右に書く。

　　　　　／現金　500

❷ 相手の会社の資産と負債が当社の資産と負債になるので、増やす。資産と負債の金額は時価を使う。商品の受け入れは仕入を使う。

建物	250	現金	500
仕入	200	借入金	50

❸ 差額が左側なので、のれんを使う。のれんは資産（ホームポジション左）なので、増えるときは左に書く。

建物	250	現金	500
仕入	200	借入金	50
のれん	100		

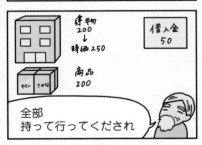

吸収合併とは

　他の会社と合体して、一つの会社になることを**合併**といいます。そして、当社が他の会社を吸収して一つの会社になることを**吸収合併**といいます。

　吸収合併には、現金を渡して合併する場合と株式を渡して合併する場合があります。

現金を渡して吸収合併する場合

　現金を渡して吸収合併を行った場合、合併の状況は次のようになります。吉田屋の株主に現金を渡して、吉田屋をパブロフ株式会社に吸収します。吸収合併をする場合、受け取った吉田屋の資産と負債は、時価で計上します。

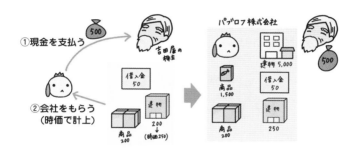

のれんとは

　合併を行うと、のれんが発生します。**のれん**とは、「渡した現金」が「受け入れた資産と負債の差額」より多い部分のことで、ブランド価値を表します。のれんは 資産 の勘定科目です。のれんはChapter05-13無形固定資産で学習した内容で、決算で償却を行います。

資産		負債
のれん		
		純資産
費用		収益

> 🐾 **まとめ** 🐾
>
> 現金を渡して吸収合併したときの仕訳
>
> | | | | |
> |---|---|---|---|
> | 建物 | 250 | 現金 | 500 |
> | 仕入 | 200 | 借入金 | 50 |
> | のれん | 100 | | |

合併② 株式を渡す場合

　ここでは、他の会社の株主に、当社の株式を渡して吸収合併する場合について見ていきましょう。

1 株式を渡して吸収合併したときの仕訳

❶ 増資して新しく株式を発行し、相手に株式を渡した。資本金と資本準備金は合併契約書で決定した金額（今回は半分ずつ）を計上する。

	資本金	250
	資本準備金	250

❷ 相手の会社の資産と負債が当社の資産と負債になるので、増やす。資産と負債の金額は時価を使う。

建物	250	資本金	250
仕入	200	資本準備金	250
		借入金	50

❸ 差額が左側なので、のれんを使う。のれんは資産（ホームポジション左）なので、増えるときは左に書く。

建物	250	資本金	250
仕入	200	資本準備金	250
のれん	100	借入金	50

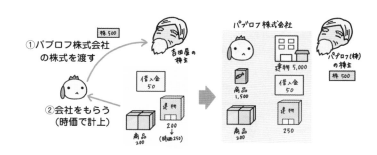

株式を渡して吸収合併する場合

　株式を渡して吸収合併する場合には、新しく株式を発行します。合併の状況は次のようになります。吉田屋の株主にパブロフ株式会社の株式を渡して、吉田屋をパブロフ株式会社に吸収します。

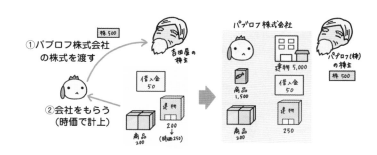

　このときも、受け取った吉田屋の資産と負債は、時価で計上します。吸収合併のさいに時価を使う理由は、吸収合併する会社が吸収合併される会社の資産や負債を現在の価値で引き継ぐためです。さらに、吸収合併する会社が吸収合併される会社の株主に渡す現金や株式の金額も現在の価値となります。

　今回は合併した後、吉田屋の株主は、パブロフ株式会社の株主となります。株式を渡して合併するメリットは、現金の手持ちが少ない場合でも合併することができるという点です。

豆知識 **諸資産と諸負債を使う場合**

吸収合併を行うさいに、当社に吸収される相手の会社の資産と負債がたくさん出てくることもあります。このような場合、すべての勘定科目を書くと大変なので、省略した勘定科目「諸資産」「諸負債」を使って仕訳を書くことがあります。

相手の会社の資産・負債

資　産		負　債	
現金	100	買掛金	100
当座預金	100	借入金	100
売掛金	100		
土地	100		

●正しい勘定科目を使う場合の仕訳

現金	100	買掛金	100
当座預金	100	借入金	100
売掛金	100	資本金	120
土地	100	資本準備金	120
のれん	40		

●諸資産と諸負債を使う場合の仕訳

諸資産	400	諸負債	200
のれん	40	資本金	120
		資本準備金	120

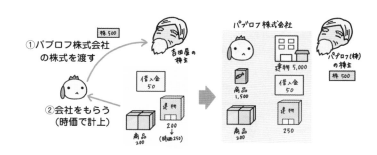

吸収合併する場合、のれんが出る場合と負ののれん発生益が出る場合の2パターンがあります。詳しく見ていきましょう。

●のれんが出る場合

差額100円がのれんだよ

のれんが発生したときの仕訳

吸収合併の仕訳を書く。

建物	250	資本金	250
仕入	200	資本準備金	250
のれん	100	借入金	50

のれんは10年で
償却しようね

2　決算：のれん償却の決算整理仕訳

❶ 下書きを書く。
　のれん償却　100円÷10年＝10円
❷ のれん償却の仕訳を書く。
　のれん償却 10 / のれん 10

●負ののれん発生益が出る場合

差額50円が
負ののれん発生益だよ

3　負ののれんが発生したときの仕訳

吸収合併の仕訳を書く。

建物	250	資本金	200
仕入	200	資本準備金	150
		借入金	50
		負ののれん発生益	50

決算はどうしたら
いいと思う？

決算

仕訳なし

のれんと負ののれん発生益とは

のれんは「渡した現金」が「受け入れた資産と負債の差額」より多い部分のことで、ブランド価値を表します。多い金額でブランド価値を獲得したので、合併後長期間に渡ってブランド価値を利用します。長期間に渡って使用すると考えるため、のれんが発生したときは無形固定資産に計上し、決算のときに償却を行います。

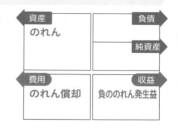

のれんは <資産>、のれん償却は <費用> の勘定科目です。

負ののれん発生益とは、「渡した株式の金額」が「受け入れた資産と負債の差額」より少ない部分のことです。少ない金額で相手の会社を獲得できたのでその分利益が得られたと考え、負ののれん発生益を計上します。負ののれん発生益は <収益> の勘定科目です。負ののれん発生益は収益ですので、決算で償却は行いません。

のれんや負ののれん発生益は、吸収合併だけでなく、Chapter15で学習する連結会計でも出てきます。連結会計で出てきた場合でも、同じ仕訳を書くことになります。

■■関連ページ 連結会計でのれんが発生する場合 **P.384**

豆知識 **パーチェス法とは**

吸収合併する相手の会社の資産と負債を時価で評価することをパーチェス法といいます。簿記2級の試験では、パーチェス法しか出題されないので、吸収合併の仕訳は時価で行うと覚えておきましょう。

🐾 まとめ 🐾

1. 株式を渡して吸収合併したときの仕訳

建物	250	資本金	250
仕入	200	資本準備金	250
のれん	100	借入金	50

2. 決算：のれん償却の決算整理仕訳

のれん償却 10 / のれん 10

3. 負ののれんが発生したときの仕訳

建物	250	資本金	200
仕入	200	資本準備金	150
		借入金	50
		負ののれん発生益	50

重要度 ★★★

研究開発費

会社が新製品の研究開発を行うことがあります。研究開発にかかった費用は研究開発費として計上します。

研究開発費が発生したときの仕訳

❶ 研究開発にかかった費用は、すべて研究開発費を使う。研究開発費は費用（ホームポジション左）なので、増えるときは左に書く。

研究開発費 600 /

❷ 現金で支払ったので、現金が減る。右に書く。

研究開発費 600 / 現金 600

研究開発費とは

研究開発費とは、会社が研究開発を目的として支出した金額です。研究開発費は 費用 の勘定科目です。研究開発費には、研究開発のための水道光熱費などの経費だけでなく、研究開発部門の給料や支払家賃なども含まれます。また、研究開発のために購入した固定資産については、固定資産ではなく研究開発費に計上する点に注意が必要です。

例題 次の取引について仕訳しなさい。
(1) 研究開発部門の給料 ¥30,000を現金で支払った。
(2) 研究開発用の材料 ¥10,000を現金で支払い、研究開発目的のみに使用する備品 ¥200,000を購入し、代金は翌月末に支払うこととした。

仕訳 (1) 研究開発費 30,000 / 現金 30,000
(2) 研究開発費 210,000 / 現金　　 10,000
　　　　　　　　　　　 / 未払金 200,000

解説 研究開発を目的とした支出はすべて研究開発費になります。なお、代金を後で支払う場合、未払金を使います。

 間違って備品勘定で仕訳をしちゃった。

 ここはミスしやすいところだね。研究開発費は間違えやすいから注意しておこう。

🐾 まとめ 🐾

研究開発費が発生したときの仕訳　　　**研究開発費 600 / 現金 600**

長期前払費用

　火災保険や宣伝用の広告看板など、数年間の契約で取引を行うことがあります。長期にわたる費用の前払いが発生した場合について見ていきましょう。

1 保険料を支払ったときの仕訳

❶ 支払保険料が増えるので、左に書く。
　　支払保険料 500 /

❷ 現金で支払ったので、現金が減る。右に書く。
　　支払保険料 500 / 現金 500

2 決算：前払費用・長期前払費用の決算整理仕訳

❶ 4年分の支払保険料について、翌期分を前払費用に振り替え、翌々期以降の分を長期前払費用に振り替える。

❷ 支払保険料が減るので、右に書く。
　　　　　　　　　　/ 支払保険料 400

❸ 翌期分は前払費用を使う。前払費用が増えるので、左に書く。
　　前払費用　　 100 / 支払保険料 400

❹ 翌々期以降の分は長期前払費用を使う。長期前払費用が増えるので、左に書く。
　　前払費用　　 100 / 支払保険料 400
　　長期前払費用 300 /

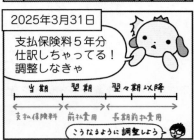

3 翌期首：再振替仕訳

前期末の前払費用・長期前払費用の逆仕訳を書く。
　　支払保険料 400 / 前払費用　　 100
　　　　　　　　　 / 長期前払費用 300

長期前払費用とは

長期前払費用とは、継続的な取引で長期にわたる費用の前払いが発生したときに使用する勘定科目です。長期前払費用は  **資産** の勘定科目です。簿記3級で学習した前払費用は翌期に費用となる前払いに使用しますが、長期前払費用は翌々期以降に費用となる前払いに使用します。

長期前払費用のポイント

長期にわたる費用の前払いが発生した場合、仕訳方法が3つあります。簿記2級の問題では仕訳方法1が出ることが多いです。

	仕訳方法1	仕訳方法2	仕訳方法3
取引	支払保険料 500 / 現金 500	前払費用 500 / 現金 500	長期前払費用 500 / 現金 500
決算	前払費用 100 / 支払保険料 400 長期前払費用 300 /	支払保険料 100 / 支払保険料 400 長期前払費用 300 /	支払保険料 100 / 長期前払費用 200 前払費用 100 /

取引発生時に一つの勘定科目に5年分500円が計上されていますが、決算整理仕訳を書くことで調整され、どの仕訳方法でも最終的に勘定科目の残高は次のようになります。

支払保険料	…	当期の保険料	年100円×1年分＝100円
前払費用	…	翌期の保険料	年100円×1年分＝100円
長期前払費用	…	翌々期以降の保険料	年100円×3年分＝300円

■関連ページ 貸借対照表の区分 **P.320**

まとめ

1 保険料を支払ったときの仕訳　　　　　**支払保険料500 / 現金500**

2 決算：前払費用・長期前払費用の決算整理仕訳

　　　　　　　　　　　　　　前払費用　　 100 / 支払保険料 400
　　　　　　　　　　　　　　長期前払費用 300 /

3 翌期首：再振替仕訳　　　　**支払保険料 400 / 前払費用　　 100**
　　　　　　　　　　　　　　　　　　 / 長期前払費用 300

　保証債務は、他の人の借金の連帯保証人になる場合などに出てきます。連帯保証人になると、他の人の代わりに借金を返済する義務が生じます。

1 連帯保証人になったときの仕訳

備忘記録の仕訳（対照勘定）を書く。

　　保証債務見返 400 / 保証債務 400

● 保証した債務が返済されなかったため、連帯保証した場合

2-1 連帯保証したときの仕訳

❶ 現金を支払ったので、右に書く。
　　　　　　　　　 / 現金 400

❷ 債務保証をしていた相手先に対して、未回収の代金が発生したので、未収入金が増える。左に書く。
　　未収入金 400 / 現金 400

❸ 備忘記録の仕訳を取り消す。
　　未収入金 400 / 現金　　　　400
　　保証債務 400 / 保証債務見返 400

お金を回収したときの仕訳

❶ 現金が増えるので、左に書く。
❷ 未収入金を回収したので、未収入金を減らす。右に書く。
　　現金 400 / 未収入金 400

●保証した債務が無事に返済された場合

借りたお金
返します

2-2 **連帯保証が解消したときの仕訳**

無事に返済されたので、連帯保証人では
なくなった。備忘記録の仕訳を取り消す。
保証債務 400 / 保証債務見返 400

保証債務とは

保証債務と保証債務見返は、取引を忘れない
ために利用する一時的な仮の勘定科目（対照勘
定）です。保証債務とは債務者が債務を履行し
ない場合に保証人が債務者の代わりに弁済する
債務です。4コマ漫画ではAさんが債務者、パ
ブロフが保証人です。

資産	負債
保証債務見返	保証債務
	純資産
費用	収益

1 連帯保証人になったときの仕訳

パブロフが保証人になった時点では、お金の支払いや商品の売買などを
行っているわけではないため、本来は仕訳を書くことができません。し
かし、将来弁済する可能性がある金額を仕訳として帳簿に記録しておき
たいので、1の仕訳を書きます。将来弁済する可能性を忘れないように
するための仕訳なので「備忘記録」ということもあります。

2-1 連帯保証したときの仕訳

Aさんが債務を銀行へ返済できなかった場合、パブロフがAさんの代わ
りに銀行にお金を支払います。これを弁済といいます。

🐾 **まとめ** 🐾

1 連帯保証人になったときの仕訳　　**保証債務見返 400 / 保証債務 400**
2-1 連帯保証したときの仕訳　　　　**未収入金 400 / 現金　　　　400**
　　　　　　　　　　　　　　　　　保証債務 400 / 保証債務見返 400
2-2 連帯保証が解消したときの仕訳　**保証債務 400 / 保証債務見返 400**

月次決算

決算整理仕訳のうち、月次決算で特有の処理を見ていきましょう。

年次決算と月次決算

1年に1回決算を行うことを**年次決算**といいます。簿記では基本的に年次決算の会計処理を学習しています。これに対して、1か月に1回決算を行うことを**月次決算**といいます。

月次決算の目的

月次決算を行うことで、期中における**もうけの金額**や会社にある**財産の金額**、**予算の達成度**を毎月把握することができます。また、問題点の早期発見と改善策をすぐに実行することが可能になります。

月次決算は本当に必要？

日々の取引は期中で仕訳を行いますので、月ごとに試算表を作成すれば月次決算を行う必要がないように思えます。しかし、減価償却や経過勘定などの決算整理仕訳は、決算を行わないと計上されません。当月のもうけの金額や会社にある財産の金額をできる限り正確に計算するためには、月次決算が必要となるのです。

月次決算の決算整理仕訳

　次の例題を使って、月次決算の決算整理仕訳を見ていきましょう。月次決算の場合、問題文に具体的な処理方法が書いてありますので、問題文の指示に従って仕訳を書くことが重要です。

例題　当社は月次決算を採用している。次の(1)から(4)の取引について、決算整理仕訳を答えよ。
- (1) 当月の商品仕入高 ¥800,000、前月末の商品棚卸高 ¥10,000、当月末の商品棚卸高 ¥30,000であり、当社は3分法で記帳している。
- (2) 備品は毎月末に減価償却費を計上している。定率法で計算した年間の減価償却費は ¥24,000である。当社は間接法で記帳している。
- (3) 当期4月1日に ¥10,000を借り入れ、現金を受け取った。返済期日は元利ともに1年後であり、利息は年利率12%である。利息は月割りで計算し毎月末に当月分を費用に計上している。
- (4) 来月、6か月分の賞与 ¥180,000を支給予定である。賞与について、毎月末に当月分を引当金として積み立てている。

仕訳
- (1) 仕入　　　　10,000 / 繰越商品 10,000
　　　繰越商品 30,000 / 仕入　　　30,000
- (2) 減価償却費 2,000 / 備品減価償却累計額 2,000
- (3) 支払利息100 / 未払利息100
- (4) 賞与引当金繰入 30,000 / 賞与引当金 30,000

解説　月次決算の決算整理仕訳は、金額が1か月分になります。
- (1) 月次決算における売上原価を計算する仕訳では、前月末（当月初）商品棚卸高と当月末商品棚卸高を使います。
- (2) 定率法の場合でも、まず年間の減価償却費を計算し、12か月で割って1か月分の減価償却費を計算します。
　　　24,000÷12か月＝2,000
- (3) 年利率12%なので、まず年間の支払利息を計算し、12か月で割って1か月分の支払利息を計算します。利息を支払うのは1年後であり、まだ未払いの状況なので、未払利息（未払費用）の仕訳を書きます。
　　　10,000×12%÷12か月＝100
- (4) 180,000は6か月分の賞与なので、当月1か月分は6か月で割って計算します。
　　　180,000÷6か月＝30,000

問題1から問題5の取引について仕訳しなさい。ただし、勘定科目は、次の中から最も適当と思われるものを選びなさい。

現　　　金	当 座 預 金	売　掛　金	研 究 開 発 費
備　　　品	借　入　金	の れ ん	負ののれん発生益
資　本　金	資 本 準 備 金	諸　資　産	前　払　費　用
諸　負　債	未　払　金	契 約 負 債	長 期 前 払 費 用
未 収 入 金	広 告 宣 伝 費	保 証 債 務	保 証 債 務 見 返

問題1　　　　　　　　　　　　　　　　　　　　　　　P.274

当社は、T社を吸収合併し、新たに当社の株式100株（時価@¥6,200）を同社の株主に交付した。同社から承継した資産および負債は次のとおりで、株式の交付にともなって増加する株主資本は、すべて資本金とする。
- 現　金（帳簿価額¥400,000、時価¥400,000）
- 売掛金（帳簿価額¥280,000、時価¥280,000）
- 備　品（帳簿価額¥300,000、時価¥370,000）
- 借入金（帳簿価額¥500,000、時価¥500,000）

問題2　　　　　　　　　　　　　　　　　　　　　　　P.274

当社はA株式会社を吸収合併し、新たに当社の株式500株（時価@¥8,000）を発行し、同社の株主に交付した。このときのA株式会社の諸資産（時価）は¥8,000,000、諸負債（時価）は¥3,900,000であった。また、合併にあたっては、取得の対価のうち60%を資本金、残り40%を資本準備金として計上することとした。

問題3　　　　　　　　　　　　　　　　　　　　　　　P.278

研究開発部門の給料¥70,000を現金で支払った。また、研究開発目的のみに使用する備品¥200,000を購入し、代金は翌月末に支払うこととした。

問題4　　　　　　　　　　　　　　　　　　　　　　　P.280

次の取引の決算整理仕訳を行いなさい。
当期の決算にあたり、Aビル屋上の広告看板の適切な費用の期間帰属のための処理を行う。Aビル屋上の広告看板については、当期首に広告用看板の掲示に関する契約を締結し、当期首から5年分の広告料金¥2,000,000を支払い、全額費用に計上している。

問題5

P.282

債務保証をしていた取引先が期日に¥500,000の借入金の返済が不能となり、債務者から利息¥30,000を含めて返済を求められたので小切手を振り出して支払った。なお、当社は保証債務については対照勘定を用いて備忘記録をしている。

解説・解答

問題1

❶ 新たに株式を発行したので、資本金が増える。右に書く。問題文の「すべて資本金とする」との指示より、全額を資本金とする。

@6,200×100株=620,000

　　　　　　　/資本金 620,000

❷ T社の資産と負債が当社の資産と負債になるので、増やす。資産と負債の金額は時価を使う。

現金　　400,000 /資本金 620,000
売掛金 280,000 /借入金 500,000
備品　　370,000/

❸ 差額が左側なので、のれんと書く。

現金　　400,000 /資本金 620,000
売掛金 280,000 /借入金 500,000
備品　　370,000/
のれん　70,000/

現　　金	400,000	資　本　金	620,000
売　掛　金	280,000	借　入　金	500,000
備　　品	370,000		
の　れ　ん	70,000		

問題2

❶ 新たに株式を発行したので、資本金と資本準備金が増える。問題文の「60％を資本金、残り40％を資本準備金」との指示より、それぞれの金額を計算する。

@8,000×500株×60％=2,400,000
@8,000×500株×40％=1,600,000

　　　　　　　/資本金　　　 2,400,000
　　　　　　　/資本準備金 1,600,000

❷ A株式会社の資産と負債が当社の資産と負債になるので、増やす。資産と負債

の内訳がないため、諸資産と諸負債という勘定科目を使う。

諸資産 8,000,000	資本金	2,400,000
	資本準備金	1,600,000
	諸負債	3,900,000

❸差額が右側なので、負ののれん発生益と書く。

諸資産 8,000,000	資本金	2,400,000
	資本準備金	1,600,000
	諸負債	3,900,000
	負ののれん発生益	100,000

諸　　資　　産	8,000,000	資　　本　　金	2,400,000
		資　本　準　備　金	1,600,000
		諸　　負　　債	3,900,000
		負ののれん発生益	100,000

問題3

❶研究開発部門の給料と研究開発目的で使用する備品は、研究開発費に計上する。研究開発費が増えるので、左に書く。

70,000 + 200,000 = 270,000

研究開発費 270,000 /

❷給料を現金で支払ったので、現金が減る。右に書く。

研究開発費 270,000 / 現金　　70,000

❸備品の代金は翌月末に支払うので未払金を使う。未払金が増えるので右に書く。

研究開発費 270,000	現金	70,000
	未払金	200,000

研究開発費	270,000	現　　金	70,000
		未　払　金	200,000

問題4

❶下書きに状況を整理する。取引発生時に全額費用に計上しているので、広告宣伝費2,000,000が計上されている状況。これを当期分、翌期分、翌々期以降の分に分ける。

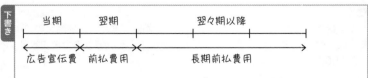

288

```
               決算前              決算後
広告宣伝費   2,000,000円  →   400,000円（当期分）
前払費用         0円    →   400,000円（翌期分）
長期前払費用      0円    →  1,200,000円（翌々期以降分）
```

❷ 翌期分と翌々期以降分の広告宣伝費を減らすので、右に書く。
　　400,000 + 1,200,000 = 1,600,000
　　　　　　　　　　　　　／ 広告宣伝費 1,600,000

❸ 翌期分は前払費用、翌々期以降分は長期前払費用を使う。左に書く。
　　前払費用　　　　 400,000 ／広告宣伝費 1,600,000
　　長期前払費用 1,200,000 ／

	前 払 費 用	400,000	広告宣伝費	1,600,000
	長期前払費用	1,200,000		

問題5

❶ 小切手を振り出したので、当座預金が減る。右に当座預金と書く。
　　計算：500,000 + 30,000 = 530,000
　　　　　　　　　　　／ 当座預金　　　530,000

❷ 「債務保証をしていた取引先」に対して、未回収の代金が発生したので、未収
　入金が増える。左に未収入金と書く。利息30,000も取引先に請求するので、借
　入金500,000と利息30,000の合計を未収入金とする。
　　未収入金 530,000 ／ 当座預金　　　530,000

❸ 備忘記録の仕訳を取り消す。備忘記録は500,000で行っていたはずなので、金
　額は500,000を使う。
　　未収入金 530,000 ／ 当座預金　　　530,000
　　保証債務 500,000 ／ 保証債務見返 500,000

解答	未 収 入 金	530,000	当 座 預 金	530,000
	保 証 債 務	500,000	保証債務見返	500,000

豆知識　福利厚生費

社員の家賃補助、社員旅行、資格手当など、福利厚生のために会社が支払った場
合に福利厚生費を使って仕訳を行います。福利厚生費は　費用　の勘定科目です。

例題　社員旅行で北海道に行き、代金800,000円を現金で支払った。

仕訳　**福利厚生費 800,000 / 現金 800,000**

現金の範囲

現金の範囲は簿記3級の復習にはなりますが、簿記2級でも必要になる知識なので、まとめておきます。

● **現金として扱われるもの**

紙幣・硬貨	紙幣・硬貨は、一般的に使われる現金と同じく、簿記でも「現金」として扱われる。
他店振り出しの小切手 (他店振出小切手)	他の会社が振り出した小切手を他店振り出しの小切手(他店振出小切手)という。他店振り出しの小切手は、銀行へ持って行けばすぐに換金できるので、他社から小切手を受け取った時点で現金として扱う。
配当金領収証	配当金を受け取ることができる権利を表す証書を、配当金領収証という。配当金領収証は、金融機関へ持って行けばすぐに換金できるので、配当金領収証を受け取った時点で現金として扱う。
国債・社債の利札(期日がすでに到来したもの)	国債や社債に付いている、利息を受け取ることができる権利を表す有価証券を利札という。国債や社債の券に期日の違う数枚の利札が付いている。期日が到来した利札はすぐに換金できるので現金として扱う。
普通為替証書	お金を送る人がゆうちょ銀行や郵便局で普通為替証書を買い、お金を受け取る人へ送る。普通為替証書を受け取った人はゆうちょ銀行などへ持って行くと換金できる。ゆうちょ銀行などへ持って行くとすぐに換金できることから現金として扱う。
送金小切手	お金を送る人が銀行で送金小切手を買い、お金を受け取る人へ送る。送金小切手を受け取った人は銀行へ持って行くと換金できる。銀行へ持って行くとすぐに換金できることから現金として扱う。

● **現金と紛らわしいが現金でないもの**

当社振り出しの小切手 (自己振出小切手)	当社が振り出した小切手を自己振出小切手という。自己振出小切手を受け取るということは、以前に当社が振り出した小切手が戻ってきたということなので、振り出したときに行った当座預金の減少を取り消す仕訳を行う。
郵便切手	現金ではなく通信費または貯蔵品として扱う。
収入印紙	現金ではなく租税公課または貯蔵品として扱う。
国債・社債の利札(期日がまだ到来していないもの)	期日が到来した利札はすぐに換金できるので現金として扱うが、期日がまだ到来していない利札は何もしない。

Chapter12

当座預金の
銀行勘定調整表

① パブロフくん
コレ何？

② 毎月 銀行から
送られてくるん
だけど
よくわからない
から開けてない

③ コレは銀行の当座預金
の残高の金額が
書かれた大切な紙だよ

④ 毎月 残高証明書と帳簿を
比べてズレてないか確かめないと
間違えた仕訳を書いていても
発見できないよ

⑤ パブロフの仕訳が
間違っているわけ
ないじゃん

⑥ それ以外にも入金日の
違いによってズレが出る
場合も…

⑦ ズレ…て…る？

銀行勘定調整表

当社の帳簿に記録している当座預金勘定の残高と、銀行から届いた当座預金の残高証明書の残高は、基本的に一致します。月末や決算日に、この2つが一致していない場合、銀行勘定調整表を作成します。

月末や決算日に、銀行から当座預金の残高証明書（当座預金の残高が書いてある紙）が届きます。

銀行勘定調整表とは

　銀行勘定調整表とは、当社の当座預金勘定の残高と銀行から届いた当座預金の残高証明書の残高が不一致の場合に作成する表です。不一致の原因を調べることで、両者の残高を一致させると同時に、当社の仕訳漏れなどを見つけることができます。銀行勘定調整表は次のように作成します。

ステップ1　それぞれの残高を書く。

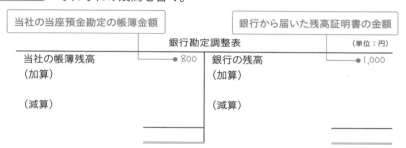

ステップ2　不一致の原因を書く（詳しくは次のページで学習）。

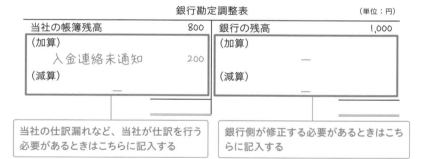

| | 当社の仕訳漏れなど、当社が仕訳を行う必要があるときはこちらに記入する | 銀行側が修正する必要があるときはこちらに記入する |

ステップ3　修正後の正しい残高を書く。

修正後の正しい残高。2つは必ず一致する

銀行勘定調整表		（単位：円）
当社の帳簿残高	800	銀行の残高　1,000
（加算）		（加算）
入金連絡未通知	200	—
（減算）		（減算）
—		—
	1,000	1,000

連絡未通知

重要度 ★★

　銀行の当座預金口座には入金や出金がされているにもかかわらず、当社に通知が未達だった場合、**連絡未通知**といいます。連絡未通知の調整の仕方を見ていきましょう。

入金連絡未通知の仕訳

❶ 売掛金が当座預金口座に入金されたことの通知が未達だったので、仕訳を書く。

❷ 売掛金を回収したので、売掛金が減る。右に書く。

　　　　　　/ 売掛金 200

❸ 当座預金が増えるので、左に書く。
当座預金 200 / 売掛金 200

銀行勘定調整表

　入金連絡未通知の仕訳で当座預金が増加したので、当社の帳簿残高の加算欄に記入します。

内容がわかる説明ならば、どのような言葉で書いてもよい。

銀行勘定調整表 (単位：円)

当社の帳簿残高	800	銀行の残高	1,000
（加算）		（加算）	
入金連絡未通知	200		―
（減算）		（減算）	
―			―
	1,000		1,000

🐾 まとめ 🐾

入金連絡未通知の仕訳　　　　　　**当座預金 200 / 売掛金 200**

未渡小切手

　代金を支払うために小切手を振り出し、仕訳も書いていましたが、渡し忘れた小切手を**未渡小切手**といいます。この未渡小切手が手許にあった場合の調整の仕方を見ていきましょう。

未渡小切手の仕訳

❶ 小切手を渡していなかったので、
　　広告宣伝費 100 / 当座預金 100
　と仕訳していたのは間違いである。
　小切手が手許にあるため、代金は未払の状況なので、
　　広告宣伝費 100 / 未払金 100
　が正しい仕訳となる。

❷ 当座預金は減らすべきではなかったので、当座預金を増やす。左に書く。
　　当座預金 100 /

❸ 代金をまだ支払っていないので、未払金が増える。右に書く。
　　当座預金 100 / 未払金 100

銀行勘定調整表

　未渡小切手の仕訳で当座預金が増加したので、当社の帳簿残高の加算欄に記入します。

銀行勘定調整表

（単位：円）

当社の帳簿残高		900	銀行の残高		1,000
（加算）			（加算）		
	未渡小切手	100		—	
（減算）			（減算）		
	—			—	
		1,000			1,000

😺 まとめ 😺

未渡小切手の仕訳　　　　　　　　　　**当座預金 100 / 未払金 100**

重要度 ★★

誤記入

当社の仕訳の金額が間違っていた場合の調整の仕方を見ていきましょう。

誤記入の仕訳

❶ 売掛金120円を回収し、当座預金口座に入金されていたが、金額120円を間違って210円と書いてしまった。

誤　当座預金 210 / 売掛金 210
正　当座預金 120 / 売掛金 120

❷ 売掛金の減少額を210→120に修正するので、売掛金を増やす。左に書く。
　売掛金 90 /

❸ 当座預金の入金額を120→210に修正するので、当座預金を減らす。右に書く。
　売掛金 90 / 当座預金 90

銀行勘定調整表

誤記入の仕訳で当座預金が減少したので、当社の帳簿残高の減算欄に記入します。

銀行勘定調整表　　　　　　　　　　　　　　　　　　（単位：円）

当社の帳簿残高	1,090	銀行の残高	1,000
（加算）		（加算）	
—		—	
（減算）		（減算）	
売掛金誤記入	90	—	
	1,000		1,000

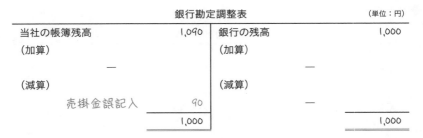

😺 まとめ 😺

誤記入の仕訳　　　　　　　　　　　　**売掛金 90 / 当座預金 90**

時間外預入

決算日に当座預金口座に入金したが、営業時間外だったため銀行が翌日の日付で記録していることを時間外預入といいます。時間外預入があった場合の調整の仕方を見ていきましょう。

時間外預入の仕訳

銀行の記録のタイミングがズレているだけなので、当社の当座預金の金額が正しい。

　仕訳なし

銀行勘定調整表

当社は時間外預入の仕訳を書かないので、銀行側に記入します。時間外預入によって銀行の残高が増えるので、加算欄に記入します。

銀行勘定調整表　　　　　　　　　　　　　　　　　　（単位：円）

当社の帳簿残高	1,000	銀行の残高		900
（加算）		（加算）		
―			時間外預入	100
（減算）		（減算）		
			―	
	1,000			1,000

✿ まとめ ✿

時間外預入の仕訳　　　　　　　　　　　　　　　　　　　　仕訳なし

代金を回収したときに小切手を受け取り銀行に持って行ったが、銀行の都合でまだ換金していない状態の小切手を、未取立小切手（みとりたて）といいます。未取立小切手の調整の仕方を見ていきましょう。

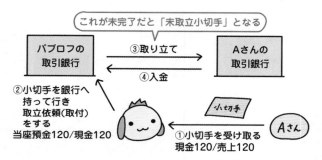

これが未完了だと「未取立小切手」となる

| パブロフの取引銀行 | ③取り立て → | Aさんの取引銀行 |

④入金 ←

②小切手を銀行へ持って行き取立依頼（取付）をする
当座預金120/現金120

①小切手を受け取る
現金120/売上120

未取立小切手の場合、パブロフの取引銀行の③取り立てが未完了なので、④入金がされていないため銀行残高は増えていないが、②小切手を銀行へ持って行った時点で当座預金を増やす仕訳をしているので、当社の帳簿の当座預金の金額が正しいです。したがって「仕訳なし」となります。

銀行勘定調整表

当社は未取立小切手の仕訳を書かないので、銀行側に記入します。未取立小切手によって銀行の残高が増えるので、加算欄に記入します。

銀行勘定調整表 (単位：円)

当社の帳簿残高	1,000	銀行の残高	880
（加算）		（加算）	
	—	未取立小切手	120
（減算）		（減算）	
	—		—
	1,000		1,000

😺 まとめ 😺

| 未取立小切手の仕訳 | 仕訳なし |

重要度 ★★

未取付小切手
みとりつけ

代金を支払うために小切手を振り出したが、受け取った相手が銀行で換金していない状態の小切手を、未取付小切手（未呈示小切手）といいます。
みとりつけ　　　　　　　　　　みていじ

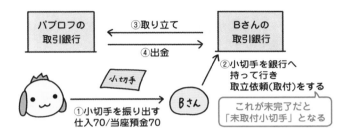

未取付小切手の場合、Bさんの②取立依頼（取付）が未完了なので、④出金がされてないため銀行残高は減っていないが、①小切手を振り出した時点で当座預金を減らす仕訳をしているので、当社の帳簿の当座預金の金額が正しいです。したがって「仕訳なし」となります。

▌銀行勘定調整表

当社は未取付小切手の仕訳を書かないので、銀行側に記入します。未取付小切手によって銀行の残高が減るので、減算欄に記入します。

銀行勘定調整表 （単位：円）

当社の帳簿残高	1,000	銀行の残高	1,070
（加算）		（加算）	
	—		—
（減算）		（減算）	
	—	未取付小切手	70
	1,000		1,000

🐾 まとめ 🐾

未取付小切手の仕訳	仕訳なし

当社の次の資料にもとづいて、(1)(2)に答えなさい。

当社が関東銀行から受け取った当座預金の残高証明書（決算日現在）の残高￥290,000は、当社の当座預金の残高￥297,000と一致していなかった。この不一致の原因は以下の理由によるものであることが判明した。

1. 携帯電話代￥15,000が当座預金口座から引き落とされていたが、通知が当社に未達であった。
2. 決算日に現金￥20,000を当座預金口座へ預け入れたが、銀行の営業時間終了後であったため、銀行は翌日の入金として処理していた。
3. 広告宣伝費の支払いのために作成した小切手￥17,000が、未渡しのまま出納係の手許にあった。
4. 得意先和歌山商店に対する受取手形￥32,000が期日決済され取り立てられたが、通知が当社に未達であった。
5. 得意先神戸商店より売掛金の回収として、同店振り出しの小切手￥40,000を受け取り、直ちに当座預金として預け入れたが、いまだに取り立てられていなかった。
6. 仕入先関西商店に対する買掛金の支払いとして、小切手￥19,000を振り出したが、決算日現在銀行への呈示がなされていなかった。

(1) 決算整理仕訳を書きなさい。なお、仕訳が必要ない場合は借方欄に「仕訳なし」と記入すること。

[答案用紙]

	借方	金額	貸方	金額
1				
2				
3				
4				
5				
6				

(2) 銀行勘定調整表を作成せよ。摘要欄には「未渡小切手、未取付小切手、未取立小切手、通信費未通知、入金連絡未通知、時間外預入」を記入すること。

[答案用紙]

銀行勘定調整表

摘 要	金 額	摘 要	金 額
当社の当座預金残高	（¥　　　　）	銀行の残高証明書残高	（¥　　　　）
（加算）（　　　　）	（　　　　）	（加算）（　　　　）	（　　　　）
（　　　　）	（　　　　）	（　　　　）	（　　　　）
（減算）（　　　　）	（　　　　）	（減算）（　　　　）	（　　　　）
（　　　　）	（　　　　）	（　　　　）	（　　　　）
	（¥　　　　）		（¥　　　　）

解説・解答

（1）

資料1から6を読み、仕訳を書きます。同時に（2）銀行勘定調整表に記入します。

1. 通信費未通知である。未達であった通信費の仕訳を書く。通信費を増やし、当座預金を減らす。

   通信費 15,000 / 当座預金 15,000

   銀行勘定調整表の当社欄の減算に通信費未通知と書く。

2. 時間外預入である。銀行の処理のタイミングがズレているだけなので、当社は仕訳なしとなる。

   仕訳なし

   銀行勘定調整表の銀行欄の加算に時間外預入と書く。

3. 未渡小切手である。小切手を渡していなかったので、当座預金を増やす。代金をまだ支払っていないので、未払金を増やす。

   当座預金 17,000 / 未払金 17,000

   銀行勘定調整表の当社欄の加算に未渡小切手と書く。

4. 入金連絡未通知である。未達であった受取手形の決済の仕訳を書く。受取手形を減らし、当座預金を増やす。

   当座預金 32,000 / 受取手形 32,000

   銀行勘定調整表の当社欄の加算に入金連絡未通知と書く。

5. 未取立小切手である。銀行が取り立てを行っていないだけなので、当社は仕訳なしとなる。

   仕訳なし

   銀行勘定調整表の銀行欄の加算に未取立小切手と書く。

6. 未取付小切手である。仕入先が小切手を銀行へ呈示していないだけなので、当社は仕訳なしとなる。

   仕訳なし

銀行勘定調整表の銀行欄の減算に未取立小切手と書く。

(1)

	借方	金額	貸方	金額
1	通信費	15,000	当座預金	15,000
2	仕訳なし			
3	当座預金	17,000	未払金	17,000
4	当座預金	32,000	受取手形	32,000
5	仕訳なし			
6	仕訳なし			

(2)

銀行勘定調整表

摘　　要	金　　額	摘　　要	金　　額
当社の当座預金残高	(￥297,000)	銀行の残高証明書残高	(￥290,000)
(加算)（未 渡 小 切 手）(	17,000)	(加算)（時 間 外 預 入）(	20,000)
（入金連絡未通知）(	32,000)	（未 取 立 小 切 手）(	40,000)
(減算)（通信費未通知）(	15,000)	(減算)（未 取 付 小 切 手）(	19,000)
（　　　　　　）(	)	（　　　　　　）(	)
	(￥331,000)		(￥331,000)

豆知識　銀行勘定調整表の種類

上に書いた銀行勘定調整表を**両者区分調整法**といいます。銀行勘定調整表には、その他に次の2種類があり、練習問題の数値を記入すると次のようになります。

企業残高基準法の場合		
当社の当座預金残高		297,000
（加算）		
3. 未渡小切手	17,000	
4. 入金連絡未通知	32,000	
6. 未取付小切手	19,000	68,000
（減算）		
1. 通信費未通知	15,000	
2. 時間外預入	20,000	
5. 未取立小切手	40,000	75,000
銀行の残高証明書残高		290,000

銀行残高基準法の場合		
銀行の残高証明書残高		290,000
（加算）		
1. 通信費未通知	15,000	
2. 時間外預入	20,000	
5. 未取立小切手	40,000	75,000
（減算）		
3. 未渡小切手	17,000	
4. 入金連絡未通知	32,000	
6. 未取付小切手	19,000	68,000
当社の当座預金残高		297,000

Chapter13
精算表・財務諸表

❶ 決算整理仕訳が終わったから
貸借対照表・損益計算書・
株主資本等変動計算書を作ろう！

えっ

❷ 仕訳だけじゃ
ダメなの？

株主総会

❸ 株主総会で会社の財産や損益を
説明するとき 仕訳を全部
見せるわけにはいかないでしょ？

3ページを
開いてください

株主

❹ 貸借対照表　パブロフの会社
こんな感じ

新しく
取引したいな

この会社の株
買おうかな

この会社に
就職したい

取引先　就活生　投資家

投資家や取引先などに
自分の会社を説明するとき
にも便利だよ

精算表

　精算表とは、決算のときに損益計算書と貸借対照表を作成するために記入する表のことです。精算表の残高試算表欄には、決算整理前の残高試算表の金額を記入します。修正記入欄には決算整理仕訳を記入します。

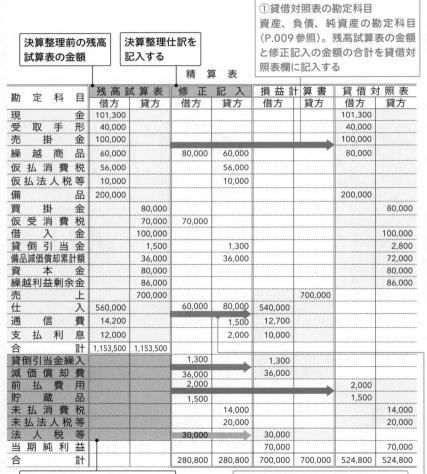

①貸借対照表の勘定科目
資産、負債、純資産の勘定科目
（P.009参照）。残高試算表の金額
と修正記入の金額の合計を貸借対
照表欄に記入する

決算整理前の残高試算表の金額

決算整理仕訳を記入する

精　算　表

勘 定 科 目	残 高 試 算 表		修 正 記 入		損 益 計 算 書		貸 借 対 照 表	
	借方	貸方	借方	貸方	借方	貸方	借方	貸方
現　　　　金	101,300						101,300	
受 取 手 形	40,000						40,000	
売 　掛 　金	100,000						100,000	
繰 越 商 品	60,000		80,000	60,000			80,000	
仮 払 消 費 税	56,000			56,000				
仮 払 法 人 税 等	10,000			10,000				
備　　　　品	200,000						200,000	
買 　掛 　金		80,000						80,000
仮 受 消 費 税		70,000	70,000					
借 　入 　金		100,000						100,000
貸 倒 引 当 金		1,500		1,300				2,800
備品減価償却累計額		36,000		36,000				72,000
資 　本 　金		80,000						80,000
繰越利益剰余金		86,000						86,000
売　　　　上		700,000				700,000		
仕　　　　入	560,000		60,000	80,000	540,000			
通 　信 　費	14,200			1,500	12,700			
支 払 利 息	12,000			2,000	10,000			
合　　　　計	1,153,500	1,153,500						
貸倒引当金繰入			1,300		1,300			
減 価 償 却 費			36,000		36,000			
前 払 費 用			2,000				2,000	
貯 　蔵 　品			1,500				1,500	
未 払 消 費 税				14,000				14,000
未 払 法 人 税 等				20,000				20,000
法 人 税 等			30,000		30,000			
当 期 純 利 益					70,000			70,000
合　　　　計			280,800	280,800	700,000	700,000	524,800	524,800

③決算整理の勘定科目
決算整理仕訳で新しく出てきた勘定科目。上の①②にない場合、ここに追加して記入する

②損益計算書の勘定科目
収益、費用の勘定科目（P.010参照）。残高試算表の金額と修正記入の金額の合計を損益計算書欄に記入する

Chapter01-03で学習した棚卸減耗損と商品評価損には、①売上原価に含めない方法と②売上原価に含める方法の2種類があります。精算表の書き方も違うので、詳しく見ていきましょう。

売上原価に含めない方法

売上原価に含めない方法（独立の科目として表示する方法）の精算表の書き方について、例題を見ていきましょう。

例題 当社の商品の状況は次のとおりである。当社の精算表を完成させなさい。なお、売上原価は仕入の行で算定するが、棚卸減耗損と商品評価損は精算表上、独立の科目として表示する。

〈商品の状況〉

当期商品仕入高1,000円、期首商品棚卸高100円、
期末商品帳簿棚卸高300円、棚卸減耗損40円、商品評価損10円

解説 決算整理仕訳を下書きに書き、精算表の修正記入欄に書き写します。
次に各勘定科目の損益計算書と貸借対照表の金額を記入します。

```
仕入       100 / 繰越商品 100
繰越商品   300 / 仕入     300
棚卸減耗損  40 / 繰越商品  40
商品評価損  10 / 繰越商品  10
```

精 算 表

勘 定 科 目	残 高 試 算 表		修 正 記 入		損 益 計 算 書		貸 借 対 照 表	
	借方	貸方	借方	貸方	借方	貸方	借方	貸方
繰 越 商 品	100		300	100			250	
				40				
				10				
⋮								
仕 入	1,000		100	300	800			
⋮								
棚 卸 減 耗 損			40		40			
商 品 評 価 損			10		10			

100+300－100－40－10

1,000+100－300

損益計算書に独立した科目として表示される

売上原価に含める方法

棚卸減耗損と商品評価損を、売上原価に含める精算表の記入方法について、例題を見ていきましょう。

例題 当社の商品の状況は次のとおりである。当社の精算表を完成させなさい。なお、売上原価は仕入の行で算定し、棚卸減耗損と商品評価損は売上原価に含める。
〈商品の状況〉
当期商品仕入高1,000円、期首商品棚卸高100円、
期末商品帳簿棚卸高300円、棚卸減耗損40円、商品評価損10円

解説 決算整理仕訳を下書きに書き、精算表の修正記入欄に書き写します。
次に各勘定科目の損益計算書と貸借対照表の金額を記入します。

```
仕入        100 / 繰越商品   100
繰越商品    300 / 仕入       300
棚卸減耗損   40 / 繰越商品    40
商品評価損   10 / 繰越商品    10
仕入         40 / 棚卸減耗損  40
仕入         10 / 商品評価損  10
```

精 算 表

勘 定 科 目	残 高 試 算 表		修 正 記 入		損 益 計 算 書		貸 借 対 照 表	
	借方	貸方	借方	貸方	借方	貸方	借方	貸方
繰 越 商 品	100		300	100			250	
				40				
				10				
⋮								
仕　　　　入	1,000		100	300	850			
			40					
			10					
⋮								
棚 卸 減 耗 損			40	40				
商 品 評 価 損			10	10				

$100 + 300 - 100 - 40 - 10$

$1,000 + 100 + 40 + 10 - 300$

仕入に振り替えたので、損益計算書に独立した科目として表示されない

練習問題　Chapter13 01

次の［決算整理事項その他］にもとづいて、答案用紙の精算表を完成させなさい。会計期間は1年、決算日はX5年3月31日。

［決算整理事項その他］
1. 当座預金の帳簿残高と銀行の残高証明書の金額は一致していなかったため、不一致の原因を調べたところ、次の事実が判明した。
   銀行に取立依頼していた得意先振り出しの約束手形の決済代金として￥11,000が当座預金の口座に振り込まれていたが、この通知が銀行から届いていなかった。
2. 受取手形と売掛金の期末残高に対して3%の貸し倒れを見積もる。貸倒引当金は差額補充法により設定する。
3. 有価証券の内訳は次のとおりである。

	帳簿価額	時　価	保 有 目 的
A社株式	￥46,300	￥56,100	売 買 目 的
B社株式	￥54,200	￥52,200	売 買 目 的
C社社債	￥38,500	￥39,900	満期保有目的

   C社社債（額面総額￥40,000、利率年2%、利払日は年1回3月末、償還日はX7年3月31日）は、X2年4月1日に額面@￥100につき@￥93.75の価額で取得したものであり、償却原価法（定額法）で評価する。
   なお、X5年3月31日のクーポン利息については期中に計上済みである。
4. 商品の期末棚卸高は次のとおりである。なお、売上原価は「仕入」の行で計算するが、棚卸減耗損と商品評価損は独立の科目として表示する。
   帳簿棚卸高　数量　600個　原価　@￥80
   実地棚卸高　数量　590個　うち┬ 550個の正味売却価額 @￥110
   　　　　　　　　　　　　　　　└ 40個の正味売却価額 @￥ 70
5. 有形固定資産の減価償却は次の要領で行う。
   建物：耐用年数は30年、残存価額はゼロとして、定額法で計算する。
   備品：耐用年数10年として200%定率法で計算する。
   なお、建物のうち￥600,000はX5年1月1日に購入したものであり、他の建物と同一の要領により月割りで減価償却を行う。
6. ソフトウェアはX1年4月1日に￥7,500で取得したものであり、取得後5年間にわたり定額法により償却する。
7. 支払保険料は、当期の9月1日に向こう1年分（12か月分）の保険料を一括して支払ったものである。

8. 支払利息は借入金の利息であるが、当期分の未計上額が￥660ある。

精 算 表

勘 定 科 目	残 高 試 算 表		修 正 記 入		損 益 計 算 書		貸 借 対 照 表	
	借方	貸方	借方	貸方	借方	貸方	借方	貸方
現 金 預 金	213,000							
受 取 手 形	60,000							
売 掛 金	151,000							
売買目的有価証券	100,500							
繰 越 商 品	51,000							
建 物	3,000,000							
備 品	600,000							
ソ フ ト ウ ェ ア	3,000							
満期保有目的債券	38,500							
支 払 手 形		40,000						
買 掛 金		130,000						
短 期 借 入 金		150,000						
貸 倒 引 当 金		4,500						
建物減価償却累計額		600,000						
備品減価償却累計額		292,800						
資 本 金		2,400,000						
利 益 準 備 金		80,000						
繰越利益剰余金		230,090						
売 上		2,311,700						
有 価 証 券 利 息		800						
仕 入	1,614,390							
給 料	400,000							
支 払 保 険 料	6,360							
支 払 利 息	2,140							
	6,239,890	6,239,890						
貸倒引当金( )								
有価証券評価( )								
棚 卸 減 耗 損								
商 品 評 価 損								
減 価 償 却 費								
( )償却								
( )保険料								
( )利息								
当期純( )								

解説・解答

ステップ1 すべての決算整理仕訳を書く。

1. 当社への通知が届いていなかったが、実際に取引は発生しているので、受取手形の決済の仕訳を書く。勘定科目は当座預金ではなく、精算表で使用されている現金預金を使う点に注意。Chapter12-02銀行勘定調整表の内容。

   現金預金 11,000 / 受取手形 11,000

2. 貸倒引当金の下書きを書き、決算整理仕訳を書く。受取手形60,000などは答案用紙の精算表「残高試算表」欄の金額を使う。精算表「残高試算表」欄には決算整理前残高試算表の金額が書いてある。決算整理仕訳で売掛金、受取手形の修正仕訳があった場合、貸倒引当金の計算でミスしないように注意。簿記3級の貸倒引当金の内容。

> 受取手形　　(60,000−11,000)×3%=1,470 ⎤
> 売掛金　　　151,000×3%=4,530　　　　　　⎦ 6,000
>
> 　　　　　　　　　　　+1,500
> 貸倒引当金　4,500 ——————→ 6,000
> 　　　　　残高試算表　　　　仕訳後の金額

   貸倒引当金繰入 1,500 / 貸倒引当金 1,500

3. 有価証券の下書きを書き、決算整理仕訳を書く。
   売買目的有価証券について、時価評価を行う。A社株式の有価証券評価益9,800とB社株式の有価証券評価損2,000を合算して、有価証券評価益7,800を計上する。Chapter07-04売買目的有価証券の内容。

> 　　　　　　　　　　+9,800
> A社株式　46,300 ——————→ 56,100
>
> 　　　　　　　　　　△2,000
> B社株式　54,200 ——————→ 52,200
> 　　　　　残高試算表　　　　仕訳後の金額

   売買目的有価証券 7,800 / 有価証券評価益 7,800

   満期保有目的債券について、償却原価法を適用する。C社社債の取得原価は40,000÷100×93.75＝37,500であり、額面総額40,000との差額に償却原価法を適用する。問題文に「クーポン利息については期中に計上済みである」と指示があるので、利率年2%の利息については期中に処理済みなので、決算整理仕訳は不要。Chapter07-07満期保有目的債券の償却原価法の内容。

> 償還期間　X2/4/1〜X7/3/31　→　5年間
> 取得原価　40,000円÷100×93.75=37,500円
> 差額　40,000円−37,500円=2,500円
> 1年あたりの償却額　2,500円÷5年=500円

満期保有目的債券 500 / 有価証券利息 500

4. 売上原価の決算整理仕訳を書く。帳簿単価@80円より正味売却価額@70円に下がった40個だけ商品評価損を計上する。残りの在庫550個は正味売却価額@110円なので、商品評価損は発生しない。なお、精算表の繰越商品の行数が2行しかないので、棚卸減耗損と商品評価損の貸方の繰越商品を合算している。Chapter01-03棚卸減耗損・商品評価損の内容。

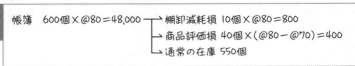

仕入 51,000 / 繰越商品 51,000
繰越商品 48,000 / 仕入 48,000
棚卸減耗損 800 / 繰越商品 1,200
商品評価損 400 /

5. 減価償却費の下書きを書き、決算整理仕訳を書く。建物については当期取得した新しい建物と従来使っていた旧建物に分けて計算する。精算表「残高試算表」建物3,000,000のうち600,000は当期取得分、2,400,000が従来使っていた建物。Chapter05-04、05減価償却費の内容。

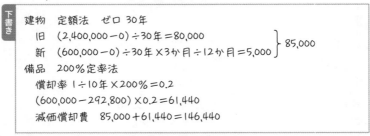

減価償却費　　　　146,440 / 建物減価償却累計額 85,000
　　　　　　　　　　　　　　 / 備品減価償却累計額 61,440

6. ソフトウェアの下書きを書き、決算整理仕訳を書く。ソフトウェア償却額は次のaかbのどちらかで計算する。Chapter05-14ソフトウェアの内容。
　　a. 取得原価 7,500÷取得時の償却期間5年＝1,500
　　b. 帳簿価額 3,000÷当期を含め残り2年間＝1,500

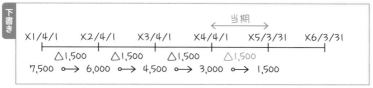

ソフトウェア償却 1,500 / ソフトウェア 1,500

7. 保険料の前払いの下書きを書き、決算整理仕訳を書く。保険料の前払い（経過勘定）は簿記3級の内容。

当期の9月1日に向こう1年分を支払っているが、当期に保険を契約していた期間は7か月間（X4年9月1日〜X5年3月31日）なので、翌期5か月分の支払保険料は取り消す必要がある。支払保険料を減らし、前払保険料を増やす。

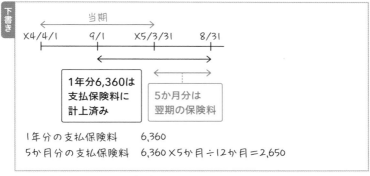

前払保険料 2,650 / 支払保険料 2,650

8. 利息の未払いの決算整理仕訳を書く。利息の経過勘定は簿記3級の内容。

利息の未計上額があるので、当期の支払利息を計上する。支払利息を増やし、未払利息を増やす。

支払利息 660 / 未払利息 660

精 算 表

勘 定 科 目	残 高 試 算 表 借方	残 高 試 算 表 貸方	修 正 記 入 借方	修 正 記 入 貸方	損 益 計 算 書 借方	損 益 計 算 書 貸方	貸 借 対 照 表 借方	貸 借 対 照 表 貸方
現 金 預 金	213,000		11,000					
受 取 手 形	60,000			11,000				
売 掛 金	151,000							
売買目的有価証券	100,500		7,800					
繰 越 商 品	51,000		48,000	51,000				
				1,200				
建 物	3,000,000							
備 品	600,000							
ソ フ ト ウ ェ ア	3,000			1,500				
満期保有目的債券	38,500		500					
支 払 手 形		40,000						
買 掛 金		130,000						
短 期 借 入 金		150,000						
貸 倒 引 当 金		4,500		1,500				
建物減価償却累計額		600,000		85,000				
備品減価償却累計額		292,800		61,440				
資 本 金		2,400,000						
利 益 準 備 金		80,000						
繰越利益剰余金		230,090						
売 上		2,311,700						
有 価 証 券 利 息		800		500				
仕 入	1,614,390		51,000	48,000				
給 料	400,000							
支 払 保 険 料	6,360			2,650				
支 払 利 息	2,140		660					
	6,239,890	6,239,890						
貸倒引当金(繰入)			1,500					
有価証券評価(益)				7,800				
棚 卸 減 耗 損			800					
商 品 評 価 損			400					
減 価 償 却 費			146,440					
(ソフトウェア)償却			1,500					
(前払)保険料			2,650					
(未払)利息				660				
当期純( )								
			272,250	272,250				

決算整理仕訳で新しく
出てきた勘定科目を追加

ステップ3 精算表の「損益計算書」「貸借対照表」を記入する。

> **ルール1** 修正記入欄がホームポジションと同じ側なら＋、逆側なら－。
> **ルール2** 損益計算書か貸借対照表かは、これだけは覚えておこう「ホームポジション一覧」（P.009とP.010）を見て覚える。

精算表

勘定科目	残高試算表 借方	残高試算表 貸方	修正記入 借方	修正記入 貸方	損益計算書 借方	損益計算書 貸方	貸借対照表 借方	貸借対照表 貸方
現金預金	213,000		+11,000				224,000	
受取手形	60,000			△11,000			49,000	
売掛金	151,000						151,000	
売買目的有価証券	100,500		+7,800				108,300	
繰越商品	51,000		+48,000	△51,000			46,800	
				△1,200				
建物	3,000,000						3,000,000	
備品	600,000						600,000	
ソフトウェア	3,000			△1,500			1,500	
満期保有目的債券	38,500		+500				39,000	
支払手形		40,000						40,000
買掛金		130,000						130,000
短期借入金		150,000						150,000
貸倒引当金		4,500		+1,500				6,000
建物減価償却累計額		600,000		+85,000				685,000
備品減価償却累計額		292,800		+61,440				354,240
資本金		2,400,000						2,400,000
利益準備金		80,000						80,000
繰越利益剰余金		230,090						230,090
売上		2,311,700				2,311,700		
有価証券利息		800		+500		1,300		
仕入	1,614,390		+51,000	△48,000	1,617,390			
給料	400,000				400,000			
支払保険料	6,360			△2,650	3,710			
支払利息	2,140		+660		2,800			
	6,239,890	6,239,890						
貸倒引当金(繰入)			1,500		1,500			
有価証券評価(益)				7,800		7,800		
棚卸減耗損			800		800			
商品評価損			400		400			
減価償却費			146,440		146,440			
(ソフトウェア)償却			1,500		1,500			
(前払)保険料			2,650				2,650	
(未払)利息				660				660
当期純(利益)					146,260			146,260
			272,250	272,250	2,320,800	2,320,800	4,222,250	4,222,250

②写す

③収益－費用の差額がプラスなので利益

①収益2,320,800－費用2,174,540＝146,260

重要度 ★★★

損益計算書

　損益計算書、貸借対照表、株主資本等変動計算書をまとめて、**財務諸表**といいます。**損益計算書**とは、会社が収益と費用を報告するための書類です。

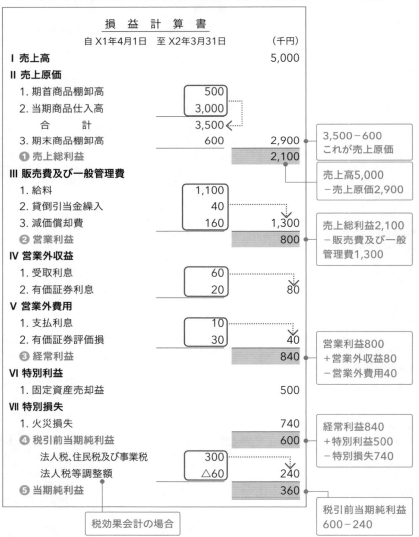

損　益　計　算　書
自 X1年4月1日　至 X2年3月31日　　　　（千円）

Ⅰ 売上高		5,000
Ⅱ 売上原価		
1. 期首商品棚卸高	500	
2. 当期商品仕入高	3,000	
合　　　計	3,500	
3. 期末商品棚卸高	600	2,900
❶ 売上総利益		2,100
Ⅲ 販売費及び一般管理費		
1. 給料	1,100	
2. 貸倒引当金繰入	40	
3. 減価償却費	160	1,300
❷ 営業利益		800
Ⅳ 営業外収益		
1. 受取利息	60	
2. 有価証券利息	20	80
Ⅴ 営業外費用		
1. 支払利息	10	
2. 有価証券評価損	30	40
❸ 経常利益		840
Ⅵ 特別利益		
1. 固定資産売却益		500
Ⅶ 特別損失		
1. 火災損失		740
❹ 税引前当期純利益		600
法人税、住民税及び事業税	300	
法人税等調整額	△60	240
❺ 当期純利益		360

3,500−600
これが売上原価

売上高5,000
−売上原価2,900

売上総利益2,100
−販売費及び一般
管理費1,300

営業利益800
＋営業外収益80
−営業外費用40

経常利益840
＋特別利益500
−特別損失740

税引前当期純利益
600−240

税効果会計の場合

❶ 売上総利益 （うりあげそうりえき）　商品を売ったことにより生じた利益

売上高から売上原価を差し引き、売上総利益を計算します。

❷ 営業利益 （えいぎょうりえき）　主たる営業活動によって生じた利益

売上総利益から販売費及び一般管理費を差し引き、営業利益を計算します。

費　　用
〈販売費及び一般管理費の例〉
● 給料　● 貸倒引当金繰入　● 減価償却費　● 研究開発費　● 広告宣伝費
※販売費とは、商品の販売に要した費用です。
※一般管理費とは、本社の管理や固定資産の減価償却などに要した費用です。

❸ 経常利益 （けいじょうりえき）　会社の通常の活動から生じた利益

営業利益に営業外収益と営業外費用を加減し、経常利益を計算します。営業外収益、営業外費用とは、金銭の貸し付けや借入、売買目的有価証券の売却・時価評価などにより生じた収益、費用のことです。

費　　用	収　　益
〈営業外費用の例〉	〈営業外収益の例〉
● 支払利息　　● 手形売却損	● 受取利息　　● 有価証券利息
● 有価証券評価損	● 有価証券評価益

❹ 税引前当期純利益 （ぜいびきまえとうきじゅんりえき）　法人税等を差し引く前の会社の利益

経常利益に特別利益と特別損失を加減し、税引前当期純利益を計算します。特別利益、特別損失とはめったに発生しない収益や費用のことです。売買目的以外の有価証券売却損益はここに含まれます。

費　　用	収　　益
〈特別損失の例〉	〈特別利益の例〉
● 固定資産売却損　● 投資有価証券売却損	● 固定資産売却益　● 投資有価証券売却益
● 火災損失	● 保険差益　　● 負ののれん発生益

❺ 当期純利益 （とうきじゅんりえき）　最終的な会社の利益

税引前当期純利益から法人税等調整額を反映した法人税、住民税及び事業税（法人税等）を差し引き、当期純利益を計算します。

損益計算書の表示区分

損益計算書の問題によっては、勘定科目がどこの区分に表示されるのかを覚えておく必要があります。

論点	勘定科目	表示区分
商品売買	棚卸減耗損	原則は売上原価 （それ以外のときは指示がある）
	商品評価損	
サービス業	役務収益	売上高
	役務原価	売上原価
外貨建取引	為替差益	営業外収益
	為替差損	営業外費用
手形・債権の譲渡	手形売却損	営業外費用
	電子記録債権売却損	
	債権売却損	
固定資産	減価償却費	販売費及び一般管理費
	無形固定資産の償却 （ソフトウェア償却、のれん償却など）	
	修繕費、保守費	
	国庫補助金受贈益	特別利益
	工事負担金受贈益	
	固定資産売却益	
	保険差益	
	固定資産圧縮損	特別損失
	固定資産売却損	
	固定資産除却損	
	固定資産廃棄損	
	火災損失（災害損失）	
リース取引	支払リース料	販売費及び一般管理費
	支払利息	営業外費用

次ページにつづく

前ページのつづき

論点	勘定科目	表示区分
有価証券	受取配当金	営業外収益
	有価証券利息	
	有価証券売却益	
	有価証券売却損	営業外費用
	投資有価証券売却益	特別利益
	関係会社株式売却益	
	投資有価証券売却損	特別損失
	関係会社株式売却損	
引当金	貸倒引当金繰入 （営業債権に対する繰入）	販売費及び一般管理費
	貸倒引当金繰入 （営業外債権に対する繰入）	営業外費用
	その他の引当金繰入	販売費及び一般管理費
税金	法人税、住民税及び事業税（法人税等）	法人税、住民税及び事業税
	法人税等調整額	法人税等調整額
	租税公課	販売費及び一般管理費
経費	給料	販売費及び一般管理費
	賞与	
	法定福利費	
	福利厚生費	
	研究開発費	
合併	のれん償却	販売費及び一般管理費
	負ののれん発生益	特別利益

貸借対照表

　会社が、資産、負債、純資産を報告するための書類を貸借対照表といいます。

貸　借　対　照　表					
X2年3月31日					（千円）
❶ 資産の部			❷ 負債の部		
I 流動資産			**I 流動負債**		
1. 現金預金		2,160	1. 支払手形		800
2. 受取手形	1,000		2. 買掛金		1,190
貸倒引当金	△　40	960	3. 短期借入金		2,600
3. 売掛金	2,000		4. 前受収益		10
貸倒引当金	△　80	1,920	5. 未払法人税等		240
4. 有価証券		1,450	流動負債合計		4,840
5. 商品		600	**II 固定負債**		
6. 前払費用		20	1. 長期借入金		2,000
流動資産合計		7,110	2. 退職給付引当金		1,600
II固定資産			固定負債合計		3,600
1. 有形固定資産			負債合計		8,440
(1) 建物	4,000		❸ 純資産の部		
減価償却累計額	△2,800	1,200	**I 株主資本**		
(2) 備品	1,000		1. 資本金		3,000
減価償却累計額	△　600	400	2. 資本剰余金		
(3) 土地		2,000	(1) 資本準備金	1,000	
2. 無形固定資産			(2) その他資本剰余金	200	1,200
(1) ソフトウェア		800	3. 利益剰余金		
(2) のれん		240	(1) 利益準備金	200	
3. 投資その他の資産			(2) 別途積立金	1,000	
(1) 投資有価証券		1,150	(3) 繰越利益剰余金	1,100	2,300
(2) 関係会社株式		640	株主資本合計		6,500
(3) 長期貸付金	1,500		**II評価・換算差額等**		
貸倒引当金	△　60	1,440	その他有価証券評価差額金		100
(4) 繰延税金資産		60	評価・換算差額等合計		100
固定資産合計		7,930	純資産合計		6,600
資産合計		15,040	負債・純資産合計		15,040

❶ 資産の部　財産や受け取る権利のあるもの（当社のもの）

資産の部は、流動資産と固定資産の2つに分けて記入します。

短期的（期末日の翌日から1年以内）に回収（現金化）できるものは流動資産、長期的（期末日の翌日から1年超）に回収できるものは固定資産に分けます。流動資産にも固定資産にも表示される勘定科目、例えば貸付金の場合は、回収予定が1年以内であれば短期貸付金（流動資産）、回収予定が1年超であれば長期貸付金（固定資産）に計上します。

ただし、**営業活動にかかわるもの（受取手形、売掛金、商品）は、必ず流動資産**に区分します。

❷ 負債の部　支払う義務があるもの（他人のもの）

負債の部は、流動負債と固定負債の2つに分けて記入します。

短期的（期末日の翌日から1年以内）に支払いをするものは流動負債、長期的（期末日の翌日から1年超）に支払いをするものは固定負債に分けます。借入金も貸付金と同様に考え、短期借入金と長期借入金に分けます。

ただし、**営業活動にかかわるもの（支払手形、買掛金）は、必ず流動負債**に区分します。

❸ 純資産の部　資産と負債の差額（株主のもの）

純資産の部は、株主資本と評価・換算差額等の2つに分けます。株主資本は、資本金、資本剰余金、利益剰余金の3つに分けます。評価・換算差額等には、その他有価証券評価差額金を記入します。

豆知識　**報告式と勘定式**

損益計算書と貸借対照表の形式には、報告式と勘定式の2種類があります。報告式とは、P.314とP.318に書いてある形式のことです。一方、勘定式とは、P.367に書いてある形式のことをいいます。

試験問題では、与えられた形式に従って解答しましょう。

貸借対照表

　貸借対照表の問題によっては、勘定科目がどこの区分に表示されるのかを覚えておく必要があります。

論点	勘定科目	表示区分
現金預金	現金	流動資産に「現金預金」と表示
	普通預金	
	当座預金	
営業債権 （売上債権）	売掛金・クレジット売掛金	流動資産
	契約資産	
	受取手形	
	電子記録債権	
営業外債権	未収入金・長期未収入金	1年以内なら流動資産 1年超なら固定資産の投資その他の資産
	前払費用・長期前払費用	
	短期貸付金・長期貸付金	
	営業外受取手形	
営業債務 （仕入債務）	買掛金	流動負債
	契約負債	
	支払手形	
	電子記録債務	
営業外債務	未払金・長期未払金	1年以内なら流動負債 1年超なら固定負債
	短期借入金・長期借入金	
	営業外支払手形	
固定資産	建物	固定資産の有形固定資産
	構築物	
	車両・車両運搬具	
	機械装置	
	備品	
	土地	
	建物仮勘定	
	特許権・商標権	固定資産の無形固定資産
	のれん	
	ソフトウェア	
	ソフトウェア仮勘定	
リース取引	リース資産	固定資産の有形固定資産
	リース債務	1年以内なら流動負債 1年超なら固定負債

次ページにつづく

論点	勘定科目	表示区分
有価証券	売買目的有価証券	流動資産に「有価証券」と表示
	満期保有目的債券	1年以内なら流動資産に「有価証券」と表示 1年超なら固定資産の投資その他の資産に「投資有価証券」と表示
	子会社株式	固定資産の投資その他の資産に「関係会社株式」と表示
	関連会社株式	
	その他有価証券 （株式の場合）	固定資産の投資その他の資産に「投資有価証券」と表示
	その他有価証券 （債券の場合）	1年以内なら流動資産に「有価証券」と表示 1年超なら固定資産の投資その他の資産に「投資有価証券」と表示
	その他有価証券評価差額金	純資産の評価・換算差額等
引当金	貸倒引当金	対象となる債権と同じ区分 ● 営業債権：流動資産 ● 営業外債権：固定資産の投資その他の資産
	修繕引当金	1年以内なら流動負債 1年超なら固定負債
	特別修繕引当金	
	退職給付引当金	固定負債
	その他の引当金	流動負債
税金	未払法人税等	流動負債
	未払消費税	
	未収還付法人税等	流動資産
	未収消費税	
	繰延税金資産	固定資産
	繰延税金負債	固定負債

●表示の覚え方

　表示区分にある1年以内というのは、期末日の翌日から1年以内に回収・支払いを行う場合のことです。翌期に回収・支払いを行う場合には流動資産・流動負債に表示し、翌々期以降に回収・支払いを行う場合には固定資産・固定負債に表示すると覚えるといいでしょう。

次の資料にもとづいて、答案用紙の損益計算書と貸借対照表を完成させなさい。なお、会計期間はX1年4月1日からX2年3月31日までの1年間である。

[資料Ⅰ]　　　　　決算整理前残高試算表

借　方	勘　定　科　目	貸　方
786,450	現　金　預　金	
314,000	受　取　手　形	
365,000	売　掛　金	
388,000	売 買 目 的 有 価 証 券	
186,000	繰　越　商　品	
1,350,000	建　物	
500,000	備　品	
640,000	ソ フ ト ウ ェ ア	
201,000	未　決　算	
188,000	満 期 保 有 目 的 債 券	
140,000	子　会　社　株　式	
220,000	そ の 他 有 価 証 券	
	支　払　手　形	171,000
	買　掛　金	372,000
	貸　倒　引　当　金	14,000
	退 職 給 付 引 当 金	126,000
	建 物 減 価 償 却 累 計 額	486,000
	備 品 減 価 償 却 累 計 額	244,000
	資　本　金	3,000,000
	利　益　準　備　金	200,000
	繰 越 利 益 剰 余 金	246,060
	売　上	8,320,560
	受　取　地　代	39,000
	有 価 証 券 利 息	9,750
	受　取　配　当　金	28,380
	固 定 資 産 売 却 益	13,300
6,780,000	仕　入	
647,000	給　料	
296,400	旅　費　交　通　費	
180,900	水　道　光　熱　費	
62,400	保　険　料	
24,900	手　形　売　却　損	
13,270,050		13,270,050

[資料Ⅱ] 未処理事項

1. 未決算は、店舗火災に関してその損失分を保険会社に請求していたことにより生じたものである。すでに請求額の¥160,000が当座預金口座に振り込まれていたが、銀行からの通知が未達であった。残額については火災損失として処理することとした。

2. 期末日に¥300,000を現金で貸し付けたが、この処理が未処理であった。なお、貸付金は2年後に返済する契約である。

[資料Ⅲ] 決算整理事項

1. 売掛金および受取手形、貸付金の期末残高に対して、それぞれ3％の貸倒引当金を差額補充法により設定する。

2. 期末商品棚卸高は、次のとおりである。棚卸減耗損と商品評価損は売上原価の内訳科目として処理する。
   帳簿棚卸高　数量　380個　取得原価　@¥500
   実地棚卸高　数量　353個　正味売却価額　@¥460

3. 有価証券の内訳は次のとおりであり、それぞれ必要な評価替えをする。

	帳簿価額	時　価	保有目的
A社株式	¥215,000	¥221,000	売　買　目　的
B社社債	¥173,000	¥172,000	売　買　目　的
C社社債	¥188,000	¥210,000	満期保有目的
D社株式	¥140,000	¥130,000	子　会　社
E社株式	¥220,000	¥240,000	そ　の　他

   なお、C社社債（額面総額：¥200,000、償却日：X6年3月31日）は、当期首に取得しており、償却原価法（定額法）を適用すること。

4. 固定資産の減価償却を次のとおり行う。
   建物：定額法（耐用年数：25年、残存価額：取得原価の10％）
   備品：200％定率法（償却率20％）
   なお、建物のうち¥600,000については、X1年12月1日に取得したもので、減価償却の計算は月割り計算による。

5. ソフトウェアはX0年4月1日に取得したものであり、5年間の定額法で償却している。

6. 退職給付引当金への当期繰入額は¥20,000である。

7. 保険料については毎年同額を8月1日に向こう1年分を支払っている。保険料の前払分を月割り計算で計上する。

8. 地代¥3,000が未収である。

9. 税引前当期純利益の35％を法人税、住民税及び事業税に計上する。

損 益 計 算 書

自 X1年4月1日　至 X2年3月31日　　　　　　　　　　（円）

I 売上高　　　　　　　　　　　　　　　　　　　　　　　8,320,560

II 売上原価
　　1. 期首商品棚卸高　　　　　　　（　　　　　　　）
　　2. 当期商品仕入高　　　　　　　（　　　　　　　）
　　　　　合　　計　　　　　　　　（　　　　　　　）
　　3. 期末商品棚卸高　　　　　　　（　　　　　　　）
　　　　　差　　引　　　　　　　　（　　　　　　　）
　　4. 棚卸減耗損　　　　　　　　　（　　　　　　　）
　　5. 商品評価損　　　　　　　　　（　　　　　　　）　（　　　　　　　）
　　（　　　　　　　）　　　　　　　　　　　　　　　（　　　　　　　）

III 販売費及び一般管理費
　　1. 給料　　　　　　　　　　　　647,000
　　2. 旅費交通費　　　　　　　　　296,400
　　3. 保険料　　　　　　　　　　　（　　　　　　　）
　　4. 水道光熱費　　　　　　　　　180,900
　　5. 貸倒引当金繰入　　　　　　　（　　　　　　　）
　　6. 退職給付費用　　　　　　　　（　　　　　　　）
　　7. 減価償却費　　　　　　　　　（　　　　　　　）
　　8. ソフトウェア償却　　　　　　（　　　　　　　）　（　　　　　　　）
　　（　　　　　　　）　　　　　　　　　　　　　　　（　　　　　　　）

IV 営業外収益
　　1. 有価証券利息　　　　　　　　（　　　　　　　）
　　2. 受取配当金　　　　　　　　　 28,380
　　3. 受取地代　　　　　　　　　　（　　　　　　　）
　　4. 有価証券評価益　　　　　　　（　　　　　　　）　（　　　　　　　）

V 営業外費用
　　1. 手形売却損　　　　　　　　　 24,900
　　2. （　　　　　　　）　　　　　（　　　　　　　）　（　　　　　　　）
　　（　　　　　　　）　　　　　　　　　　　　　　　（　　　　　　　）

VI 特別利益
　　1. 固定資産売却益　　　　　　　　　　　　　　　　　　13,300

VII 特別損失
　　1. （　　　　　　　）　　　　　　　　　　　　　　（　　　　　　　）
　　　　税引前当期純利益　　　　　　　　　　　　　　（　　　　　　　）
　　　　　法人税、住民税及び事業税　　　　　　　　　（　　　　　　　）
　　（　　　　　　　）　　　　　　　　　　　　　　　（　　　　　　　）

貸 借 対 照 表

X2年3月31日 （円）

資産の部			負債の部		
I 流動資産			I 流動負債		
1. 現金預金		( )	1. 支払手形		171,000
2. 受取手形	314,000		2. 買掛金		372,000
貸倒引当金	(△)	( )	3. 未払法人税等		( )
3. 売掛金	( )		流動負債合計		( )
貸倒引当金	(△)	( )	II 固定負債		
4. 有価証券		( )	1. 退職給付引当金		( )
5. 商品		( )	固定負債合計		( )
6. 前払費用		( )	負債合計		( )
7. 未収収益		( )			
流動資産合計		( )			
II 固定資産			純資産の部		
1. 建物	1,350,000		I 株主資本		
減価償却累計額	(△)	( )	1. 資本金		3,000,000
2. 備品	500,000		2. 利益剰余金		
減価償却累計額	(△)	( )	(1) 利益準備金	200,000	
3. ソフトウェア		( )	(2) 繰越利益剰余金	( )	( )
4. 投資有価証券		( )	株主資本合計		( )
5. 関係会社株式		( )	II 評価・換算差額等		
6. 長期貸付金	( )		その他有価証券評価差額金		( )
貸倒引当金	(△)	( )	評価・換算差額等合計		( )
固定資産合計		( )	純資産合計		( )
資産合計		( )	負債・純資産合計		( )

解説・解答

ステップ1 ［資料Ⅱ］未処理事項の決算整理仕訳を書く。

1. 保険会社から火災保険の振り込みが行われていたので、決算整理前残高試算表の未決算を取り崩す。当座預金を増やすので、左に書く。差額が左側なので、費用（損）が発生した状況なので、火災損失と書く。勘定科目は当座預金ではなく、貸借対照表で使用されている現金預金を使う点に注意。

　　現金預金 160,000 ／ 未決算 201,000
　　火災損失　 41,000 ／

2. 未処理だった貸付金の仕訳を書く。貸付金は2年後に返済する契約であり、期末日の翌日から1年超の貸付金となるため、固定資産の「長期貸付金」という勘定科目を使う。

　　長期貸付金 300,000 ／ 現金預金 300,000

ステップ2 ［資料Ⅲ］決算整理事項の決算整理仕訳を書く。

1. 貸倒引当金の下書きを書き、決算整理仕訳を書く。営業債権（受取手形、売掛金）と営業外債権（長期貸付金）を分けて計算する。損益計算書と貸借対照表の表示区分が違う点に注意が必要。

　営業債権について、貸倒引当金の合計9,420 + 10,950 = 20,370は「決算整理前残高資産表の貸倒引当金14,000 + 仕訳の貸倒引当金6,370の合計20,370」と一致する。

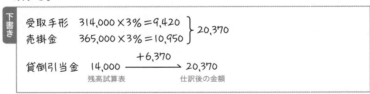

　　貸倒引当金繰入 6,370 ／ 貸倒引当金 6,370
　　（販売費及び一般管理費）　　（流動資産）

　長期貸付金は当期発生したため、前期末に貸倒引当金を計上していない。つまり、決算整理前残高試算表の貸倒引当金14,000はすべて営業債権に対するものである。

　　貸倒引当金繰入 9,000 ／ 貸倒引当金 9,000
　　（営業外費用）　　　　　　（固定資産）

2. 売上原価の決算整理仕訳を書く。帳簿棚卸高380個と実地棚卸高353個の差である27個について、棚卸減耗損を計上する。次に、帳簿単価@500円から正味売却価額@460円に下がった353個について、商品評価損を計上する。また、問題文に「棚卸減耗損と商品評価損は売上原価の内訳科目として処理」と指示があるので、仕入に振り替える仕訳を書く。Chapter01-03棚卸減耗損・商品評価損の内容。

下書き	帳簿　380個×@500＝190,000 ┬→棚卸減耗損　27個×@500＝13,500
	├→商品評価損　353個×（@500－@460）＝14,120
	└→通常の在庫　0個

仕入 186,000 / 繰越商品 186,000
繰越商品 190,000 / 仕入 190,000
棚卸減耗損 13,500 / 繰越商品 13,500
商品評価損 14,120 / 繰越商品 14,120
仕入 13,500 / 棚卸減耗損 13,500
仕入 14,120 / 商品評価損 14,120

3. 有価証券の下書きを書き、決算整理仕訳を書く。Chapter07の内容。
〈A社株式、B社社債〉
どちらも売買目的有価証券なので、合算して仕訳を書く。

下書き	A社株式	215,000		221,000
	B社株式	173,000	＋5,000	172,000
		388,000	───	393,000

売買目的有価証券 5,000 / 有価証券評価益 5,000

〈C社社債〉
満期保有目的債券で、「償却原価法を適用する」と指示があるので、償却原価法の仕訳を書く。当期首から5年間で償却を行う。

下書き
償還期間　X1/4/1〜X6/3/31　→　5年間
差額　200,000円－188,000円＝12,000円
1年あたりの償却額　12,000円÷5年＝2,400円

当期
X1/4/1　　X2/3/31　　X3/3/31　　X4/3/31　　X5/3/31　　X6/3/31
　　＋2,400　　＋2,400　　＋2,400　　＋2,400　　＋2,400
188,000 → 190,400 → 192,800 → 195,200 → 197,600 → 200,000

満期保有目的債券 2,400 / 有価証券利息 2,400

〈D社株式〉

子会社株式は、取得原価（帳簿価額）が貸借対照表の金額となるため、仕訳なし。

〈E社株式〉

その他有価証券は、時価評価を行う。その他有価証券評価差額金は、純資産の評価・換算差額等に記入する点に注意。

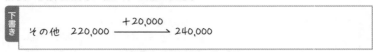

その他有価証券 20,000 / その他有価証券評価差額金 20,000

4. 減価償却費の下書きを書き、決算整理仕訳を書く。建物については当期取得した新しい建物と従来使っていた旧建物に分けて計算する。精算表「残高試算表」建物1,350,000のうち600,000は当期取得分、750,000が従来使っていた建物。Chapter05-04、05減価償却費の内容。

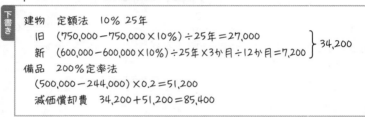

減価償却費　　　85,400 / 建物減価償却累計額 34,200
　　　　　　　　　　　　 / 備品減価償却累計額 51,200

5. ソフトウェアの下書きを書き、決算整理仕訳を書く。ソフトウェア償却額は次のaかbのどちらかで計算する。本問では取得原価が不明のため、bで計算する。

　a. 取得原価？÷取得時の償却期間5年＝？

　b. 帳簿価額 640,000 ÷当期を含め残り4年間＝160,000

ソフトウェアはX0年4月1日に取得したので、X1年3月31日の決算で1年分の償却が済んでいる。このため、X1年4月1日からX5年3月31日までの4年間で、帳簿価額640,000を償却する。

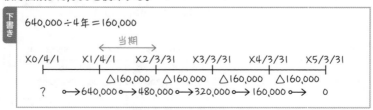

ソフトウェア償却 160,000 / ソフトウェア 160,000

6. 退職給付引当金の決算整理仕訳を書く。退職給付引当金の当期繰入額は、退職給付費用を使う点に注意。

　　退職給付費用 20,000 / 退職給付引当金 20,000

7. 保険料の毎期同額前払いの下書きを書き、決算整理仕訳を書く。保険料の前払い（経過勘定）は簿記3級の内容。

　　問題文より「毎年同額」を「8月1日に向こう1年分を支払っている」ので、下書きの図のようになることがわかり、[資料Ⅰ]決算整理前残高試算表の保険料62,400は16か月分と判断することができる。これは、期首の再振替仕訳と期中の仕訳が行われているからである。

　　　期首：再振替仕訳（4か月分）　　**保険料 15,600 / 前払費用 15,600**
　　　期中：8月1日の仕訳（12か月分）**保険料 46,800 / 現金預金 46,800**

　　[資料Ⅰ]決算整理前残高試算表の保険料62,400は、上の2つの仕訳の合計（15,600＋46,800）であること、16か月分であることがわかる。翌期分の4か月分を支払保険料から前払費用に振り替える。

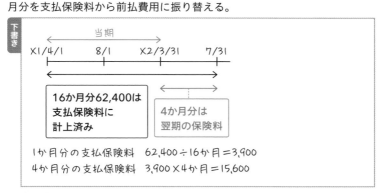

　　前払費用 15,600 / 支払保険料 15,600

8. 受取地代の未収の決算整理仕訳を書く。未収収益は簿記3級の内容。

　　受取地代の未収額があるので、当期の受取地代を計上する。受取地代を増やし、未収収益を増やす。

　　未収収益 3,000 / 受取地代 3,000

9. 法人税等は、税引前当期純利益がわからないと計算できないため、損益計算書を記入するときに計算する。

ステップ3 残高試算表の金額を損益計算書の横に写す（欄外の黒字部分）。
ステップ4 下書きの仕訳の金額を横に写す（欄外の赤字部分）。

損 益 計 算 書

自 X1年4月1日　至 X2年3月31日　　　　　　（円）

	Ⅰ 売上高		8,320,560	
	Ⅱ 売上原価			
+186,000	1. 期首商品棚卸高	(　　　)		
6,780,000	2. 当期商品仕入高	(　　　)		
	合　計	(　　　)		
+190,000	3. 期末商品棚卸高	(　　　)		
	差　引	(　　　)		
+13,500	4. 棚卸減耗損	(　　　)		
+14,120	5. 商品評価損	(　　　)	(　　　)	
	(　　　)		(　　　)	
	Ⅲ 販売費及び一般管理費			
	1. 給料	647,000		
	2. 旅費交通費	296,400		
62,400 △15,600	3. 保険料	(　　　)		
	4. 水道光熱費	180,900		
+6,370	5. 貸倒引当金繰入	(　　　)		
+20,000	6. 退職給付費用	(　　　)		
+85,400	7. 減価償却費	(　　　)		
+160,000	8. ソフトウェア償却	(　　　)	(　　　)	
	(　　　)		(　　　)	
	Ⅳ 営業外収益			
9,750 + 2,400	1. 有価証券利息	(　　　)		
	2. 受取配当金	28,380		
39,000 + 3,000	3. 受取地代	(　　　)		
+5,000	4. 有価証券評価益	(　　　)	(　　　)	
	Ⅴ 営業外費用			
	1. 手形売却損	24,900		
+9,000	2. (貸倒引当金繰入)	(　　　)	(　　　)	
	(　　　)		(　　　)	
	Ⅵ 特別利益			
	1. 固定資産売却益		13,300	
	Ⅶ 特別損失			
+41,000	1. (火　災　損　失)		(　　　)	
	税引前当期純利益		(　　　)	
	法人税、住民税及び事業税		(　　　)	
	(　　　)		(　　　)	

ステップ5 損益計算書の勘定科目の金額を記入する（カッコ内の赤字部分）。

損 益 計 算 書

自 X1年4月1日　　至 X2年3月31日　　　　　　（円）

	Ⅰ 売上高		8,320,560
	Ⅱ 売上原価		
186,000	1. 期首商品棚卸高	(186,000)	
6,780,000	2. 当期商品仕入高	(6,780,000)	
	合　計	( )	
+190,000	3. 期末商品棚卸高	(190,000)	
	差　引	( )	
+13,500	4. 棚卸減耗損	(13,500)	
+14,120	5. 商品評価損	(14,120)	( )
	( )		( )
	Ⅲ 販売費及び一般管理費		
	1. 給料	647,000	
	2. 旅費交通費	296,400	
62,400△15,600	3. 保険料	(46,800)	
	4. 水道光熱費	180,900	
+6,370	5. 貸倒引当金繰入	(6,370)	
+20,000	6. 退職給付費用	(20,000)	
+85,400	7. 減価償却費	(85,400)	
+160,000	8. ソフトウェア償却	(160,000)	( )
	( )		( )
	Ⅳ 営業外収益		
9,750+2,400	1. 有価証券利息	(12,150)	
	2. 受取配当金	28,380	
39,000+3,000	3. 受取地代	(42,000)	
+5,000	4. 有価証券評価益	(5,000)	( )
	Ⅴ 営業外費用		
	1. 手形売却損	24,900	
+9,000	2. (貸倒引当金繰入)	(9,000)	( )
	( )		( )
	Ⅵ 特別利益		
	1. 固定資産売却益		13,300
	Ⅶ 特別損失		
+41,000	1. (火　災　損　失)		(41,000)
	税引前当期純利益		( )
	法人税、住民税及び事業税		( )
	( )		( )

損 益 計 算 書

自 X1年4月1日　　至 X2年3月31日　　　　　　　（円）

Ⅰ 売上高			8,320,560
Ⅱ 売上原価			
1. 期首商品棚卸高	(	186,000)	
2. 当期商品仕入高	(	6,780,000)	
合　　計	(	6,966,000)	
3. 期末商品棚卸高	(	190,000)	
差　　引	(	6,776,000)	
4. 棚卸減耗損	(	13,500)	
5. 商品評価損	(	14,120)	(6,803,620)
（ 売 上 総 利 益 ）			(1,516,940)
Ⅲ 販売費及び一般管理費			
1. 給料		647,000	
2. 旅費交通費		296,400	
3. 保険料	(	46,800)	
4. 水道光熱費		180,900	
5. 貸倒引当金繰入	(	6,370)	
6. 退職給付費用	(	20,000)	
7. 減価償却費	(	85,400)	
8. ソフトウェア償却	(	160,000)	(1,442,870)
（ 営 業 利 益 ）			(74,070)
Ⅳ 営業外収益			
1. 有価証券利息	(	12,150)	
2. 受取配当金		28,380	
3. 受取地代	(	42,000)	
4. 有価証券評価益	(	5,000)	(87,530)
Ⅴ 営業外費用			
1. 手形売却損		24,900	
2. (貸倒引当金繰入)	(	9,000)	(33,900)
（ 経 常 利 益 ）			(127,700)
Ⅵ 特別利益			
1. 固定資産売却益			13,300
Ⅶ 特別損失			
1. (火 災 損 失)			(41,000)
税引前当期純利益			(100,000)
法人税、住民税及び事業税			(35,000)
（ 当 期 純 利 益 ）			(65,000)

6,966,000 − 190,000

6,776,000 + 13,500 + 14,120

8,320,560 − 6,803,620

1,516,940 − 1,442,870

74,070 + 87,530 − 33,900

127,700 + 13,300 − 41,000

100,000 × 税率35%

ここで、税引前当期純利益がわかったので、法人税等の仕訳を書く。

法人税等　100,000×35%＝35,000

法人税等 35,000 / 未払法人税等 35,000

ステップ7 残高試算表の金額を貸借対照表の横に写す（欄外の黒字部分）。

ステップ8 下書きの仕訳の金額を横に写す（欄外の赤字部分）。

貸倒引当金は下書きで計算した金額「受取手形9,420」「売掛金10,950」を書く

貸借対照表

X2年3月31日　　　　　　　　　　　　（円）

資産の部			負債の部		
I 流動資産			I 流動負債		
786,450	1. 現金預金	（　　）	1. 支払手形	171,000	
+160,000△300,000					
	2. 受取手形	314,000	2. 買掛金	372,000	
●△9,420	貸倒引当金（△　）（　　）		3. 未払法人税等	（　　）+35,000	
365,000	3. 売掛金 （　　）		流動負債合計	（　　）	
●△10,950	貸倒引当金（△　）（　　）		II 固定負債		
ⓐ 388,000+5,000	4. 有価証券	（　　）	1. 退職給付引当金	（　　）126,000+20,000	
186,000△186,000	5. 商品	（　　）	固定負債合計	（　　）	
+190,000△27,620					
+15,600	6. 前払費用	（　　）	負債合計	（　　）	
+3,000	7. 未収収益	（　　）			
	流動資産合計	（　　）			
	II 固定資産		純資産の部		
	1. 建物	1,350,000	I 株主資本		
△(486,000+34,200)	減価償却累計額（△　）（　　）		1. 資本金	3,000,000	
	2. 備品	500,000	2. 利益剰余金		
△(244,000+51,200)	減価償却累計額（△　）（　　）		(1) 利益準備金	200,000	
640,000△160,000	3. ソフトウェア	（　　）	(2) 繰越利益剰余金（　）（　　）	246,060+65,000	
ⓑ 188,000+2,400	4. 投資有価証券	（　　）	株主資本合計	（　　）	
ⓒ 220,000+20,000					
ⓓ 140,000	5. 関係会社株式	（　　）	II 評価・換算差額等		
+300,000	6. 長期貸付金（　　）		その他有価証券評価差額金	（　　）+20,000	
△9,000	貸倒引当金（△　）（　　）		評価・換算差額等合計	（　　）	
	固定資産合計	（　　）	純資産合計	（　　）	
	資産合計	（　　）	負債・純資産合計	（　　）	

当期純利益

ⓐ 売買目的有価証券 → 有価証券
ⓑ 満期保有目的債券（満期日まで1年超）→ 投資有価証券
ⓒ その他有価証券（株式）→ 投資有価証券
ⓓ 子会社株式 → 関係会社株式

表示の覚え方
P.191と
P.321参照

貸 借 対 照 表

X2年3月31日　　　　　　　　　　　　　　（円）

資産の部			負債の部		
I 流動資産			I 流動負債		
1. 現金預金		(646,450)	1. 支払手形		171,000
2. 受取手形	314,000		2. 買掛金		372,000
貸倒引当金	(△ 9,420)	(304,580)	3. 未払法人税等		(35,000)
3. 売掛金	(365,000)		流動負債合計		(578,000)
貸倒引当金	(△ 10,950)	(354,050)	II 固定負債		
4. 有価証券		(393,000)	1. 退職給付引当金		(146,000)
5. 商品		(162,380)	固定負債合計		(146,000)
6. 前払費用		(15,600)	負債合計		(724,000)
7. 未収収益		(3,000)			
流動資産合計		(1,879,060)			
II 固定資産			純資産の部		
1. 建物	1,350,000		I 株主資本		
減価償却累計額	(△520,200)	(829,800)	1. 資本金		3,000,000
2. 備品	500,000		2. 利益剰余金		
減価償却累計額	(△295,200)	(204,800)	(1) 利益準備金	200,000	
3. ソフトウェア		(480,000)	(2) 繰越利益剰余金	(311,060)	(511,060)
4. 投資有価証券		(430,400)	株主資本合計		(3,511,060)
5. 関係会社株式		(140,000)	II 評価・換算差額等		
6. 長期貸付金	(300,000)		その他有価証券評価差額金		(20,000)
貸倒引当金	(△ 9,000)	(291,000)	評価・換算差額等合計		(20,000)
固定資産合計		(2,376,000)	純資産合計		(3,531,060)
資産合計		(4,255,060)	負債・純資産合計		(4,255,060)

株主資本等変動計算書
_{かぶぬししほんとうへんどうけいさんしょ}

　当期の純資産の増加と減少の内訳を報告する書類を**株主資本等変動計算書**
_{かぶぬししほんとうへんどうけいさんしょ}
といいます。

株主資本等変動計算書の書き方

　株主資本等変動計算書は、次の❶〜❹の手順で記入します。

❶当期首残高は前期末残高を記入します。

❷当期変動額は、純資産に関する仕訳の金額を記入します。

〈純資産に関する仕訳〉

1. 剰余金の配当（Chapter09-04）

　　繰越利益剰余金 110 ╱未払配当金 100
　　**　　　　　　　　　 ╱利益準備金　 10**

2. 別途積立金の積み立て（Chapter09-04）

　　繰越利益剰余金 20 ╱ 別途積立金 20

3. 増資による新株の発行（Chapter09-03）

　　当座預金 1,200 ╱資本金　　　 600
　　**　　　　　　　　 ╱資本準備金 600**

4. 吸収合併（Chapter11-02）

　　諸資産 535 ╱諸負債　　　 195
　　のれん　60 ╱資本金　　　 100
　　**　　　　　　╱資本準備金 300**

5. 当期純利益（簿記3級の内容）

　　損益 360 ╱ 繰越利益剰余金 360

6. その他有価証券の期首の再振替仕訳（Chapter07-10）

　　その他有価証券評価差額金 30 ╱ その他有価証券 30

7. その他有価証券の時価評価（Chapter07-10）

　　その他有価証券 100 ╱ その他有価証券評価差額金 100

❸合計を記入します。合計がゼロの場合、「0」または「−」を記入します。

❹当期末残高は当期の貸借対照表の各勘定科目の残高と一致します。

株主資本等変動計算書

自 X1年4月1日　至 X2年3月31日

(千円)

	株主資本									評価・換算差額等		
	資本金	資本剰余金			利益剰余金				株主資本合計	その他有価証券評価差額金	評価・換算差額等合計	純資産合計
		資本準備金	その他資本剰余金	資本剰余金合計	利益準備金	その他利益剰余金		利益剰余金合計				
						別途積立金	繰越利益剰余金					
当期首残高	2,300	100	200	300	190	980	870	2,040	4,640	30	30	4,670
当期変動額												
剰余金の配当					10		△110	△100	△100			△100
別途積立金の積み立て						20	△20	—				
新株の発行	600	600		600					1,200			1,200
吸収合併	100	300		300					400			400
当期純利益							360	360	360			360
株主資本以外の項目の当期変動額（純額）										70	70	70
当期変動額合計	700	900	—	900	10	20	230	260	1,860	70	70	1,930
当期末残高	3,000	1,000	200	1,200	200	1,000	1,100	2,300	6,500	100	100	6,600

動画解説

次の［資料］にもとづいて、答案用紙に示した（　　　）に適切な金額を記入して、株式会社四国商事のX1年度（X1年4月1日からX2年3月31日）の株主資本等変動計算書（単位：千円）を完成しなさい。なお、減少については、金額の前に△にて示すこと。

［資料］

1. 前期の決算時に作成した貸借対照表の純資産の部に記載された項目の金額は次のとおりであった。なお、この時点における当社の発行済株式総数は10,000株である。

　　資本金　　50,000千円　　資本準備金6,000千円　　その他資本剰余金2,000千円
　　利益準備金3,000千円　　別途積立金1,000千円　　繰越利益剰余金　4,000千円
　　その他有価証券評価差額金30千円（貸方残高）

2. X1年6月20日に開催された株主総会において、剰余金の配当等が次のとおり承認された。

　（1）株主への配当金を、繰越利益剰余金を財源として1株につき￥100にて実施する。

　（2）会社法で規定する額の利益準備金を計上する。

　（3）繰越利益剰余金を処分として新たに別途積立金を500千円設定する。

3. X1年12月1日に増資を行い、3,000株を1株につき@￥2,000で発行した。払込金が全額当座預金に預け入れられた。資本金は、会社法で規定する最低額を計上することとした。

4. X2年1月10日に株式会社中国商事を吸収合併した。中国商事の諸資産（時価）は60,000千円、諸負債（時価）は45,000千円であった。合併の対価として中国商事の株主に当社の株式2,000株（時価@￥7,000）を交付したが、資本金増加額は5,000千円、資本準備金増加額は8,000千円、およびその他資本剰余金増加額は1,000千円とした。

5. X2年3月31日、その他有価証券として処理しているG社株式について決算整理仕訳を行った。G社株式は前期から保有している。

　　G社株式　取得原価340千円　時価480千円

6. 決算を行った結果、当期純利益は600千円であることが判明した。

株主資本等変動計算書

自 X1年4月1日　至 X2年3月31日　　　　　　（千円）

	株主資本			
	資本金	資本剰余金		
		資本準備金	その他資本剰余金	資本剰余金合計
当期首残高	50,000	6,000	2,000	8,000
当期変動額				
剰余金の配当等				
新株の発行	（　　　）	（　　　）		（　　　）
吸収合併	（　　　）	（　　　）	（　　　）	（　　　）
当期純利益				
株主資本以外の項目の当期変動額（純額）				
当期変動額合計	（　　　）	（　　　）	（　　　）	（　　　）
当期末残高	（　　　）	（　　　）	（　　　）	（　　　）

下段へ続く

上段より続く

	株主資本					評価・換算差額等
	利益剰余金				株主資本合計	
	利益準備金	その他利益剰余金		利益剰余金合計		
		別途積立金	繰越利益剰余金			
当期首残高	（　　　）	1,000	4,000	（　　　）	（　　　）	30
当期変動額						
剰余金の配当等	（　　　）	（　　　）	（　　　）	（　　　）	（　　　）	
新株の発行					（　　　）	
吸収合併					（　　　）	
当期純利益			（　　　）	（　　　）	（　　　）	
株主資本以外の項目の当期変動額（純額）						（　　　）
当期変動額合計	（　　　）	（　　　）	（　　　）	（　　　）	（　　　）	（　　　）
当期末残高	（　　　）	（　　　）	（　　　）	（　　　）	（　　　）	（　　　）

解説・解答

ステップ1 下書き用紙に下書きと仕訳を書く。

答案用紙の株主資本等変動計算書を見ると（単位：千円）と書いてある。下書きの段階で千円単位で書いておくと単位のミスが減る。

2. 繰越利益剰余金の配当の仕訳を書く。会社法で規定する額の利益準備金とは、下記a、bのどちらか少ない方の金額。

配当額　@100×10,000株＝1,000,000円　→　1,000千円

a. 資本金 $50,000 \times \frac{1}{4} - （資本準備金 6,000 + 利益準備金 3,000）= 3,500$

b. 配当金 $1,000 \times \frac{1}{10} = 100$

aとbでは、bの方が少ないので、利益準備金はbの100を積み立てる。

繰越利益剰余金 1,600	未払配当金 1,000
	利益準備金　 100
	別途積立金　 500

3. 増資の仕訳を書く。

払込金　@2,000×3,000株＝6,000,000円　→　6,000千円

当座預金 6,000	資本金　　 3,000
	資本準備金 3,000

4. 吸収合併の仕訳を書く。差額が左側なので、のれんを計上する。

諸資産 60,000	諸負債　　　　　 45,000
のれん　1,000	資本金　　　　　 5,000
	資本準備金　　　 8,000
	その他資本剰余金 1,000

5. その他有価証券の期首の再振替仕訳を書く。[資料] 1.より、前期末、その他有価証券評価差額金が貸方に30計上されたことがわかるので、再振替仕訳では左にその他有価証券評価差額金30と書く。相手勘定科目はその他有価証券。

その他有価証券評価差額金 30 / その他有価証券 30

当期末（X2年3月31日）におけるその他有価証券の時価評価の仕訳を書く。

その他有価証券 140 / その他有価証券評価差額金 140

6. 当期純利益の損益振替の仕訳を書く。

損益 600 / 繰越利益剰余金 600

ステップ2 ［資料］1. を見ながら、当期首残高を記入する。

ステップ3 下書きの仕訳を見ながら、純資産に関する金額（❶〜❿）を株主資本等変動計算書に記入する。その他有価証券評価差額金は書き方が特殊なので、注意が必要。

株主資本等変動計算書

自 X1年4月1日　至 X2年3月31日　　　　　　　（千円）

	株主資本			
	資本金	資本剰余金		
		資本準備金	その他資本剰余金	資本剰余金合計
当期首残高	50,000	6,000	2,000	8,000
当期変動額				
剰余金の配当等				
新株の発行	❹（ 3,000）	❺（ 3,000）		（ ）
吸収合併	❻（ 5,000）	❼（ 8,000）	❽（ 1,000）	（ ）
当期純利益				
株主資本以外の項目の当期変動額（純額）				
当期変動額合計	（ ）	（ ）	（ ）	（ ）
当期末残高	（ ）	（ ）	（ ）	（ ）

下段へ続く

上段より続く

	株主資本					評価・換算差額等
	利益剰余金				株主資本合計	
	利益準備金	その他利益剰余金		利益剰余金合計		
		別途積立金	繰越利益剰余金			
当期首残高	（ 3,000）	1,000	4,000	（ ）	（ ）	30
当期変動額	❷	❸	❶			
剰余金の配当等	（ 100）	（ 500）	（△1,600）	（ ）	（ ）	
新株の発行					（ ）	
吸収合併					（ ）	
当期純利益			❿（ 600）	（ ）	（ ）	
株主資本以外の項目の当期変動額（純額）						（ ）
当期変動額合計	（ ）	（ ）	（ ）	（ ）	（ ）	❾（ ）
当期末残高	（ ）	（ ）	（ ）	（ ）	（ ）	❾（ 140）

その他有価証券評価差額金は、決算整理仕訳の140をここに記入

ステップ4 当期変動額合計を記入する。
ステップ5 当期末残高を記入する。

当期末残高＝当期首残高＋当期変動額合計

株主資本等変動計算書

自 X1年4月1日　至 X2年3月31日　　　　　（千円）

	株主資本			
	資本金	資本剰余金		
		資本準備金	その他資本剰余金	資本剰余金合計
当期首残高	50,000	6,000	2,000	8,000
当期変動額				
剰余金の配当等				
新株の発行	(3,000)	(3,000)		( )
吸収合併	(5,000)	(8,000)	(1,000)	( )
当期純利益				
株主資本以外の項目の当期変動額（純額）				
当期変動額合計	(8,000)	(11,000)	(1,000)	( )
当期末残高	(58,000)	(17,000)	(3,000)	( )

当期首50,000＋当期変動額8,000

下段へ続く

上段より続く

	株主資本					評価・換算差額等
	利益剰余金			利益剰余金合計	株主資本合計	
	利益準備金	その他利益剰余金				
		別途積立金	繰越利益剰余金			
当期首残高	(3,000)	1,000	4,000	( )	( )	30
当期変動額						
剰余金の配当等	(100)	(500)	(△1,600)	( )	( )	
新株の発行					( )	
吸収合併					( )	
当期純利益			(600)	( )	( )	
株主資本以外の項目の当期変動額（純額）						(110)
当期変動額合計	(100)	(500)	(△1,000)	( )	( )	(110)
当期末残高	(3,100)	(1,500)	(3,000)	( )	( )	(140)

その他有価証券評価差額金は、期首30と期末140の差額110を記入

ステップ 6 資本剰余金合計、利益剰余金合計、株主資本合計を記入する。

資本剰余金合計＝資本準備金＋その他資本剰余金

利益剰余金合計＝利益準備金＋別途積立金＋繰越利益剰余金

株主資本合計＝資本金＋資本剰余金合計＋利益剰余金合計

株主資本等変動計算書

自 X1年4月1日　至 X2年3月31日　　　　　　　　　（千円）

	株主資本			
	資本金	資本剰余金		
		資本準備金	その他資本剰余金	資本剰余金合計
当期首残高	50,000	6,000	2,000	8,000
当期変動額				
剰余金の配当等				
新株の発行	(3,000)	(3,000)		(……> 3,000)
吸収合併	(5,000)	(8,000)	(1,000)	(……> 9,000)
当期純利益				
株主資本以外の項目の当期変動額（純額）				
当期変動額合計	(8,000)	(11,000)	(1,000)	(……>12,000)
当期末残高	(58,000)	(17,000)	(3,000)	(……>20,000)

下段へ続く

上段より続く

	株主資本					評価・換算差額等
	利益剰余金				株主資本合計	
	利益準備金	その他利益剰余金		利益剰余金合計		
		別途積立金	繰越利益剰余金			
当期首残高	(3,000)	1,000	4,000	>8,000)	(66,000)	30
当期変動額						
剰余金の配当等	(100)	(500)	(△1,600)	>△1,000)	(△1,000)	
新株の発行					(6,000)	
吸収合併					(14,000)	
当期純利益			(600)	> 600)	(600)	
株主資本以外の項目の当期変動額（純額）						(110)
当期変動額合計	(100)	(500)	(△1,000)	>△400)	(19,600)	(110)
当期末残高	(3,100)	(1,500)	(3,000)	>7,600)	(85,600)	(140)

資本金58,000＋資本剰余金合計20,000＋利益剰余金合計7,600

重要度 ★

製造業の財務諸表

製造業とは、工場で製品を製造して販売をする業種のことです。製造業の財務諸表は、工業簿記で学習する内容が基本となります。まだ工業簿記を学習していない方は、工業簿記のテキストを学習した後にこのChapter13-05を学習しましょう。

簿記2級の試験ではChapter13-04までの財務諸表が出題されることがほとんどです。ここまでの財務諸表が解けるようになったら、製造業の財務諸表の内容をさらっと確認しておきましょう。

▌製造業の主な仕訳

製造業で出てくる主な仕訳は次のとおりです。

(千円)

取　引	仕　訳
❶ 材料の購入	**材料300 / 買掛金300**
❷ 材料の消費（直接材料費）	**仕掛品200 / 材料200**
❸ 材料の消費（間接材料費）	**製造間接費100 / 材料100**
❹ 賃金の支払い	**賃金400 / 現金400**
❺ 賃金の消費（直接労務費）	**仕掛品250 / 賃金250**
❻ 賃金の消費（間接労務費）	**製造間接費150 / 賃金150**
❼ 機械装置の減価償却費	**製造間接費200 / 減価償却累計額200**
❽ 水道光熱費の測定額	**製造間接費70 / 未払金70**
❾ 製造間接費の予定配賦	**仕掛品 500 / 製造間接費500**
❿ 配賦差異の振り替え	**配賦差異20 / 製造間接費20**
⓫ 仕掛品が完成、製品へ振替	**製品950 / 仕掛品950**
⓬ 製品から売上原価へ振替	**売上原価950 / 製品950**
⓭ 配賦差異を売上原価へ振替	**売上原価20 / 配賦差異20**
⓮ 製品を販売	**売掛金1,500 / 売上1,500**

❶〜⓭はP.344の図と対応しています。

製造業の勘定の流れ

製造業で出てくる主な仕訳を勘定の流れで表すと次のとおりです。月初と月末の金額は仕訳には出てきませんでしたが、次のように設定します。

	月初有高	月末有高
材　　　料	20千円	20千円
未 払 賃 金	30千円	30千円
仕 掛 品	50千円	50千円
製　　　品	60千円	60千円

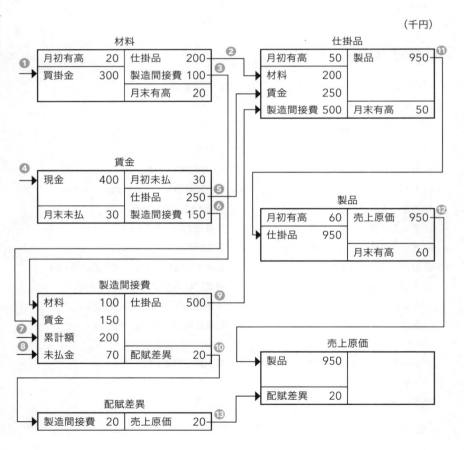

（千円）

材料
月初有高	20	仕掛品	200
買掛金	300	製造間接費	100
		月末有高	20

賃金
現金	400	月初未払	30
		仕掛品	250
月末未払	30	製造間接費	150

製造間接費
材料	100	仕掛品	500
賃金	150		
累計額	200		
未払金	70	配賦差異	20

配賦差異
| 製造間接費 | 20 | 売上原価 | 20 |

仕掛品
月初有高	50	製品	950
材料	200		
賃金	250		
製造間接費	500	月末有高	50

製品
| 月初有高 | 60 | 売上原価 | 950 |
| 仕掛品 | 950 | 月末有高 | 60 |

売上原価
| 製品 | 950 | | |
| 配賦差異 | 20 | | |

製造業の損益計算書

製造業の損益計算書は、売上原価の内訳が商品売買業の損益計算書と違います。製造間接費配賦差異などの原価差異が売上原価に加算・減算される点もポイントです。

損　益　計　算　書

自 X1年4月1日　至 X2年3月31日　　　　　　（千円）

I 売上高　　　　[商品ではなく製品]		1,500
II 売上原価		
1. 期首製品棚卸高	60	
2. 当期製品製造原価	950	
合　　計	1,010	
3. 期末製品棚卸高	60	
差　　引	950	
4. 原価差異	20	970
売上総利益　　[原価差異を加算・減算]		530
III 販売費及び一般管理費		
1. 給料	120	
2. 退職給付費用	10	
3. 貸倒引当金繰入	30	
4. 製品保証引当金繰入	10	
5. 減価償却費	160	330
営業利益		200
IV 営業外収益		
1. 受取利息	20	
2. 有価証券利息	5	25
V 営業外費用		
1. 支払利息	40	
2. 手形売却損	5	45
経常利益		180
VI 特別利益		
1. 固定資産売却益		40
VII 特別損失		
1. 固定資産除却損		30
税引前当期純利益		190
法人税、住民税及び事業税		57
当期純利益		133

製品に対する保証なので、製品保証引当金繰入を使う

製造業の貸借対照表

製造業の貸借対照表は、「材料」「仕掛品」「製品」の3つの勘定科目について期末の残高を表示するところが、商品売買業の貸借対照表と違います。

| 商品ではなく、材料、仕掛品、製品 | | 製品に対する保証なので、製品保証引当金を使う |

貸 借 対 照 表
X2年3月31日　　　　　　　（千円）

資産の部			負債の部	
Ⅰ 流動資産			**Ⅰ 流動負債**	
1. 現金預金		276	1. 支払手形	320
2. 受取手形	130		2. 買掛金	210
貸倒引当金	△20	110	3. 未払費用	30
3. 売掛金	200		4. 未払法人税等	30
貸倒引当金	△30	170	5. 製品保証引当金	15
4. 材料		20	流動負債合計	605
5. 仕掛品		50	**Ⅱ 固定負債**	
6. 製品		60	1. 長期借入金	2,500
流動資産合計		686	2. 退職給付引当金	600
Ⅱ 固定資産			固定負債合計	3,100
1. 有形固定資産			負債合計	3,705
(1) 建物	6,000		**純資産の部**	
減価償却累計額	△300	5,700	**Ⅰ 株主資本**	
(2) 機械装置	1,000		1. 資本金	4,000
減価償却累計額	△100	900	2. 資本剰余金	
(3) 土地		200	(1) 資本準備金	800
2. 無形固定資産			3. 利益剰余金	
(1) ソフトウェア		800	(1) 利益準備金	40	
(2) 特許権		500	(2) 繰越利益剰余金	300	340
3. 投資その他の資産			株主資本合計	5,140
(1) 投資有価証券		40	**Ⅱ 評価・換算差額等**	
(2) 長期貸付金	30		その他有価証券評価差額金	5
貸倒引当金	△6	24	評価・換算差額等合計	5
固定資産合計		8,164	純資産合計	5,145
資産合計		8,850	負債・純資産合計	8,850

Chapter14
本支店会計

本支店会計とは

　本店が東京、支店が大阪にある場合、本店と支店のそれぞれで仕訳を行うことを本支店会計といいます。

本支店会計とは

　本支店会計では、本店と支店にそれぞれ帳簿があります。本店で行った取引は本店の帳簿に仕訳を書き、支店で行った取引は支店の帳簿に仕訳を書きます。

　本店と支店の間で現金の送金を行ったり、商品の移送（移動や発送）をしたりすることを**内部取引**といいます。内部取引を行った場合、特別な仕訳が必要で、決算整理も特別な方法で行います。

本支店会計の流れ

　本支店会計では、本店と支店の帳簿を合算して、会社全体の財務諸表を作成します。本支店会計の場合、期中仕訳から財務諸表を作成するまでは、次のような流れで行います。

本店	支店
①本店の期中仕訳 ● 売上、仕入などの仕訳 ● 本支店間の取引の仕訳	①支店の期中仕訳 ● 売上、仕入などの仕訳 ● 本支店間の取引の仕訳 ● 支店間の取引の仕訳
②本店の決算整理 ● 減価償却 ● 貸倒引当金 ● 経過勘定　など	②支店の決算整理 ● 減価償却 ● 貸倒引当金 ● 経過勘定　など
③本店・支店の帳簿（残高試算表）を合算 ④内部取引の消去 　●「本店」勘定と「支店」勘定の消去 ⑤会社全体の貸借対照表と損益計算書（本支店合併財務諸表）を作成	

本支店間の取引

　本店から支店に現金を送る場合、どのように仕訳を書くのか、見ていきましょう。

【本店で書く仕訳】
支店に現金を送ったときの仕訳

❶ 現金を送ったので、本店の現金が減る。右に書く。

　　　　　　/ 現金 10

❷ 支店に送ったので、支店と書く。
　支店 10 / 現金 10

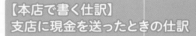

【支店で書く仕訳】
本店から現金が届いたときの仕訳

❶ 現金を受け取ったので、支店の現金が増える。左に書く。
　現金 10 /

❷ 本店から受け取ったので、本店と書く。
　現金 10 / 本店 10

本店勘定と支店勘定

本店と支店に帳簿があるため、本支店間で取引を行った場合、本店で書く仕訳と支店で書く仕訳に分けます。本店の帳簿に仕訳を書く場合、支店との取引とわかるように**支店**という勘定科目を使います。支店は◀ 資産 の勘定科目です。

一方、支店の帳簿に仕訳を書く場合、本店との取引とわかるように**本店**という勘定科目を使います。本店は 負債 ▶ の勘定科目です。

勘定科目としての支店と本店は、本支店間の内部取引を記録するために使用される勘定科目です。会社の外部に公表する財務諸表を作成するさいには、支店と本店は相殺消去します。相殺消去については、Chapter14-06で学習します。

【本店で書く仕訳】支店に現金を送ったときの仕訳

本店では、現金を支店に送ったので現金が減ります。しかし、今まで習った簿記の知識では、相手勘定科目が書けません。

　　? 10 / 現金 10

本支店会計では、支店に対する取引（債権債務）には支店勘定を使って仕訳を行います。

　支店 10 / 現金 10

【支店で書く仕訳】本店から現金が届いたときの仕訳

支店では、現金を受け取ったので現金が増えます。しかし、今まで習った簿記の知識では、相手勘定科目が書けません。

　現金 10 / ? 10

本支店会計では、本店に対する取引（債権債務）には本店勘定を使って仕訳を行います。

　現金 10 / 本店 10

本店が支店に商品を送った場合

　本店が、本店と支店の仕入れをまとめて行い、本店から支店へ商品を送ることがあります。そうすることで、仕入れの手続きを簡略化でき、また一度に大量購入することで安価に仕入れることができます。

　本店から支店へ商品を送ることを移送といいます。移送は、商品の金額に利益を上乗せしないで行われるので、本店、支店ともに仕入価額で仕訳の金額を書きます。

　本店で書く仕訳では、売上を計上するのではなく仕入を減らします。売上というのは商品の金額に利益を上乗せして販売するときに使う勘定科目なので、移送の仕訳では使うことができないからです。支店では仕入を使って仕訳します。具体的な仕訳の書き方は次の例題で説明します。

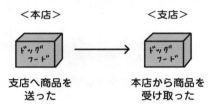

＜本店＞	＜支店＞
支店へ商品を送った	本店から商品を受け取った

本支店間の取引

　本支店間の取引を行った場合、どのような仕訳を書くのか、例題を使って見ていきましょう。

例題　（1）〜（3）取引について、本店と支店における仕訳を答えなさい。
　（1）本店は支店の広告宣伝費￥200を現金で支払った。
　（2）支店は本店の買掛金￥180を現金で支払った。
　（3）本店は支店に商品￥100を移送した。

仕訳

	本店側で書く仕訳	支店側で書く仕訳
（1）	支店 200 / 現金 200	広告宣伝費 200 / 本店 200
（2）	買掛金 180 / 支店 180	本店 180 / 現金 180
（3）	支店 100 / 仕入 100	仕入 100 / 本店 100

	本店側で書く仕訳	支店側で書く仕訳
(1)	❶本店の現金を支払ったので、右に書く。 ❷支店の支払いを立て替えたので、支店と書く。 **支店 200 / 現金 200**	❶支店の広告宣伝費が増えるので、左に書く。 ❷本店に支払ってもらったので、本店と書く。 **広告宣伝費 200 / 本店 200**
(2)	❶本店の買掛金が減るので、左に書く。 ❷支店に支払ってもらったので、支店と書く。 **買掛金 180 / 支店 180**	❶支店の現金を支払ったので、右に書く。 ❷本店の支払いを立て替えたので、本店と書く。 **本店 180 / 現金 180**
(3)	❶支店に商品を送ったので、仕入が減る。右に書く。 ❷支店に送ったので、支店と書く。 **支店 100 / 仕入 100**	❶本店から商品を受け取ったので、仕入が増える。左に書く。 ❷本店から受け取ったので、本店と書く。 **仕入 100 / 本店 100**

まとめ

本店から支店へ現金を送ったときの仕訳

本店側で書く仕訳 　　　　　　　　支店側で書く仕訳
支店 10 / 現金 10 　　　　　　**現金 10 / 本店 10**

本店が支店の広告費を現金で支払ったときの仕訳

本店側で書く仕訳 　　　　　　　　支店側で書く仕訳
支店 200 / 現金 200 　　　　　**広告宣伝費 200 / 本店 200**

支店が本店の買掛金を現金で支払ったときの仕訳

本店側で書く仕訳 　　　　　　　　支店側で書く仕訳
買掛金 180 / 支店 180 　　　　**本店 180 / 現金 180**

本店が支店に商品を送ったときの仕訳

本店側で書く仕訳 　　　　　　　　支店側で書く仕訳
支店 100 / 仕入 100 　　　　　**仕入 100 / 本店 100**

支店間の取引① 支店分散計算制度

支店が複数ある場合、支店間の取引はどのように仕訳を書くのか見ていきましょう。

●支店分散計算制度

【大阪支店で書く】
札幌支店に現金を送ったときの仕訳

❶ 現金が減ったので、右に書く。
　　　　　　／現金 100

❷ 札幌支店に送ったので、札幌支店と書く。
　　札幌支店 100 ／ 現金 100

【本店で書く】
支店間の取引の仕訳

支店分散計算制度のため、本店に連絡が来ていないので、仕訳なし。

【札幌支店で書く】
大阪支店から現金が届いたときの仕訳

❶ 現金が増えるので、左に書く。
　　現金 100 ／

❷ 大阪支店から届いたので、大阪支店と書く。
　　現金 100 ／ 大阪支店 100

支店間の取引

支店が複数ある場合の処理には、**支店分散計算制度**と**本店集中計算制度**の2つの方法があります。

支店分散計算制度

支店分散計算制度では、それぞれの支店勘定を使って仕訳を書きます。本店には連絡が来ないので、本店では仕訳しません。左ページの例の取引の状況と仕訳は、次のようになります。

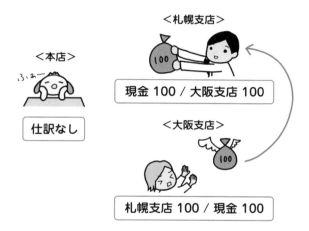

＜札幌支店＞

現金 100 / 大阪支店 100

＜本店＞

ふぁ〜

仕訳なし

＜大阪支店＞

札幌支店 100 / 現金 100

🐾 まとめ 🐾

大阪支店から札幌支店へ現金を送ったときの仕訳

本店側で書く仕訳　　　　　　札幌支店側で書く仕訳
仕訳なし　　　　　　　　**現金 100 / 大阪支店 100**
　　　　　　　　　　　　　大阪支店側で書く仕訳
　　　　　　　　　　　　　札幌支店 100 / 現金 100

支店間の取引② 本店集中計算制度

　今回は、支店間の取引のうち、本店集中計算制度について見ていきましょう。

●本店集中計算制度

【大阪支店で書く】
札幌支店に現金を送ったときの仕訳

❶ 現金が減ったので、右に書く。
　　　　　/ 現金 100

❷ 本店集中計算制度なので、本店に送ったと仮定する。本店と書く。
　　本店 100 / 現金 100

【本店で書く】
支店間の取引の仕訳

❶ 大阪支店から現金が届いたと仮定する。
　　現金 100 / 大阪支店 100

❷ 同時に札幌支店に現金を送ったと仮定する。
　　札幌支店 100 / 現金 100

❸ 仕訳❶と❷を合算する。
　　札幌支店 100 / 大阪支店 100

大阪支店から札幌支店へ
現金100円を送った
仕訳をしよう

【札幌支店で書く】
大阪支店から現金が届いたときの仕訳

❶ 現金が増えるので、左に書く。
　　現金 100 /

❷ 本店集中計算制度なので、本店から届いたと仮定する。本店と書く。
　　現金 100 / 本店 100

本店集中計算制度

本店集中計算制度では、支店間の取引があった場合、それぞれの支店が本店と取引をしたと仮定して仕訳を行います。左ページの例の取引の状況と仕訳は、次のようになります。

実際の取引
<札幌支店>
<本店>
ふぁ〜
<大阪支店>

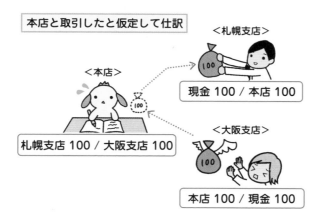

本店と取引したと仮定して仕訳
<札幌支店>
<本店>
現金 100 / 本店 100
札幌支店 100 / 大阪支店 100
<大阪支店>
本店 100 / 現金 100

まとめ

大阪支店から札幌支店へ現金を送ったときの仕訳

本店側で書く仕訳
札幌支店 100 / 大阪支店 100

札幌支店側で書く仕訳
現金 100 / 本店 100
大阪支店側で書く仕訳
本店 100 / 現金 100

決算整理①

　決算時には、本店と支店でそれぞれ決算整理仕訳を行います。決算整理仕訳は今まで学習した内容と同じです。

【本店で書く】
決算：決算整理の仕訳

❶ 減価償却費の仕訳を書く。
　　減価償却費 80 / 減価償却累計額 80
❷ 貸倒引当金の仕訳を書く。
　　貸倒引当金繰入 20 / 貸倒引当金 20

【支店で書く】
決算：決算整理の仕訳

❶ 減価償却費の仕訳を書く。
　　減価償却費 5 / 減価償却累計額 5
❷ 貸倒引当金の仕訳を書く。
　　貸倒引当金繰入 6 / 貸倒引当金 6

決算整理仕訳のポイント

本支店会計の決算整理仕訳について、例題を使って見ていきましょう。

例題 次の取引について、決算整理仕訳を行いなさい。

1. 本店の建物の取得原価は800円、耐用年数は10年、残存価額はゼロである。支店の建物の取得原価は50円、耐用年数は10年、残存価額はゼロである。建物は定額法で減価償却を行っており、間接法で記帳する。
2. 決算整理前の貸倒引当金の残高は、本店100円、支店4円である。
   決算整理前の売掛金の残高は本店6,000円、支店500円であり、売掛金の2%の貸倒引当金を差額補充法により設定する。

解説 本店、支店の下書きと仕訳を書く。

〈本店〉	〈支店〉
1. 減価償却費の仕訳を書く。 　（800 − 0）÷10年 ＝ 80 **減価償却費 80 / 減価償却累計額 80**	1. 減価償却費の仕訳を書く。 　（50−0）÷10年 ＝5 **減価償却費 5 / 減価償却累計額 5**
2. 貸倒引当金の仕訳を書く 　売掛金　6,000 ×2% ＝ 120 　貸引　100 $\xrightarrow{+20}$ 120 　　　決算整理前　　仕訳後の残高 **貸倒引当金繰入 20 / 貸倒引当金 20**	2. 貸倒引当金の仕訳を書く 　売掛金　500 ×2% ＝ 10 　貸引　4 $\xrightarrow{+6}$ 10 　　　決算整理前　　仕訳後の残高 **貸倒引当金繰入 6 / 貸倒引当金 6**

🐾 まとめ 🐾

決算：減価償却費の決算整理仕訳

本店側で書く仕訳	支店側で書く仕訳
減価償却費 80 / 減価償却累計額 80	**減価償却費 5 / 減価償却累計額 5**

決算：貸倒引当金の決算整理仕訳

本店側で書く仕訳	支店側で書く仕訳
貸倒引当金繰入 20 / 貸倒引当金 20	**貸倒引当金繰入 6 / 貸倒引当金 6**

決算整理②

決算で、本店勘定と支店勘定を消す仕訳について見ていきましょう。

決算：本店と支店の消去の仕訳

❶ 本店を2,000→0にするので、左に書く。
本店 2,000 /

❷ 支店を2,000→0にするので、右に書く。
本店 2,000 / 支店 2,000

本店勘定と支店勘定の消去

　これまで、本店と支店の間で取引をした場合には本店、支店という勘定科目を使って仕訳をしてきました。本店、支店という勘定科目は、仕訳をするときには便利ですが、資産や負債としての性質があるわけではありません。そこで、外部報告用の財務諸表を作成するさいには、この勘定科目を消す必要があります。

決算：本店と支店の消去の仕訳

本店における決算整理前の支店勘定は借方2,000円です。支店における決算整理前の本店勘定は貸方2,000円です。本店と支店の消去の仕訳を書くことで、本店における支店勘定は2,000円 −

支店			本店	
2,000				2,000

↓

支店		本店	
2,000	2,000	2,000	2,000

2,000円＝0円となります。同様に支店における本店勘定も2,000円 − 2,000円＝0円となり、消去は完了します。
支店勘定、本店勘定は本支店間の内部取引を記録するために使用したので、外部報告用の財務諸表を作成するさいには消去します。

　本店勘定と支店勘定を消す仕訳って、どのタイミングでするの？

　本店と支店の決算整理が終わった後だよ。タイミングについては、Chapter14-07で学習する本支店合併財務諸表で詳しく説明しているよ。

　そうなんだ！

　🐾 まとめ 🐾

会社全体の決算整理仕訳
決算：本店と支店の消去の仕訳　　　　　　**本店 2,000 / 支店 2,000**

問題1から問題6の取引について仕訳をしなさい。ただし、勘定科目は、次の中から最も適当と思われるものを選びなさい。仕訳を書かない場合は、借方に「仕訳なし」と記入すること。

現　　金	当座預金	本　　店	支　　店
買　掛　金	売　掛　金	営　業　費	札幌支店
仕　　入	売　　上	前　受　金	大阪支店

問題1　　　　　　　　　　　　　　　　　　　　　　　P.350

支店は本店に現金￥8,000を送金した。支店における仕訳を答えなさい。

問題2　　　　　　　　　　　　　　　　　　　　　　　P.352

支店が本店の買掛金￥3,000を現金で支払った。本店における仕訳を答えなさい。

問題3　　　　　　　　　　　　　　　　　　　　　　　P.352

本店が支店の営業費￥2,500を現金で支払った。支店における仕訳を答えなさい。

問題4　　　　　　　　　　　　　　　　　　　　　　　P.352

本店は支店に商品￥24,000を移送した。本店における仕訳を答えなさい。

問題5　　　　　　　　　　　　　　　　　　　　　　　P.354

次の取引について、札幌支店、大阪支店および本店における仕訳をしなさい。なお、当社は支店分散計算制度を採用している。
札幌支店は大阪支店の買掛金￥3,000を現金で支払った。

問題6　　　　　　　　　　　　　　　　　　　　　　　P.356

次の取引について、札幌支店、大阪支店および本店における仕訳をしなさい。なお、当社は本店集中計算制度を採用している。
札幌支店は大阪支店の買掛金￥3,000を現金で支払った。

解説・解答

問題1

❶支店における仕訳が問われている。

❷支店の現金が減ったので、右に書く。

❸本店に送ったので、本店と書く。

 本　　　店　　　　　8,000 ｜ 現　　　金　　　　　8,000

問題2

❶本店における仕訳が問われている。

❷買掛金を支払ったので、買掛金が減る。左に書く。

❸支店が立て替えたので、支店と書く。

 買　掛　金　　　　　3,000 ｜ 支　　　店　　　　　3,000

問題3

❶支店における仕訳が問われている。

❷支店の営業費を支払ったので、営業費が増える。左に書く。

❸本店が立て替えたので、本店と書く。

 営　業　費　　　　　2,500 ｜ 本　　　店　　　　　2,500

問題4

❶本店における仕訳が問われている。

❷支店へ商品を送ったので、仕入が減る。右に書く。

❸支店に送ったので、支店と書く。

 支　　　店　　　　24,000 ｜ 仕　　　入　　　　24,000

問題5

札幌　❶札幌支店の現金が減ったので、右に書く。
支店　❷支店分散計算制度を採用しているので、本店を経由しない。大阪支店の
　　　買掛金の支払いを立て替えたので、大阪支店と書く。

| 大 阪 支 店 | 3,000 | 現　　　金 | 3,000 |

札幌　❶買掛金が減ったので、左に書く。
支店　❷支店分散計算制度を採用しているので、本店を経由しない。札幌支店が
　　　立て替えたので、札幌支店と書く。

| 買 　 掛 　 金 | 3,000 | 札 幌 支 店 | 3,000 |

本店　支店分散計算制度を採用しているので、本店では支店間取引の仕訳をしない。

| 仕 訳 な し | | |

問題6

札幌　❶札幌支店の現金が減ったので、右に書く。
支店　❷本店集中計算制度を採用しているので、本店を経由したと仮定する。本
　　　店を経由するので、本店と書く。

| 本　　　　店 | 3,000 | 現　　　金 | 3,000 |

大阪　❶買掛金が減ったので、左に書く。
支店　❷本店集中計算制度を採用しているので、本店を経由したと仮定する。本
　　　店が買掛金の支払いを立て替えたと考えるので、本店と書く。

| 買 　 掛 　 金 | 3,000 | 本　　　　店 | 3,000 |

本店　❶札幌支店から現金が届いたと仮定する。
　　　　現金 3,000 / 札幌支店 3,000
　　　❷同時に大阪支店の買掛金を現金で支払ったと仮定する。
　　　　大阪支店 3,000 / 現金 3,000
　　　❸仕訳❶と❷を合算する。
　　　　大阪支店 3,000 / 札幌支店 3,000

| 大 阪 支 店 | 3,000 | 札 幌 支 店 | 3,000 |

本支店合併財務諸表

本店と支店の帳簿を合算して作る財務諸表を本支店合併財務諸表といいます。どのような流れで作成するのか見ていきましょう。

本支店合併財務諸表の作成方法

まず、本店、支店それぞれで期中取引および決算整理を行い、残高試算表を作成します。次に本店、支店それぞれの残高試算表を合算し、本支店間の取引を消去して、会社全体の損益計算書と貸借対照表を作成します。この会社全体の損益計算書と貸借対照表を本支店合併財務諸表といいます。

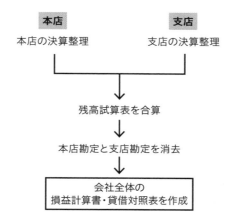

本支店合併財務諸表の問題の解き方

本支店合併財務諸表を作成する問題は、次の3つのステップで解きます。詳しくは、次の練習問題で見ていきましょう。

ステップ1　決算整理仕訳を書く。
ステップ2　本店勘定と支店勘定の消去の仕訳を書く。
ステップ3　答案用紙の財務諸表に記入する。

次の資料にもとづいて、答案用紙の本支店合併損益計算書と本支店合併貸借対照表を作成しなさい。なお、解答にさいしては次の点に留意すること。
(1) 本店から支店へ商品を移送するさい、利益を付加していない。
(2) 当期純利益は、貸借対照表では繰越利益剰余金に含めて示すこと。
(3) 会計期間はX1年4月1日からX2年3月31日までの1年である。

[資料Ⅰ] 決算整理前残高試算表

残 高 試 算 表

(円)

借　方	本　店	支　店	貸　方	本　店	支　店
現　金　預　金	124,050	183,470	支　払　手　形	21,500	24,600
受　取　手　形	28,000	10,200	買　　掛　　金	16,100	15,900
売　　掛　　金	22,000	2,800	本　　　　　店	—	180,050
繰　越　商　品	34,500	12,000	貸　倒　引　当　金	200	110
支　　　　　店	180,050	—	備品減価償却累計額	5,120	2,560
備　　　　　品	40,000	20,000	資　　本　　金	150,000	—
仕　　　　　入	753,450	477,450	利　益　準　備　金	10,000	—
営　　業　　費	82,300	19,600	繰越利益剰余金	4,930	—
			売　　　　　上	1,056,500	502,300
	1,264,350	725,520		1,264,350	725,520

[資料Ⅱ] 決算整理事項
1. 商品の期末棚卸高は、本店￥36,500、支店￥25,000である。
2. 売上債権の期末残高に対して、3%の貸倒引当金を差額補充法により設定する。
3. 本店、支店ともに備品を定率法（償却率20%）で減価償却を行う。
4. 営業費の未払額は、本店￥1,550、支店￥446である。

[答案用紙]

損 益 計 算 書
X1年4月1日～X2年3月31日　　　　　　　　　　　　　　（円）

費　　用	金　　額	収　　益	金　　額
期首商品棚卸高	（　　　　　　　）	売　上　高	1,558,800
当期商品仕入高	（　　　　　　　）	期末商品棚卸高	（　　　　　　　）
貸倒引当金繰入	（　　　　　　　）		
減 価 償 却 費	（　　　　　　　）		
営　業　費	（　　　　　　　）		
当 期 純 利 益	（　　　　　　　）		
	（　　　　　　　）		（　　　　　　　）

貸 借 対 照 表
X2年3月31日　　　　　　　　　　　　　　（円）

資　　産	金　　額	負債・純資産	金　　額
現 金 預 金	（　　　　　　　）	支 払 手 形	（　　　　　）
受 取 手 形	（　　　　　）	買　掛　金	（　　　　　）
売　掛　金	（　　　　　）	未 払 費 用	（　　　　　）
貸 倒 引 当 金	（　　　　　）（　　　　　）	資　本　金	150,000
商　　品	（　　　　　　　）	利 益 準 備 金	10,000
備　　品	（　　　　　）	繰越利益剰余金	（　　　　　）
減価償却累計額	（　　　　　）（　　　　　）		
	（　　　　　　　）		（　　　　　）

解説・解答

ステップ1 下書きに決算整理仕訳を書く。

本店の仕訳と支店の仕訳を分けて書くのがポイント。

〈本店〉	〈支店〉
1. 売上原価の決算整理仕訳を書く。	
仕入 34,500 / 繰越商品 34,500	仕入 12,000 / 繰越商品 12,000
繰越商品 36,500 / 仕入 36,500	繰越商品 25,000 / 仕入 25,000
2. 貸倒引当金の決算整理仕訳を書く。	
受取手形 28,000×3%＝840 } 1,500 売掛金 22,000×3%＝660	受取手形 10,200×3%＝306 } 390 売掛金 2,800×3%＝84
貸引 200 ──+1,300──→ 1,500	貸引 110 ──+280──→ 390
貸倒引当金繰入 1,300 / 貸倒引当金 1,300	貸倒引当金繰入 280 / 貸倒引当金 280
3. 減価償却費の決算整理仕訳を書く。	
(40,000−5,120)×20%＝6,976	(20,000−2,560)×20%＝3,488
減価償却費 6,976 / 備品減価償却累計額 6,976	減価償却費 3,488 / 備品減価償却累計額 3,488
4. 営業費の未払いの決算整理仕訳を書く。	
営業費 1,550 / 未払費用 1,550	営業費 446 / 未払費用 446

ステップ2 下書き用紙に本店勘定と支店勘定の消去の仕訳を書く。金額は［資料 Ⅰ］の決算整理前残高試算表の支店勘定と本店勘定を使う。

本店 180,050 / 支店 180,050

損 益 計 算 書

X1年4月1日〜X2年3月31日　　　　　　　　　　（円）

費　用	金　額	収　益	金　額
期首商品棚卸高	（ ❶　46,500）	売　上　高	1,558,800
当期商品仕入高	（ ❷1,230,900）	期末商品棚卸高	（ ❶　61,500）
貸倒引当金繰入	（ ❸　1,580）		
減価償却費	（ ❹　10,464）		
営　業　費	（ ❺　103,896）		
当期純利益	（ ❻　226,960）		
	（　1,620,300）		（　1,620,300）

左側（費用）

❶ 期首商品棚卸高
　下書き[Ⅱ]1. 34,500 + 12,000

❷ 当期商品仕入高
　[資料Ⅰ]753,450 + 477,450

❸ 貸倒引当金繰入
　下書き[Ⅱ]2. 1,300 + 280

❹ 減価償却費
　下書き[Ⅱ]3. 6,976 + 3,488

❺ 営業費
　[資料Ⅰ]82,300 + 19,600 + 下書き[Ⅱ]4.
　1,550 + 446

❻ 当期純利益
　収益合計 1,558,800 − 費用合計 1,331,840
　または、
　貸方合計 1,620,300 − 借方合計 1,393,340

右側（収益）

❶ 期末商品棚卸高
　下書き[Ⅱ]1. 36,500 + 25,000

> 期首商品棚卸高 46,500
> ＋当期商品仕入高 1,230,900
> −期末商品棚卸高 61,500
> ＝売上原価 1,215,900
> 売上原価 1,215,900
> ＋貸倒引当金繰入 1,580
> ＋減価償却費 10,464
> ＋営業費 103,896
> ＝1,331,840

売上高

本問の損益計算書は勘定式といい、P.314の損益計算書は報告式といいます。勘定式の場合、売上原価の書き方に特徴がありますが、報告式で書くと次のとおりです。勘定式も報告式も売上原価 1,215,900 の内訳を表示しているため、このような形式になっています。

Ⅱ 売上原価
1. 期首商品棚卸高　　　46,500
2. 当期商品仕入高　1,230,900
　　合　計　1,277,400
3. 期末商品棚卸高　　　61,500　　1,215,900

貸 借 対 照 表

X2年3月31日 (円)

資　産	金　額	負債・純資産	金　額
現 金 預 金	❶(307,520)	支 払 手 形	❶(46,100)
受 取 手 形	❷38,200)	買 掛 金	❷(32,000)
売 掛 金	❸24,800)	未 払 費 用	❸(1,996)
貸倒引当金	❹ 1,890) (61,110)	資 本 金	150,000
商 品	❺(61,500)	利 益 準 備 金	10,000
備 品	❻60,000)	繰越利益剰余金	❹(231,890)
減価償却累計額	❼18,144) (41,856)		
	(471,986)		(471,986)

左側(資産)

❶現金預金
 [資料Ⅰ]124,050+183,470

❷受取手形
 [資料Ⅰ]28,000+10,200

❸売掛金
 [資料Ⅰ]22,000+2,800

❹貸倒引当金
 下書き[Ⅱ]2. 1,500+390

❺商品
 下書き[Ⅱ]1. 36,500+25,000

❻備品
 [資料Ⅰ]40,000+20,000

❼減価償却累計額
 [資料Ⅰ]5,120+2,560
 +下書き[Ⅱ]3. 6,976+3,488

右側(負債・純資産)

❶支払手形
 [資料Ⅰ]21,500+24,600

❷買掛金
 [資料Ⅰ]16,100+15,900

❸未払費用
 下書き[Ⅱ]4. 1,550+446

❹繰越利益剰余金
 [資料Ⅰ]
 4,930+当期純利益 226,960

> 貸倒引当金は次の計算で求めることもできる
> [資料Ⅰ]200+110
> +下書き[Ⅱ]2. 1,300+280

重要度 ★

本店と支店の損益振替

本店と支店ではそれぞれ損益振替を行い、損益勘定を作成します。

本店と支店の損益勘定の作成方法

簿記3級で学習したように、会社では決算整理で損益振替をします。損益振替とは、収益と費用をすべて損益勘定に振り替える仕訳です。

本支店会計では、本支店合併財務諸表を作成する流れとは別に、本店と支店それぞれの帳簿で損益振替を行います。会社内で使用する帳簿の記入の話なので、本店勘定と支店勘定を消去する必要はありません。

❶ 支店の損益勘定を作成する。支店の収益と費用を損益振替することで、支店の損益（支店の当期純利益）を計算する。

❷ 支店の損益を本店の損益へ振り替える。

❸ 本店の損益勘定を作成する。本店の収益と費用を損益振替し、さらに支店の損益を合算することで、本店の損益（会社全体の当期純利益）を計算する。

❹ 本店の損益勘定の残高を繰越利益剰余金へ振り替える。

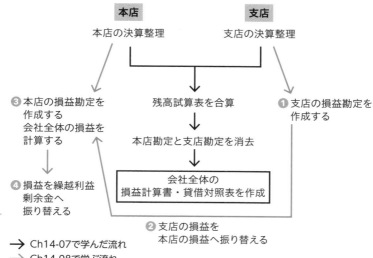

例題 次の資料にもとづいて、答案用紙の本店の損益勘定を作成しなさい。

[資料Ⅰ] 決算整理前残高試算表

残 高 試 算 表

(円)

借 方	本 店	支 店	貸 方	本 店	支 店
現 金 預 金	124,050	183,470	支 払 手 形	21,500	24,600
受 取 手 形	28,000	10,200	買 掛 金	16,100	15,900
売 掛 金	22,000	2,800	本 店	―	180,050
繰 越 商 品	34,500	12,000	貸 倒 引 当 金	200	110
支 店	180,050	―	備品減価償却累計額	5,120	2,560
備 品	40,000	20,000	資 本 金	150,000	―
仕 入	753,450	477,450	利 益 準 備 金	10,000	―
営 業 費	82,300	19,600	繰越利益剰余金	4,930	―
			売 上	1,056,500	502,300
	1,264,350	725,520		1,264,350	725,520

[資料Ⅱ] 決算整理事項

1. 商品の期末棚卸高は、本店￥36,500、支店￥25,000である。

2. 売上債権の期末残高に対して、3%の貸倒引当金を差額補充法により設定する。

3. 本店、支店ともに備品を定率法（償却率20%）で減価償却を行う。

4. 営業費の未払額は、本店￥1,550、支店￥446である。

解答

本店の損益

費 用	金 額	収 益	金 額
仕 入	751,450	売 上	1,056,500
営 業 費	83,850	支 店	14,036
貸 倒 引 当 金 繰 入	1,300		
減 価 償 却 費	6,976		
繰 越 利 益 剰 余 金	226,960		
	1,070,536		1,070,536

ステップ1 下書きに決算整理仕訳を書く。

〈本店〉	〈支店〉
1. 売上原価の決算整理仕訳を書く。 　仕入 34,500 / 繰越商品 34,500 　繰越商品 36,500 / 仕入 36,500	仕入 12,000 / 繰越商品 12,000 繰越商品 25,000 / 仕入 25,000
2. 貸倒引当金の決算整理仕訳を書く。 　受取手形 28,000×3%＝840 ⎫ 　売掛金 22,000×3%＝660 ⎭ 1,500 　貸引 200 ──＋1,300→ 1,500 　貸倒引当金繰入 1,300 / 貸倒引当金 1,300	受取手形 10,200×3%＝306 ⎫ 売掛金 2,800×3%＝84 ⎭ 390 貸引 110 ──＋280→ 390 貸倒引当金繰入 280 / 貸倒引当金 280
3. 減価償却費の決算整理仕訳を書く。 　(40,000−5,120)×20%＝6,976 　減価償却費 6,976 / 備品減価償却累計額 6,976	(20,000−2,560)×20%＝3,488 減価償却費 3,488 / 備品減価償却累計額 3,488
4. 営業費の未払いの決算整理仕訳を書く。 　営業費 1,550 / 未払費用 1,550	営業費 446 / 未払費用 446

ステップ2 支店の損益勘定を作成する。支店の損益勘定は、[資料Ⅰ] 決算整理前残高試算表の支店の勘定科目の金額にステップ1の決算整理仕訳を加減算して計算する。

支店の損益

費　　用	金　　額	収　　益	金　　額
仕　　　　　入	464,450	売　　　　　上	502,300
営　　業　　費	20,046		
貸倒引当金繰入	280		
減　価　償　却　費	3,488		
本　　　　　店	14,036		
	502,300		502,300

❶仕入

　[資料Ⅰ] 477,450＋下書き12,000−25,000＝464,450

❷営業費

　[資料Ⅰ] 19,600＋下書き446＝20,046

❸貸倒引当金繰入　下書き280

❹減価償却費　下書き3,488

❺本店　収益と費用の差額から支店の利益の金額を計算する。

　収益　502,300

　費用　464,450＋20,046＋280＋3,488＝488,264

　利益　502,300−488,264＝14,036

ステップ3 支店の損益勘定を本店の損益勘定に振り替える。

〈支店で書く仕訳〉

  損益 14,036 / 本店 14,036

〈本店で書く仕訳〉

  支店 14,036 / 損益 14,036

ステップ4 本店の損益勘定を作成する。

本店の損益

費　　用	金　額	収　益	金　額
仕　　　　　　入	751,450	売　　　　　　上	1,056,500
営　　業　　費	83,850	支　　　　　　店	14,036
貸 倒 引 当 金 繰 入	1,300		
減 価 償 却 費	6,976		
繰 越 利 益 剰 余 金	226,960		
	1,070,536		1,070,536

❶仕入

　［資料Ⅰ］753,450 + 下書き34,500 − 36,500 = 751,450

❷営業費

　［資料Ⅰ］82,300 + 下書き1,550 = 83,850

❸貸倒引当金繰入　下書き1,300

❹減価償却費　下書き6,976

❺支店　ステップ3より14,036

❻繰越利益剰余金

　収益と費用の差額から本店の利益の金額を計算する。

　収益　1,056,500 + 14,036 = 1,070,536

　費用　751,450 + 83,850 + 1,300 + 6,976 = 843,576

　利益　1,070,536 − 843,576 = 226,960

なお、本店勘定の繰越利益剰余金は会社全体の利益の金額と一致する。本問は
P.369の本支店合併損益計算書の当期純利益226,960と金額が一致している。

Chapter15
連結会計

連結会計とは

子会社株式を持っている場合、連結会計を行う必要があります。
連結会計について、学びましょう。

親会社と子会社

連結会計を学ぶ前に、親会社と子会社について学習します。

親会社とは、他の会社の財務・営業・事業の方針を決定する機関（意思決定機関）を支配している会社をいい、子会社の発行済株式総数の過半数（50％超）を保有している会社のことです。

子会社とは、親会社に意思決定機関を支配されている会社をいいます。簡単にいうと、親会社に発行済株式総数の過半数（50％超）を保有されている会社のことです。

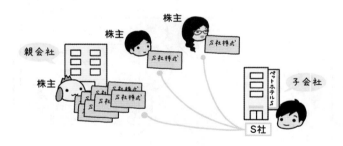

意思決定機関とは

親会社は子会社の意思決定機関を支配しています。意思決定機関というのは、会社にとって重要な事項を決定する機関（株主総会など）のことです。

それでは、意思決定機関を支配しているとは、どのような状態をいうのでしょうか。一番わかりやすい株主総会を例にとって説明します。

株主総会とは、会社の株主が集まって会社の重要な事項を決定する会のことをいいます。株主総会では、簡単にいうと1株持っていれば1票を投じることができます。この1票のことを**1議決権**といいます。

株主総会で決める事項には役員報酬の金額などさまざまなものがあります
が、多くの事項は多数決で決議します。したがって、親会社が子会社の**議決**
権の**過半数**（50％超）を持っている場合には、子会社の株主総会における決
議で親会社の考えが反映されるようになる、つまり意思決定機関を支配して
いるといえるのです。

▎連結会計とは

　親会社と子会社は、それぞれ独立した個別の会社です。一方、親会社と子
会社を合わせて一つの大きなグループ（連結グループ）と考えることもでき
ます。連結グループ全体の財務諸表を作成して公表するのが連結財務諸表で、
連結財務諸表を作成するための手続きを連結会計といいます。

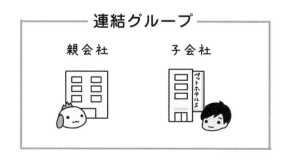

連結財務諸表とは

連結財務諸表とは、支配従属関係にある2つ以上の企業からなる集団（企業集団）を単一の組織体とみなして、親会社が当該企業集団の財政状態、経営成績を総合的に報告するために作成するものです。

日商簿記2級で学習する連結財務諸表には、連結貸借対照表、連結損益計算書、連結株主資本等変動計算書が含まれます。

なお、Chapter14までに学習した、一つの会社が作成する財務諸表を、連結財務諸表と対比させて個別財務諸表といいます。

豆知識 P社とS社

連結会計の問題では、親会社をP社、子会社をS社と表記することが多くなっており、本書でもそのように表記する場合があります。覚える必要はありませんが、P社というのは親会社という意味のParent Companyの頭文字に由来しており、S社というのは子会社という意味のSubsidiary Companyの頭文字に由来しています。

豆知識 資本剰余金と利益剰余金

Chapter14までの個別財務諸表では、資本準備金、利益準備金という勘定科目を多く使いましたが、連結会計では資本剰余金、利益剰余金を使います。連結会計ではまとめた勘定科目を使うことが認められているからです。まとめた勘定科目と細かい勘定科目については、下の表を参照してください。

まとめた勘定科目	細かい勘定科目	
資本剰余金	資本準備金	
	その他資本剰余金	
利益剰余金	利益準備金	
	その他利益剰余金	任意積立金（別途積立金など）
		繰越利益剰余金

連結会計で学習する仕訳の種類

連結会計で書く仕訳のことを連結修正仕訳といいます。

連結修正仕訳は、大きく分けると次の7つの種類があります。これから7つの連結修正仕訳を順番に学習しますが、7つの連結修正仕訳を2つのグループに分けると次のようになります。このグループ分けが、複雑な仕訳を理解するポイントになります。

┌ 資本連結 ─────────────────
① 投資と資本の相殺消去 → Chapter15-02,03,04
② のれんの償却 → Chapter15-05,06
③ 子会社の当期純利益の振り替え → Chapter15-05,06
④ 子会社の配当金の修正 → Chapter15-05,06
└─────────────────────────

┌ 成果連結 ─────────────────
⑤ 内部取引・債権債務の相殺消去 → Chapter15-07
⑥ 貸倒引当金の調整 → Chapter15-09
⑦ 未実現利益の消去 → Chapter15-10,11
└─────────────────────────

Part
3
連結会計

Ch
15
連結会計

資本連結とは、親会社の子会社に対する投資と、これに対応する子会社の資本の相殺消去などを行う一連の処理のことです。

成果連結とは、資本連結を除き、支配獲得日以降に連結会社間で行われた取引に関する相殺消去などを行う一連の処理のことです。

 これだけ？

 そう、実はこれだけ。でも、一つひとつの連結修正仕訳にパターンがあるから複雑に感じるんだ。

 どういうこと？

 例えば、①投資と資本の相殺消去は、子会社株式を100%取得した場合、非支配株主持分が出てくる場合など、いろいろなパターンがあるよ。大切なのは、7つの仕訳のうちどれを学習しているのか意識することなんだ。

支配獲得日の連結会計①

　　ここからは資本連結について学習します。X1年3月31日に子会社株式を取得した場合、この日を支配獲得日といいます。支配獲得日の連結会計を見ていきましょう。

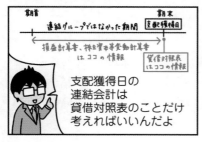

支配獲得日の連結会計

連結財務諸表には連結貸借対照表、連結損益計算書、連結株主資本等変動計算書がある。

連結貸借対照表は期末日時点で連結グループにどれだけの資産、負債、純資産があるか報告する書類。連結損益計算書は当期に連結グループでどれだけの収益、費用が発生したか報告する書類。連結株主資本等変動計算書は当期に連結グループでどれだけの純資産が変動したか報告する書類である。左の漫画の4コマ目でお兄さんが説明しているように、支配獲得日が期末日の場合、連結損益計算書と連結株主資本等変動計算書は連結グループではなかった期間に関する情報なので作成する必要はない。したがって支配獲得日には、連結貸借対照表のみを作成することになる。

支配獲得日の連結会計の流れ

　親会社が子会社の株式を取得した日を支配獲得日といいます。支配獲得日の連結会計では、親会社と子会社がそれぞれ作成した個別貸借対照表を合算し、連結修正仕訳を行って連結貸借対照表を作成します。

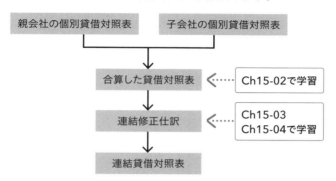

　簿記2級では、支配獲得日が期末日の場合と、期首の場合が出題されます。テキストでは支配獲得日が期末日の場合を中心に説明を行います。支配獲得日が期首の場合については、P.411で説明しています。

個別貸借対照表の合算とは

　連結貸借対照表を作成するために、親会社の個別貸借対照表と子会社の個別貸借対照表を合算します。

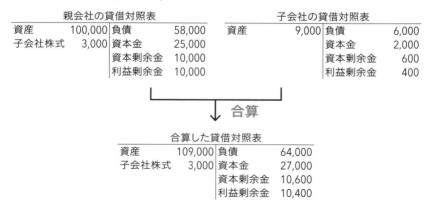

　合算した貸借対照表ができたので、次のページから連結修正仕訳を見ていきましょう。

支配獲得日の連結会計②

Chapter15-02で個別貸借対照表の合算をしたので、次は連結修正仕訳について学びましょう。今回は子会社株式を100％取得した場合について見ていきます。

1 投資と資本の相殺消去の連結修正仕訳

❶ 子会社株式を3,000→0まで減らす。
　　　　　　　　　　/ 子会社株式 3,000

❷ 資本金2,000→0、資本剰余金600→0、利益剰余金400→0まで減らす。

資本金	2,000	子会社株式 3,000
資本剰余金	600	
利益剰余金	400	

連結修正仕訳とは

連結修正仕訳とは、連結財務諸表を作成するために必要な仕訳のことです。投資と資本の相殺消去も連結修正仕訳の一つです。

投資と資本の相殺消去とは

親会社は子会社株式を3,000円で取得しました。子会社株式の金額は、基本的に子会社の純資産の金額と一致します。なぜなら、純資産の金額は、子会社が持っている資産から負債を引いた金額で、子会社の価値を表しているからです。

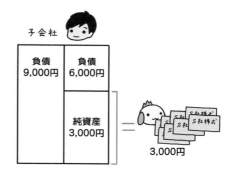

親会社の個別貸借対照表には子会社株式3,000円が計上され、子会社の個別貸借対照表には純資産3,000円（資本金2,000円、資本剰余金600円、利益剰余金400円）が計上されています。これを合算した貸借対照表には借方に子会社株式3,000円、貸方に子会社の純資産3,000円が計上されるため、重複してしまいます。

そこで、借方にある子会社株式3,000円と貸方にある子会社の純資産3,000円を相殺消去します。これを投資と資本の相殺消去といいます。

投資と資本の相殺消去の連結修正仕訳を行った結果、連結貸借対照表は次のようになります。

合算した貸借対照表

資産	109,000	負債	64,000
子会社株式	3,000	資本金	27,000
		資本剰余金	10,600
		利益剰余金	10,400

連結修正仕訳 →

連結貸借対照表

資産	109,000	負債	64,000
		資本金	25,000
		資本剰余金	10,000
		利益剰余金	10,000

子会社株式を100％取得した場合の、支配獲得日における連結貸借対照表はこれで完成です。

のれんが発生する場合

投資と資本の相殺消去で、のれんが発生する場合について見ていきましょう。

P.382では、「親会社の個別貸借対照表の子会社株式3,000円」と「子会社の個別貸借対照表の純資産3,000円」が一致する単純な例で説明しました。しかし、実際には一致しないこともあります。子会社株式の金額は、子会社の財産価値だけではなく、子会社の持っている技術的なノウハウや営業力、広報力などのブランド力も反映されているからです。

子会社株式
3,200円

子会社の純資産 3,000円

のれん 200円

のれんとは、子会社株式の取得原価が、子会社の純資産を上回った場合の差額。のれんは 資産 の勘定科目です。一方、子会社株式の取得原価が、子会社の純資産を下回った場合の差額は、**負ののれん発生益**です。負ののれん発生益は 収益 の勘定科目です。

投資と資本の相殺消去の連結修正仕訳を行った結果、連結貸借対照表は次のようになります。

合算した貸借対照表

資産	108,800	負債	64,000
子会社株式	3,200	資本金	27,000
		資本剰余金	10,600
		利益剰余金	10,400

連結修正仕訳 ⇒

連結貸借対照表

資産	108,800	負債	64,000
のれん	200	資本金	25,000
		資本剰余金	10,000
		利益剰余金	10,000

🐾 まとめ 🐾

子会社株式を100%取得した場合

1 投資と資本の相殺消去の連結修正仕訳

資本金	2,000	子会社株式 3,000
資本剰余金	600	
利益剰余金	400	

2 投資と資本の相殺消去の連結修正仕訳（のれんが発生）

資本金	2,000	子会社株式 3,200
資本剰余金	600	
利益剰余金	400	
のれん	200	

支配獲得日の連結会計③

今回は子会社株式を80%取得した場合の仕訳を見ていきましょう。

1 投資と資本の相殺消去の 連結修正仕訳

❶ 子会社株式を2,400→0まで減らす。

	/子会社株式	2,400

❷ 非支配株主持分が増えるので、右に書く。

非支配株主の持分割合
100% − 80% = 20%
非支配株主持分の金額
(2,000 + 600 + 400) × 20% = 600

	子会社株式	2,400
	非支配株主持分	600

❸ 資本金2,000→0、資本剰余金600→0、利益剰余金400→0まで減らす。

資本金	2,000	子会社株式	2,400
資本剰余金	600	非支配株主持分	600
利益剰余金	400		

非支配株主持分が発生する場合

非支配株主持分とは、子会社の資本のうち親会社に帰属しない部分のことです。親会社が子会社の株式を80%取得した場合には、残りの20%は親会社以外の株主が持っています。この20%が非支配株主持分です。

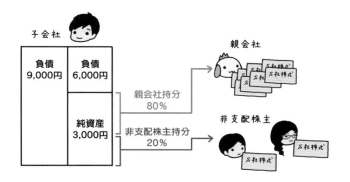

子会社
負債 9,000円	負債 6,000円
	純資産 3,000円

親会社持分 80%
非支配株主持分 20%

親会社

非支配株主

非支配株主持分の金額は、「子会社の純資産×非支配株主の持分割合」で計算します。非支配株主持分は 純資産 の勘定科目です。

投資と資本の相殺消去の連結修正仕訳を行った結果、連結貸借対照表は次のようになります。

資産	負債
	純資産
	非支配株主持分
費用	収益

合算した貸借対照表
資産	109,600	負債	64,000
子会社株式	2,400	資本金	27,000
		資本剰余金	10,600
		利益剰余金	10,400

連結修正仕訳 →

連結貸借対照表
資産	109,600	負債	64,000
		資本金	25,000
		資本剰余金	10,000
		利益剰余金	10,000
		非支配株主持分	600

子会社株式を80%取得した場合の、支配獲得日における連結貸借対照表はこれで完成です。

のれんが発生する場合

非支配株主持分がある場合で、のれんが発生する場合について見ていきましょう。

投資と資本の相殺消去は
こうなるね

**2 投資と資本の相殺消去の
連結修正仕訳（のれんが発生）**

❶ 子会社株式を2,600→0まで減らす。

　　　　　/子会社株式　　2,600

❷ 非支配株主持分が増えるので、右に書く。

　非支配株主の持分割合
　100－80＝20％
　非支配株主持分の金額
　（2,000＋600＋400）×20％＝600

　　　　　　　　/子会社株式　　2,600
　　　　　　　　非支配株主持分　600

❸ 資本金2,000→0、資本剰余金600→0、利益剰余金400→0まで減らす。

　資本金　　2,000 /子会社株式　　2,600
　資本剰余金　600 非支配株主持分　600
　利益剰余金　400/

❹ 差額が左側なので、のれんと書く。

　資本金　　2,000 /子会社株式　　2,600
　資本剰余金　600 非支配株主持分　600
　利益剰余金　400/
　のれん　　　200/

✿ まとめ ✿

子会社株式を80％取得した場合（非支配株主持分が発生）

① 投資と資本の相殺消去の連結修正仕訳

　　　資本金　　　2,000 |子会社株式　　　2,400
　　　資本剰余金　　600 |非支配株主持分　　600
　　　利益剰余金　　400 |

② 投資と資本の相殺消去の連結修正仕訳（のれんが発生）

　　　資本金　　　2,000 |子会社株式　　　2,600
　　　資本剰余金　　600 |非支配株主持分　　600
　　　利益剰余金　　400 |
　　　のれん　　　　200 |

練習問題 Chapter15 01-04

次の取引について支配獲得日の連結修正仕訳を行いなさい。ただし、勘定科目は、次の中から最も適当と思われるものを選びなさい。

| 現　　　金 | の　れ　ん | 子会社株式 | 負ののれん発生益 |
| 資　本　金 | 資本剰余金 | 利益剰余金 | 非支配株主持分 |

X1年3月31日に、P社はS社の発行する株式の60％を￥62,000で取得して支配した。このときのS社の純資産は、資本金￥60,000、資本剰余金￥10,000、利益剰余金￥30,000であった。

解説・解答

❶子会社株式を62,000→0まで減らす。右に書く。
❷非支配株主持分が増えるので、右に書く。
　　非支配株主の持分割合　100％－60％＝40％
　　非支配株主持分の金額　（60,000＋10,000＋30,000）×40％＝40,000
❸資本金60,000、資本剰余金10,000、利益剰余金30,000を0まで減らす。左に書く。
❹差額が左なので、のれんと書く。

資　　本　　金	60,000	子 会 社 株 式	62,000
資 本 剰 余 金	10,000	非支配株主持分	40,000
利 益 剰 余 金	30,000		
の　　れ　　ん	2,000		

Part 3 連結会計

Ch 15 連結会計

389

連結第1年度の連結会計

　X1年3月31日が支配獲得日である場合、連結第1年度（X1年4月1日〜X2年3月31日）の処理はどのようにすればよいか、見ていきましょう。

1 開始仕訳（P.392の内容）

資本金(期首)	2,000	子会社株式	2,600
資本剰余金(期首)	600	非支配株主持分(期首)	600
利益剰余金(期首)	400		
のれん	200		

2 〜 4 当期の連結修正仕訳
（P.393〜396の内容）

のれん償却 20	/	のれん 20	
非支配株主に帰属する当期純利益40	/	非支配株主持分40	
受取配当金	80	/	利益剰余金 100
非支配株主持分 20	/		

連結会計の流れ

　これまでは支配獲得日の連結会計を学習しました。支配獲得日の連結会計では、連結貸借対照表のみ作成します。連結第1年度以降の連結会計では、連結損益計算書と連結株主資本等変動計算書も作成します。

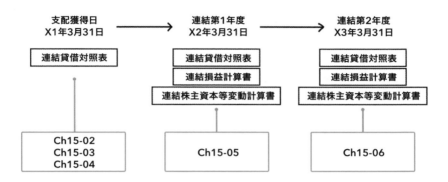

　そもそも、親会社と子会社は別々の会社ですから、それぞれの会社で期中仕訳や決算整理仕訳を行い、個別財務諸表を作成します。連結会計では、毎期期末個別財務諸表を合算し、連結修正仕訳を行い、連結財務諸表を作成します。そのため、連結修正仕訳は個別財務諸表には引き継がれず、毎期、前期末の連結修正仕訳を再度行う必要があります。これを開始仕訳といいます。

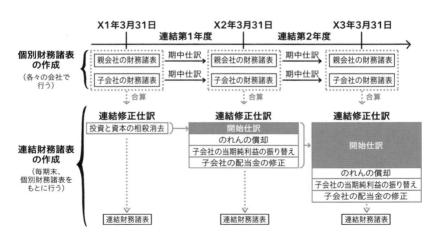

連結第1年度の連結修正仕訳

連結第1年度の連結修正仕訳は、①開始仕訳、②のれんの償却、③子会社の当期純利益の振り替え、④子会社の配当金の修正を行います。一つずつ例題を使って見ていきましょう。

●連結修正仕訳① 開始仕訳

前期末の連結修正仕訳は
資本金	2,000	子会社株式	2,600
資本剰余金	600	非支配株主持分	600
利益剰余金	400		
のれん	200		

開始仕訳を書こう

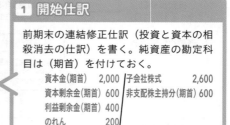

1 開始仕訳

前期末の連結修正仕訳（投資と資本の相殺消去の仕訳）を書く。純資産の勘定科目は（期首）を付けておく。

資本金（期首）	2,000	子会社株式	2,600
資本剰余金（期首）	600	非支配株主持分（期首）	600
利益剰余金（期首）	400		
のれん	200		

基本的には、前期末の連結修正仕訳をそのまま書けば、開始仕訳になります。ただし、開始仕訳を書くときは、純資産の勘定科目に（期首）を付けます。これは連結株主資本等変動計算書を作成するときに集計しやすくするためです。

なお「資本金（期首）」ではなく、「資本金期首残高」や「資本金当期首残高」と書く場合もあります。問題を解くときは問題文の指示や答案用紙の形式に従ってください。指示がない場合はどの書き方でも構いません。

例題 X1年3月31日に、親会社は子会社の発行する株式の80%を¥2,600で取得して支配した。支配獲得日に行った連結修正仕訳は次のとおりであった。連結第1年度（X1年4月1日からX2年3月31日）の開始仕訳を書きなさい。

支配獲得日の連結修正仕訳	仕訳			
投資と資本の相殺消去	資本金	2,000	子会社株式	2,600
	資本剰余金	600	非支配株主持分	600
	利益剰余金	400		
	のれん	200		

連結修正仕訳

資本金（期首）	2,000	子会社株式	2,600
資本剰余金（期首）	600	非支配株主持分（期首）	600
利益剰余金（期首）	400		
のれん	200		

● 連結修正仕訳② のれんの償却

前期末の連結修正仕訳で
のれん200円が出た場合

資本金　　　2,000　子会社株式　　2,600
資本剰余金　600　非支配株主持分　600
利益剰余金　400
のれん　　　200

パブロフ株式会社
では10年で
償却しようね

2 のれんの償却

❶ のれんを償却することで価値を減らす。
のれんが減るので、右に書く。

❷ のれん償却が増えるので、左に書く。
200 ÷ 10年 = 20
のれん償却 20 / のれん 20

連結第1年度の連結修正仕訳では、支配獲得日に計上した、のれんの償却を行います。当期に計上するのれんの償却額は、**のれん償却**を使います。のれん償却は　費用　の勘定科目です。

例題　X1年3月31日に、親会社は子会社の発行する株式の80%を¥2,600で取得して支配した。支配獲得日に行った連結修正仕訳は次のとおりであった。連結第1年度（X1年4月1日からX2年3月31日）ののれんの償却の連結修正仕訳を書きなさい。なお、のれんの償却は、<u>支配獲得日の翌年度から</u>10年間で均等償却を行っている。

資本金	2,000	子会社株式	2,600
資本剰余金	600	非支配株主持分	600
利益剰余金	400		
のれん	200		

> のれんの償却方法は基本的に問題文の指示に従う。支配獲得日が期首の場合はP.411参照

連結修正仕訳　**のれん償却 20 / のれん 20**

解説　のれん償却　200 ÷ 10年 = 20

●連結修正仕訳③ 子会社の当期純利益の振り替え

3 子会社の当期純利益の振り替え

❶ 子会社の当期純利益のうち、非支配株主の持分割合について、非支配株主に帰属する当期純利益を増やす。左に書く。
200×20％＝40

❷ 非支配株主持分が増えるので、右に書く。

非支配株主に帰属する当期純利益 40 / 非支配株主持分 40

　子会社で発生した当期純利益は、個別損益計算書を合算した状態では、全額が連結損益計算書の当期純利益となっています。しかし、非支配株主がいる場合、子会社の当期純利益の一部を非支配株主持分に振り替える必要があります。

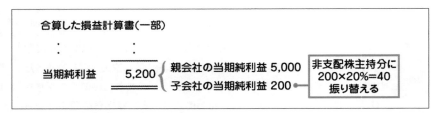

　子会社の当期純利益のうち、非支配株主の持分に相当する金額を**非支配株主に帰属する当期純利益**といいます。 費用 の勘定科目です。

例題 X1年3月31日に、親会社は子会社の発行する株式の80％を¥2,600で取得して支配した。子会社の連結第1年度の当期純利益は¥200であった。連結第1年度（X1年4月1日からX2年3月31日）の子会社の当期純利益の振り替えの連結修正仕訳を書きなさい。

連結修正仕訳 非支配株主に帰属する当期純利益 40 / 非支配株主持分 40

解説 非支配株主の持分割合　100％－80％＝20％
　　　非支配株主に帰属する当期純利益　200×20％＝40

●連結修正仕訳④　子会社の配当金の修正

　連結会計では、内部取引を消去する必要があります。このため、子会社が親会社に対して行った配当は内部取引として相殺消去します。

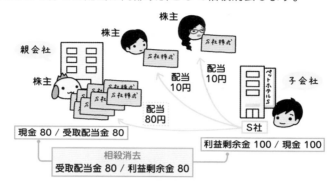

　また、配当を行うと子会社の財産が減りますので、非支配株主の持分20%については、非支配株主持分を減らす必要があります。その分、利益剰余金を調整します。

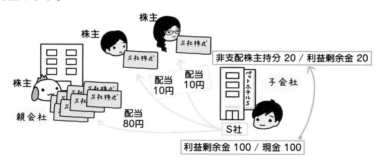

　子会社の配当に関する連結修正仕訳について、理論的には上記のとおりですが、仕訳は次のように考えると書きやすいです。

4　子会社の配当金の修正

❶ 利益剰余金の配当額100を取り消すので、利益剰余金を増やす。右に書く。

❷ 親会社に対する金額80は受取配当金を減らす。左に書く。

❸ 非支配株主に対する金額20は非支配株主持分を減らす。左に書く。

受取配当金	80	利益剰余金 100
非支配株主持分	20	

前ページのイラストで子会社の配当の仕訳が「利益剰余金100/現金100」と
なっています。P.233で学習した配当の仕訳で使う「繰越利益剰余金」が、連
結会計ではまとめた勘定科目（P.378豆知識）「利益剰余金」となるからです。

例題　X1年3月31日に、親会社は子会社の発行する株式の80%を¥2,600で取
得して支配した。子会社の連結第1年度の利益剰余金の配当は¥100であ
った。連結第1年度（X1年4月1日からX2年3月31日）の子会社の配当金
の修正の連結修正仕訳を書きなさい。

連結修正仕訳　受取配当金　　　80 ／利益剰余金 100
　　　　　　　　非支配株主持分 20／

解説　非支配株主の持分割合　100% － 80% ＝ 20%
　　　受取配当金　100×80% ＝ 80
　　　非支配株主持分　100×20% ＝ 20

配当金の修正の仕訳は、利益剰余金に（期首）を付けなくていいの？

配当金の修正の仕訳は、当期に行った利益剰余金の修正だから、利
益剰余金に（期首）を付けたらダメだよ。（期首）を付けるのは、開
始仕訳で当期首残高を修正するときだけなんだ。

🐾 まとめ 🐾

1 連結第1年度の開始仕訳
　　　　　資本金（期首）　　2,000 ／子会社株式　　　　　　2,600
　　　　　資本剰余金（期首）600 ／非支配株主持分（期首）600
　　　　　利益剰余金（期首）400 ／
　　　　　のれん　　　　　　200 ／

2 連結第1年度ののれんの償却の連結修正仕訳
　　　　　　　　　　　　　のれん償却 20 ／ のれん 20

3 連結第1年度の子会社の当期純利益の振り替えの連結修正仕訳
　　　　非支配株主に帰属する当期純利益 40 ／ 非支配株主持分40

4 連結第1年度の子会社の配当金の修正の連結修正仕訳
　　　　　　　　　　　　受取配当金　　　80 ／利益剰余金 100
　　　　　　　　　　　　非支配株主持分 20／

練習問題　Chapter15 05

次の資料にもとづいて、問題1から問題4について、仕訳を行いなさい。なお、使用できる勘定科目は次のとおりであり、純資産の勘定科目の当期首残高を修正する場合、（期首）が付いた勘定科目を使うこと。

子 会 社 株 式	資 本 金	資 本 金 （ 期 首 ）
の れ ん	資 本 剰 余 金	資 本 剰 余 金 （ 期 首 ）
の れ ん 償 却	利 益 剰 余 金	利 益 剰 余 金 （ 期 首 ）
受 取 配 当 金	非 支 配 株 主 持 分	非 支 配 株 主 持 分 （ 期 首 ）
非支配株主に帰属する当期純利益	親会社株主に帰属する当期純利益	持 分 変 動 損 益

P社はX1年3月31日に、S社の発行済議決権株式の60％を130,000円で取得し、支配を獲得した。

[**資料Ⅰ**] X1年3月31日現在におけるP社とS社の貸借対照表

貸 借 対 照 表
X1年3月31日　　　　　　　　　　（円）

資 産	P 社	S 社	負債・純資産	P 社	S 社
諸 資 産	800,000	350,000	諸 負 債	550,000	150,000
子 会 社 株 式	130,000	―	資 本 金	200,000	100,000
			資 本 剰 余 金	60,000	30,000
			利 益 剰 余 金	120,000	70,000
	930,000	350,000		930,000	350,000

[**資料Ⅱ**] X2年3月31日現在におけるP社とS社の貸借対照表

貸 借 対 照 表
X2年3月31日　　　　　　　　　　（円）

資 産	P 社	S 社	負債・純資産	P 社	S 社
諸 資 産	890,000	380,000	諸 負 債	600,000	160,000
子 会 社 株 式	130,000	―	資 本 金	200,000	100,000
			資 本 剰 余 金	60,000	30,000
			利 益 剰 余 金	160,000	90,000
	1,020,000	380,000		1,020,000	380,000

[資料Ⅲ] X1年度（X1年4月1日からX2年3月31日）の損益に関する情報は次のとおり。のれんは支配獲得日の翌年から10年間で均等に償却する。

	P社	S社
当期純利益	60,000円	30,000円
配当金の金額	20,000円	10,000円

問題1 p.388

X0年度の連結修正仕訳を書きなさい。

問題2 P.390〜396

X1年度の連結修正仕訳を書きなさい。

問題3 P.390〜396

X1年度の連結貸借対照表に計上されるのれんの金額を答えなさい。

問題4 P.390〜396

X1年度の連結貸借対照表に計上される非支配株主持分の金額を答えなさい。

解説・解答

問題1

❶子会社株式を130,000→0まで減らす。右に書く。

❷非支配株主持分が増えるので、右に書く。
　　非支配株主の持分割合　100−60＝40%
　　非支配株主持分の金額　（100,000＋30,000＋70,000）×40%＝80,000

❸［資料Ⅰ］子会社の資本金100,000、資本剰余金30,000、利益剰余金70,000→0まで減らす。左に書く。

❹差額が左側なので、のれんと書く。

資　本　金	100,000	子会社株式	130,000
資本剰余金	30,000	非支配株主持分	80,000
利益剰余金	70,000		
の　れ　ん	10,000		

問題2

❶ 開始仕訳。問題1の仕訳を書き写し、純資産の勘定科目には（期首）を付ける。本問は、勘定科目の選択肢があるので、その中から選ぶ。

資本金（期首）	100,000	子会社株式	130,000
資本剰余金（期首）	30,000	非支配株主持分（期首）	80,000
利益剰余金（期首）	70,000		
のれん	10,000		

❷ のれんの償却。［資料Ⅲ］より10年で償却することがわかる。

10,000÷10年＝1,000

のれん償却 1,000 / のれん 1,000

❸ 子会社の当期純利益の振り替え。［資料Ⅲ］より子会社の当期純利益30,000がわかる。

30,000×40%＝12,000

非支配株主に帰属する当期純利益 12,000 / 非支配株主持分 12,000

❹ 子会社の配当金の修正。［資料Ⅲ］より子会社の配当金10,000がわかる。

受取配当金　10,000×60%＝6,000
非支配株主持分　10,000×40%＝4,000

受取配当金　　 6,000 / 利益剰余金 10,000
非支配株主持分 4,000 /

資 本 金 （ 期 首 ）	100,000	子 会 社 株 式	130,000
資 本 剰 余 金 （ 期 首 ）	30,000	非支配株主持分（期首）	80,000
利 益 剰 余 金 （ 期 首 ）	70,000		
の れ ん	10,000		
の れ ん 償 却	1,000	の れ ん	1,000
非支配株主に帰属する当期純利益	12,000	非 支 配 株 主 持 分	12,000
受 取 配 当 金	6,000	利 益 剰 余 金	10,000
非 支 配 株 主 持 分	4,000		

問題3

問題2の仕訳より❶10,000−❷1,000＝9,000

9,000円

問題4

問題2の仕訳より❶80,000＋❸12,000−❹4,000＝88,000

88,000円

連結第2年度の連結会計

X1年3月31日が支配獲得日である場合、連結第2年度（X2年4月1日～X3年3月31日）以降の処理はどのようにすればよいか、見ていきましょう。

連結第3年度以降の連結会計

Chapter15-06では連結第2年度の連結会計について説明しますが、連結第3年度以降についても同じように考えて仕訳を書くことができます。つまり、前期末の連結修正仕訳を開始仕訳にし、当期の連結修正仕訳を書きます。

もし連結第20年度が試験で出題されたら、支配獲得日～連結第19年度の連結修正仕訳を開始仕訳にし、連結第20年度の連結修正仕訳を書くことになります。

連結第2年度の連結会計が連結第3年度以降の基本となりますので、連結第2年度の連結会計をしっかりマスターしましょう。

1 開始仕訳（P.402）

資本金（期首）	2,000	子会社株式	2,600
資本剰余金（期首）	600	非支配株主持分（期首）	620
利益剰余金（期首）	440		
のれん	180		

2 ～ 4 当期の連結修正仕訳（P.402）

のれん償却 20 / のれん 20
非支配株主に帰属する当期純利益 80 / 非支配株主持分 80
受取配当金 160 / 利益剰余金 200
非支配株主持分 40 /

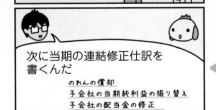

連結会計の流れ

連結第2年度の連結財務諸表を作成するには、個別財務諸表の合算をした後、開始仕訳と当期の連結修正仕訳を書きます。

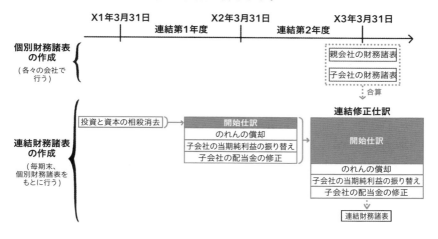

連結第2年度の連結修正仕訳

連結第2年度の連結修正仕訳は、①開始仕訳、②のれんの償却、③子会社の当期純利益の振り替え、④子会社の配当金の修正を行います。

●連結修正仕訳① 開始仕訳

基本的には、前期末の連結修正仕訳をそのまま書けば、開始仕訳になります。ただし、注意点が3つあります。

- 開始仕訳を書くときは、純資産の勘定科目に（期首）を付けること。
- 収益と費用の勘定科目は、利益剰余金（期首）に書き換える。
- 開始仕訳の同じ勘定科目は、合算して書く。

● 連結修正仕訳②〜④

連結修正仕訳②〜④は連結第1年度と同じ書き方なので、説明は省略します。それでは、連結第2年度の連結修正仕訳について、例題を使って見ていきましょう。

X1年3月31日に、親会社は子会社の発行する株式の80%を¥2,600で取得して支配した。次の資料にもとづいて、連結第2年度の連結修正仕訳を書きなさい。連結第1年度（X1年4月1日からX2年3月31日）の連結修正仕訳は次のとおりである。なお、子会社の連結第2年度の当期純利益は¥400、利益剰余金の配当は¥200であった。のれんの償却は、支配獲得日の翌年度から10年間で均等償却を行っている。

連結第1年度の連結修正仕訳	仕訳
①開始仕訳	資本金（期首）　2,000 ｜子会社株式　　　　2,600 資本剰余金（期首）600 ｜非支配株主持分（期首）600 利益剰余金（期首）400 ｜ のれん　　　　200 ｜
②のれんの償却	のれん償却 20 / のれん 20
③子会社の当期純利益の 　振り替え	非支配株主に帰属する当期純利益 40 / 非支配株主持分 40
④子会社の配当金の修正	受取配当金　　　　80 ｜利益剰余金 100 非支配株主持分 20 ｜

連結修正仕訳

```
資本金（期首）      2,000 ｜子会社株式          2,600
資本剰余金（期首）    600 ｜非支配株主持分（期首）  620
利益剰余金（期首）    440 ｜
のれん            180 ｜
のれん償却 20 / のれん 20
非支配株主に帰属する当期純利益 80 / 非支配株主持分 80
受取配当金        160 ｜利益剰余金 200
非支配株主持分    40 ｜
```

解説 1 から 4 の仕訳を書く。

1 ❶連結第1年度の連結修正仕訳をすべて書く。

　❷損益にかかわる勘定科目を利益剰余金（期首）にする。純資産の勘定科目に（期首）を付ける。

```
資本金（期首）      2,000 ｜子会社株式          2,600
資本剰余金（期首）    600 ｜非支配株主持分（期首）  600
利益剰余金（期首）    400 ｜
のれん            200 ｜
```
利益剰余金（期首）

のれん償却 20 / のれん 20

利益剰余金（期首）

非支配株主に帰属する当期純利益 40 / 非支配株主持分（期首）40

利益剰余金（期首）

受取配当金　　　　　80 / 利益剰余金（期首）100

非支配株主持分（期首）20 /

❸利益剰余金（期首）、非支配株主持分（期首）、のれんを合算する。

利益剰余金（期首）　400＋20＋40＋80－100＝440

非支配株主持分（期首）　600＋40－20＝620

のれん　200－20＝180

資本金（期首）　　　2,000 / 子会社株式　　　　　　2,600

資本剰余金（期首）　　600 / 非支配株主持分（期首）　620

利益剰余金（期首）　　440 /

のれん　　　　　　　　180 /

2 のれんの償却を行う。200÷10年＝20

のれん償却 20 / のれん 20

3 子会社の当期純利益の振り替えを行う。400×20％＝80

非支配株主に帰属する当期純利益 80 / 非支配株主持分 80

4 子会社の配当金の修正を行う。

受取配当金　200×80％＝160

非支配株主持分　200×20％＝40

受取配当金　　　160 / 利益剰余金 200

非支配株主持分　　40 /

🐾 **まとめ** 🐾

1 連結第2年度の開始仕訳

資本金（期首）　　　2,000 / 子会社株式　　　　　　2,600

資本剰余金（期首）　　600 / 非支配株主持分（期首）　620

利益剰余金（期首）　　440 /

のれん　　　　　　　　180 /

2 連結第2年度ののれんの償却　　　　　のれん償却 20 / のれん 20

3 連結第2年度の子会社の当期純利益の振り替え

非支配株主に帰属する当期純利益 80 / 非支配株主持分 80

4 連結第2年度の子会社の配当金の修正

受取配当金　　　160 / 利益剰余金　　　200

非支配株主持分　40 /

次の資料にもとづいて、問題1から問題3について、連結修正仕訳を行いなさい。なお、使用できる勘定科目は次のとおりである。

S 社 株 式	資 本 金	資 本 剰 余 金
利 益 剰 余 金	の れ ん	の れ ん 償 却
非 支 配 株 主 持 分	受 取 配 当 金	支 払 利 息
非支配株主に帰属する当期純利益	親会社株主に帰属する当期純利益	持 分 変 動 損 益

P社はX1年3月31日に、S社の発行済議決権株式の60％を130,000円で取得し、支配を獲得した。

[資料Ⅰ] X1年3月31日現在におけるP社とS社の貸借対照表

貸 借 対 照 表
X1年3月31日　　　　　　　　　　　　（円）

資　　産	P　社	S　社	負債・純資産	P　社	S　社
諸　資　産	800,000	350,000	諸　負　債	550,000	150,000
S 社 株 式	130,000	—	資　本　金	200,000	100,000
			資本剰余金	60,000	30,000
			利益剰余金	120,000	70,000
	930,000	350,000		930,000	350,000

[資料Ⅱ] X2年3月31日現在におけるP社とS社の貸借対照表

貸 借 対 照 表
X2年3月31日　　　　　　　　　　　　（円）

資　　産	P　社	S　社	負債・純資産	P　社	S　社
諸　資　産	890,000	380,000	諸　負　債	600,000	160,000
S 社 株 式	130,000	—	資　本　金	200,000	100,000
			資 本 剰 余 金	60,000	30,000
			利 益 剰 余 金	160,000	90,000
	1,020,000	380,000		1,020,000	380,000

[資料Ⅲ] X1年度（X1年4月1日からX2年3月31日）の損益に関する情報は次のとおり。のれんは支配獲得日の翌年から10年間で均等に償却する。

	P社	S社
当期純利益	60,000円	30,000円
配当金の金額	20,000円	10,000円

[資料Ⅳ] X3年3月31日現在におけるP社およびS社の貸借対照表

貸 借 対 照 表
X3年3月31日　　　　　　　　　　　　　　（円）

資　　産	P　社	S　社	負債・純資産	P　社	S　社
諸　資　産	960,000	410,000	諸　負　債	620,000	170,000
S 社 株 式	130,000	—	資　本　金	200,000	100,000
			資 本 剰 余 金	60,000	30,000
			利 益 剰 余 金	210,000	110,000
	1,090,000	410,000		1,090,000	410,000

[資料Ⅴ] X2年度（X2年4月1日からX3年3月31日）の損益に関する情報は次のとおりである。

	P社	S社
当期純利益	80,000円	40,000円
配当金の金額	30,000円	20,000円

問題1　　　　　　　　　　　　　　　　　　　p.402

X2年度の連結修正仕訳を書きなさい。

問題2　　　　　　　　　　　　　　　　　　　P.402

X2年度の連結貸借対照表に計上されるのれんの金額を答えなさい。

問題3　　　　　　　　　　　　　　　　　　　P.402

X2年度の連結貸借対照表に計上される非支配株主持分の金額を答えなさい。

解説・解答

問題1

①開始仕訳

❶開始仕訳を書くために、前期末までの連結修正仕訳を書く。まずは［資料Ⅰ］を使って、支配獲得日の投資と資本の相殺消去の仕訳を書く。

非支配株主持分　（100,000＋30,000＋70,000）×40％＝80,000

のれん　貸借差額で計算

資本金	100,000	S社株式	130,000
資本剰余金	30,000	非支配株主持分	80,000
利益剰余金	70,000		
のれん	10,000		

❷X1年度の連結修正仕訳を書く。

のれんの償却　10,000÷10年＝1,000

のれん償却 1,000 / のれん 1,000

［資料Ⅲ］を使って子会社の当期純利益の振り替えの仕訳を書く。

30,000×40％＝12,000

非支配株主に帰属する当期純利益 12,000 / 非支配株主持分 12,000

［資料Ⅲ］を使って子会社の配当金の修正の仕訳を書く。

受取配当金　10,000×60％＝6,000

非支配株主持分　10,000×40％＝4,000

受取配当金	6,000	利益剰余金	10,000
非支配株主持分	4,000		

❸上記❷について、損益にかかわる勘定科目を利益剰余金にする。本問は、勘定科目の選択肢があるので、その中から選ぶ。純資産の勘定科目に（期首）を付けないこともあるので、注意しよう。

利益剰余金 1,000 / のれん 1,000

利益剰余金 12,000 / 非支配株主持分 12,000

利益剰余金	6,000	利益剰余金	10,000
非支配株主持分	4,000		

❹上記❶と❸の仕訳を合算する。これで開始仕訳が完成。

利益剰余金　70,000＋1,000＋12,000＋6,000－10,000＝79,000

非支配株主持分　80,000＋12,000－4,000＝88,000

のれん　10,000－1,000＝9,000

資本金	100,000	S社株式	130,000
資本剰余金	30,000	非支配株主持分	88,000
利益剰余金	79,000		
のれん	9,000		

②のれんの償却

10,000 ÷ 10年 = 1,000

のれん償却 1,000 / のれん 1,000

③子会社の当期純利益の振り替え

［資料Ⅴ］を使って、子会社の当期純利益の振り替えの仕訳を書く。

40,000 × 40% = 16,000

非支配株主に帰属する当期純利益 16,000 / 非支配株主持分 16,000

④子会社の配当金の修正

［資料Ⅴ］を使って、子会社の配当金の修正の仕訳を書く。

受取配当金　20,000 × 60% = 12,000

非支配株主持分　20,000 × 40% = 8,000

受取配当金　　　12,000 / 利益剰余金 20,000
非支配株主持分　　8,000 /

資　　　本　　　金	100,000	S　社　株　式	130,000
資　本　剰　余　金	30,000	非 支 配 株 主 持 分	88,000
利　益　剰　余　金	79,000		
の　　　れ　　　ん	9,000		
の　れ　ん　償　却	1,000	の　　　れ　　　ん	1,000
非支配株主に帰属する当期純利益	16,000	非 支 配 株 主 持 分	16,000
受　取　配　当　金	12,000	利　益　剰　余　金	20,000
非 支 配 株 主 持 分	8,000		

問題2

のれん　①9,000 − ② 1,000 = 8,000

 8,000円

問題3

非支配株主持分　①88,000 + ③ 16,000 − ④ 8,000 = 96,000

 96,000円

タイムテーブルを使った解き方

　連結会計の基本は連結修正仕訳なので、まずはP.406の連結修正仕訳を使った解き方で解けるようになりましょう。ただ、連結第2年度や連結第3年度などの問題では、タイムテーブルを使った方が楽に解けます。タイムテーブルでは支配獲得日から当期末までの子会社の純資産の状況などを一覧にするので、支配獲得日

から前期末までの連結修正仕訳を書かなくても開始仕訳を書くことができるからです。

　ここからは P.404 の練習問題を利用して、タイムテーブルを使った解き方について説明します。タイムテーブルは「資本連結の連結修正仕訳」を書くための下書きです。成果連結の連結修正仕訳は別途書く必要があるので注意しましょう。タイムテーブルを使った解き方は本問の動画解説でも紹介しています。

ステップ1 タイムテーブルの下書きを書く。

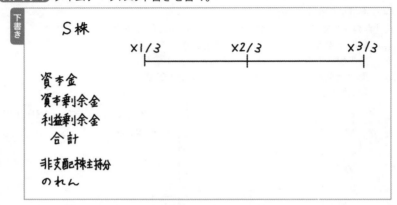

ステップ2 タイムテーブルに問題文の情報を記入する。

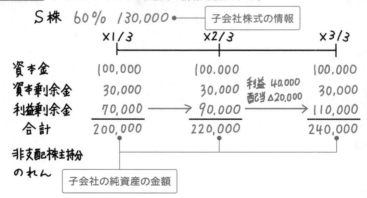

ステップ3 非支配株主持分とのれんを計算し、記入する。

　非支配株主の持分割合　100% − 60% = 40%

　非支配株主持分　X1/3　純資産合計：200,000 × 40% = 80,000

　　　　　　　　　X2/3　純資産合計：220,000 × 40% = 88,000

　　　　　　　　　X3/3　純資産合計：240,000 × 40% = 96,000

のれん　S社株式130,000 − 純資産合計200,000×60% = **10,000**

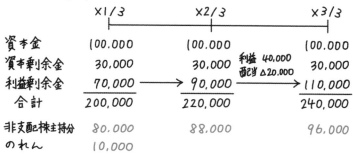

ステップ 4 非支配株主持分とのれんの増減を記入する。

のれんの償却　10,000 ÷ 10年 = 1,000

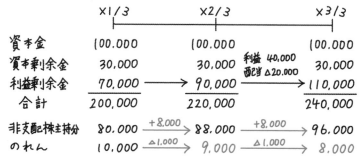

ステップ 5 タイムテーブルを使って、連結第2年度の資本連結の連結修正仕訳を書く

S株　60%　130,000 ④

	×1/3	×2/3	×3/3
資本金	100.000	100.000 ①	100.000 ⑦
資本剰余金	30,000	30,000 ②利益 40,000	30,000 ⑧
利益剰余金	70,000 →	90,000 配当 △20,000 →	110,000
合計	200,000	220,000	240,000
非支配株主持分	80.000 +8,000 →	88.000 ⑤ +8,000 →	96.000 ⑩
のれん	10,000 △1,000 →	9,000 ③ △1,000 ⑥ →	8,000 ⑨

Part
3
連結会計

Ch
15
連結会計

409

問題1（P.406） 連結第2年度の連結修正仕訳

〈開始仕訳〉

❶まずは開始仕訳の勘定科目だけを書く。本問は、勘定科目の選択肢に資本金、資本剰余金、利益剰余金、非支配株主持分しかないので、開始仕訳を書く場合に（期首）を付けない点に注意しよう。

資本金	S社株式
資本剰余金	非支配株主持分
利益剰余金	
のれん	

❷ 次にタイムテーブルの❶〜❺を記入する。そして、利益剰余金は貸借差額で計算する。

資本金	❶ 100,000	S社株式	130,000 ❹
資本剰余金 ❷	30,000	非支配株主持分	88,000 ❺
利益剰余金	79,000		
のれん ❸	9,000		

> 利益剰余金は、前期までのすべての連結修正仕訳（P.406①❶〜❸）がかかわってくるので、タイムテーブルの金額90,000（X2年3月末）を使うことができない。
> 次のように貸借差額で計算する
> 130,000＋88,000－100,000－30,000－9,000

〈のれんの償却〉

のれんの償却額❻を使う。

のれん償却 1,000 / のれん 1,000

〈当期純利益の振り替え〉

当期純利益❼を使い、金額を計算する。 ── 非支配株主の持分割合

❼ 40,000× 40％ = 16,000

非支配株主に帰属する当期純利益16,000 / 非支配株主持分16,000

〈配当金の修正〉

配当金❽を使い、金額を計算する。 ── P社の持分割合

❽ 20,000×60％ = 12,000

20,000×40％ = 8,000 ── 非支配株主の持分割合

受取配当金	12,000	利益剰余金 20,000
非支配株主持分	8,000	

問題2（P.407） のれんの金額は、タイムテーブル❾の8,000円。

問題3（P.407） 非支配株主持分の金額は、タイムテーブル❿の96,000円。

豆知識 **支配獲得日が期首（X1年4月1日）の場合**

ここまでは支配獲得日が期末日の場合について学習してきましたが、試験では支配獲得日が期首の場合も出題されます。支配獲得日が期首の場合、次の3点がポイントです。

1. 連結第1年度から始まる

支配獲得日が期首（X1年4月1日）の場合、連結第0年度（X1年3月31日）は存在しないため、連結第1年度（X1年4月1日～ X2年3月31日）から始まります。連結第1年度に作成する連結財務諸表は、連結損益計算書、連結貸借対照表、連結株主資本等変動計算書です。

2. のれんの問題文の指示が異なる

支配獲得日が期末日（X1年3月31日）の場合、のれんは支配獲得日の翌期である連結第1年度から償却します。支配獲得日である連結第0年度は1日しかないため、のれん償却を計上しません。一方、支配獲得日が期首（X1年4月1日）の場合、のれんは当期から償却します。支配獲得日から開始する連結第1年度は1年間あるので、のれん償却を計上します。

3. 投資と資本の相殺消去の連結修正仕訳が異なる

（1）支配獲得日が期末日（X1年3月31日）の場合

投資と資本の相殺消去の連結修正仕訳は次のように書きます。

連結第0年度 投資と資本の 相殺消去	資本金	100,000	S社株式	130,000
	資本剰余金	30,000	非支配株主持分	80,000
	利益剰余金	70,000		
	のれん	10,000		

この投資と資本の相殺消去の連結修正仕訳は、連結第1年度（X1年4月1日～ X2年3月31日）の開始仕訳になります。

連結第1年度 開始仕訳	資本金（期首）	100,000	S社株式	130,000
	資本剰余金（期首）	30,000	非支配株主持分（期首）	80,000
	利益剰余金（期首）	70,000		
	のれん	10,000		

（2）支配獲得日が期首（X1年4月1日）の場合

投資と資本の相殺消去の連結修正仕訳が連結第1年度（X1年4月1日～ X2年3月31日）の連結修正仕訳となります。開始仕訳ではないので、（期首）を付ける必要はありません。

連結第1年度 投資と資本の 相殺消去	資本金	100,000	S社株式	130,000
	資本剰余金	30,000	非支配株主持分	80,000
	利益剰余金	70,000		
	のれん	10,000		

連結会社間の取引の消去

ここからは成果連結について学習します。連結会社の間で取引があった場合の処理について学びます。連結会社間で取引があった場合、内部取引と債権債務の相殺消去を行います。

連結会社間の取引を消去する理由

親会社と子会社の間で商品を売買したり、お金の貸し借りをすることがあります。連結財務諸表は親会社と子会社を合わせて一つのグループとして考えるので、連結会社間の取引は「グループ内で行われた取引」ということになります。したがって、連結修正仕訳で相殺消去します。

> **豆知識 開始仕訳について**
>
> 前期までに書いた連結修正仕訳のうち、利益剰余金などの純資産が変動するものだけを開始仕訳として書くというルールがあります。このため、前期までに書いた連結会社間の取引の消去の仕訳は、利益剰余金などの純資産に変動がないため、開始仕訳は必要ありません。

売上高と売上原価の相殺消去

連結会社間における商品の売買にかかる項目は、相殺消去します。

連結会計では、個別財務諸表を合算した後に連結修正仕訳を書きます。個別財務諸表からスタートするので、連結修正仕訳は財務諸表の勘定科目を使います。例えば、売上、仕入、繰越商品ではなく「売上高」「売上原価」「商品」を使います。

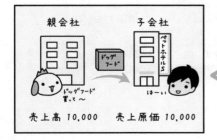

1 売上高と売上原価の相殺消去

❶ 売上高を取り消すので、売上高を減らす。左に書く。

❷ 売上原価を取り消すので、売上原価を減らす。右に書く。

売上高 10,000 / 売上原価 10,000

売上債権と仕入債務の相殺消去

連結会社間の売掛金と買掛金、受取手形と支払手形は相殺消去します。

2 売上債権と仕入債務の相殺消去

❶ 売掛金を取り消すので、売掛金を減らす。右に書く。

❷ 買掛金を取り消すので、買掛金を減らす。左に書く。
買掛金 1,000 / 売掛金 1,000

貸付金と借入金、利息の相殺消去

連結会社間の貸付金と借入金、受取利息と支払利息は相殺消去します。

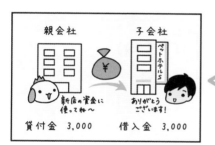

3 貸付金と借入金の相殺消去

❶ 貸付金を取り消すので、貸付金を減らす。右に書く。

❷ 借入金を取り消すので、借入金を減らす。左に書く。
借入金 3,000 / 貸付金 3,000

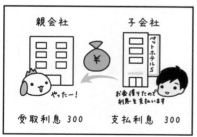

4 受取利息と支払利息の相殺消去

❶ 受取利息を取り消すので、受取利息を減らす。左に書く。

❷ 支払利息を取り消すので、支払利息を減らす。右に書く。
受取利息 300 / 支払利息 300

連結会社間の手形取引

連結会社間で手形取引を行った場合、連結修正仕訳が必要になります。次のような状況を例にして、仕訳を見ていきましょう。なお、裏書きと割り引きについては内容が難しく、試験でもめったに出題されませんので、余裕がない方は学習を後回しにしても構いません。

親会社が子会社から受け取った手形3,000円のうち、1,000円は連結外部の会社に裏書き譲渡され、2,000円は銀行で割り引かれた。割り引きのさいの手形売却損は10円であった。このほかに親会社が子会社から受け取った手形6,000円が期末までに決済されずに残っており、金庫に保管している。

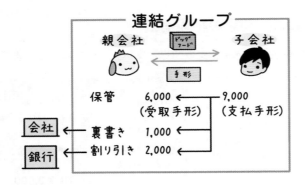

期末に残っている場合（金庫に保管）

期末に受取手形が金庫や手許に残っている場合、P.413の売掛金と買掛金の仕訳と同じように、受取手形と支払手形の期末残高を相殺消去します。

5 期末に残っているときの仕訳

❶ 受取手形を取り消すので、受取手形を減らす。右に書く。

❷ 支払手形を取り消すので、支払手形を減らす。左に書く。
支払手形6,000 / 受取手形6,000

連結外部の会社へ裏書きした場合

　子会社から受け取った手形を親会社が連結外部の会社へ裏書きしたとき、親会社では次の仕訳を行っています。

> 仕訳　**仕入1,000 / 受取手形1,000**

　このため、裏書きした手形1,000は親会社の受取手形の残高には残っていません。一方で、子会社は支払手形の期日が未到来なので、支払手形の残高が1,000残っています。次のイラストのように、連結グループ全体で見ると「子会社が連結外部の会社へ手形を振り出した」という状況です。

　「子会社には支払手形1,000が残っている」ことが「子会社が連結外部の会社へ手形を振り出した」という状況と一致しているため、裏書きの場合には連結修正仕訳は必要ありません。

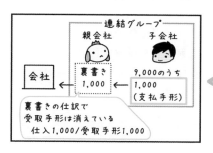

6 連結外部の会社へ裏書きしたときの仕訳

連結修正仕訳なし

銀行で割り引いた場合

　子会社から受け取った手形を親会社が銀行で割り引いたとき、親会社では次の仕訳を行っています。

> 仕訳　**現金預金　　1,990 / 受取手形2,000**
> 　　　**手形売却損　　 10 /**

　このため、割り引きした手形2,000は親会社の受取手形の残高には残っていません。一方で、子会社は支払手形の期日が未到来なので、支払手形の残高が2,000残っています。

　次のイラストのように、割り引きによって親会社にあった子会社に対する受取手形が消えたのは連結グループ内のことです。連結グループ全体で見ると、単に連結グループが銀行から現金預金1,990を受け取っているだけです。つまり「連結グループが銀行からお金を借りた」という状況です。連結グループ全体としては「支払手形2,000」ではなく「短期借入金2,000」が正し

い勘定科目なので、連結修正仕訳を書く必要があります。支払手形は基本的に1年以内に決済するため、短期借入金を使うことが多いです。

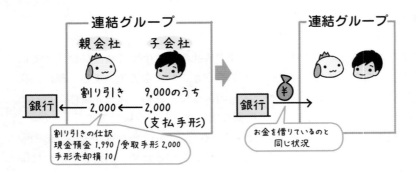

また、子会社が振り出した手形を銀行で割り引いた場合には、手形売却損が発生します。手形売却損について、連結グループ全体で見ると「連結グループが銀行からお金を借りた」ことによって発生した「支払利息」といえます。連結グループ全体としては「手形売却損10」ではなく「支払利息10」が正しい勘定科目なので、連結修正仕訳を書く必要があります。

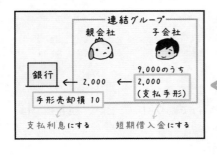

7	銀行で割り引いたときの仕訳

❶ 支払手形を取り消すので、支払手形が減る。左に書く。
　　支払手形 2,000 /

❷ 短期借入金を増やすので、右に書く。
　　支払手形 2,000 / 短期借入金2,000

❸ 手形売却損を取り消すので、手形売却損を減らす。右に書く。
　　支払手形 2,000 / 短期借入金 2,000
　　　　　　　　　 / 手形売却損　　 10

❹ 支払利息を増やすので、左に書く。
　　支払手形 2,000 / 短期借入金 2,000
　　支払利息　 10 / 手形売却損　　 10

豆知識 **手形売却損**

連結会計における手形取引の応用的な問題では、手形売却損を支払利息と前払費用に分けて振り替えることがあります。細かい内容なので、余裕がある方だけ確認しておきましょう。

例題 P社はS社から受け取った手形10,000円を銀行で割り引いた。P社の手形売却損500円のうち、期末日から決済期日までの期間の金額は100円であった。

仕訳 支払手形 10,000 / 短期借入金 10,000
支払利息 400 / 手形売却損 500
前払費用 100 /

解説 まず、支払手形を短期借入金に振り替える連結修正仕訳を書きます。次に、手形売却損500を支払利息に振り替える連結修正仕訳を書きます。「期末日から決済期日までの期間の金額」100は、翌期に対応する支払利息なので前払費用を使います。支払利息は当期に対応する500－100＝400です。

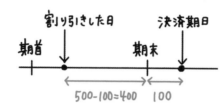

まとめ

1 売上高と売上原価の相殺消去の連結修正仕訳

売上高 10,000 / 売上原価 10,000

2 売上債権と仕入債務の相殺消去の連結修正仕訳

買掛金 1,000 / 売掛金 1,000

3 貸付金と借入金の相殺消去の連結修正仕訳

借入金 3,000 / 貸付金 3,000

4 受取利息と支払利息の相殺消去の連結修正仕訳

受取利息 300 / 支払利息 300

5 期末に残っているときの連結修正仕訳

支払手形 6,000 / 受取手形 6,000

6 連結外部の会社へ裏書きしたときの連結修正仕訳 連結修正仕訳なし

7 銀行で割り引いたときの連結修正仕訳

支払手形 2,000 / 短期借入金 2,000
支払利息 　 10 / 手形売却損 　 10

問題1から問題3について、連結修正仕訳を行いなさい。なお、使用できる勘定科目は次のとおりである。

手形売却損	短期貸付金	短期借入金
前払費用	売上高	売上原価
売掛金	買掛金	受取手形
支払利息	受取利息	支払手形

問題1　　　　　　　　　　　　　　　　　　　　　　　　p.412

親会社P社は当期において子会社S社に対して商品を販売しており、その売上高は660,000円である。子会社S社のP社からの商品仕入高は660,000円である。

問題2　　　　　　　　　　　　　　　　　　　　　　　　P.413

親会社P社は、前々期末に子会社S社の発行済議決権株式の60％を取得し支配を獲得した。当期の個別財務諸表において、P社はS社に対して、短期貸付金400,000円があり、この貸し付けに対する受取利息2,000円を計上している。

問題3　　　　　　　　　　　　　　　　　　　　　　P.414〜417

親会社P社は当期に子会社S社に対して商品を販売している。当期にP社がS社から受け取った手形は総額で￥2,650,000（￥2,400,000は期日が到来して決済され、￥250,000が期日未到来）であった。P社は期日未到来の￥250,000のうち、￥40,000を買掛金の支払いのため仕入先に裏書き譲渡、￥60,000を銀行で割り引き（手形売却損￥300を計上）しており、残り￥150,000を金庫に保管している。

解説・解答

問題1

❶売上高を取り消すので、売上高を減らす。左に書く。
❷売上原価を取り消すので、売上原価を減らす。右に書く。

売 上 高	660,000	売 上 原 価	660,000

問題2

❶短期貸付金を取り消すので、短期貸付金を減らす。右に書く。

❷短期借入金を取り消すので、短期借入金を減らす。左に書く。

短期借入金 400,000 / 短期貸付金 400,000

❸受取利息を取り消すので、受取利息を減らす。左に書く。

❹支払利息を取り消すので、支払利息を減らす。右に書く。

受取利息 2,000 / 支払利息 2,000

短 期 借 入 金	400,000	短 期 貸 付 金	400,000
受 取 利 息	2,000	支 払 利 息	2,000

問題3

❶手形の状況（期日未到来）を下書きに書く。

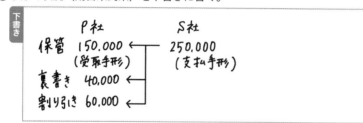

❷P社が金庫に保管している受取手形150,000は支払手形と相殺する。

支払手形 150,000 / 受取手形 150,000

❸裏書きした手形40,000は連結グループ全体で見ると現状で正しい。仕訳なし。

❹割り引きした手形60,000は連結グループ全体で見ると銀行に対する借入金。支払手形60,000を短期借入金に振り替える。

支払手形 60,000 / 短期借入金 60,000

❺手形売却損は連結グループ全体で見ると借入金によって発生する支払利息。手形売却損300を支払利息に振り替える。

支払利息 300 / 手形売却損 300

支 払 手 形	150,000	受 取 手 形	150,000
支 払 手 形	60,000	短 期 借 入 金	60,000
支 払 利 息	300	手 形 売 却 損	300

重要度 ★

ダウンストリームとアップストリーム

連結会社間の取引には、ダウンストリームとアップストリームの2種類があり、連結修正仕訳が異なります。

ダウンストリームとは

連結会社間の取引があったとき、親会社から子会社へ商品や土地を売ることを**ダウンストリーム**といいます。上から下への流れ、という意味です。

具体的な連結修正仕訳はChapter15-09、Chapter15-10、Chapter15-11で学習しますので、ここではダウンストリームについて、おおまかに理解しましょう。

	ダウンストリーム
商品売買の流れ	
連結修正仕訳にともなう、子会社の当期純利益の変動	変動なし
Ch15-09貸倒引当金の調整（開始仕訳がない場合）	貸倒引当金 20 / 貸倒引当金繰入 20
Ch15-10商品の未実現利益の消去（開始仕訳がない場合）	売上原価 20 / 商品 20
Ch15-11土地の未実現利益の消去	固定資産売却益 200 / 土地 200

アップストリームとは

一方、子会社から親会社へ商品や土地を売ることを**アップストリーム**といいます。下から上への流れ、という意味です。

アップストリームの場合、貸倒引当金の調整や未実現利益の消去の連結修正仕訳によって、子会社の当期純利益に変動があります。このため、子会社の利益の変動額に対応する「子会社の当期純利益の振り替え」の連結修正仕訳を行います。

具体的な連結修正仕訳はChapter15-09、Chapter15-10、Chapter15-11 で学習しますので、ここではアップストリームについて、おおまかに理解しましょう。

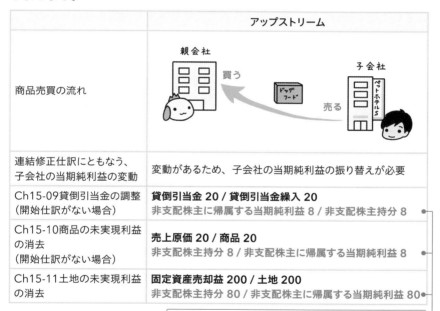

	アップストリーム
商品売買の流れ	親会社 買う 子会社 売る
連結修正仕訳にともなう、子会社の当期純利益の変動	変動があるため、子会社の当期純利益の振り替えが必要
Ch15-09貸倒引当金の調整（開始仕訳がない場合）	**貸倒引当金 20 / 貸倒引当金繰入 20** 非支配株主に帰属する当期純利益 8 / 非支配株主持分 8
Ch15-10商品の未実現利益の消去（開始仕訳がない場合）	**売上原価 20 / 商品 20** 非支配株主持分 8 / 非支配株主に帰属する当期純利益 8
Ch15-11土地の未実現利益の消去	**固定資産売却益 200 / 土地 200** 非支配株主持分 80 / 非支配株主に帰属する当期純利益 80

子会社の当期純利益が変動するため、変動額に対応する「子会社の当期純利益の振り替え」の仕訳を行う

貸倒引当金の調整

Chapter15-07で、連結会社間の売上債権と仕入債務を相殺消去しました。それにともない、貸倒引当金を調整する必要があります。

ダウンストリームの貸倒引当金の調整

連結会社間の取引の相殺消去で学んだように、親会社と子会社の間の売上債権と仕入債務は相殺します。相殺した売上債権に対して、貸倒引当金が計上されている場合には、連結修正仕訳で貸倒引当金も減額する必要があります。

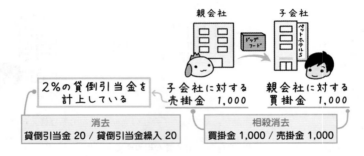

ダウンストリームで開始仕訳がない場合

当期から連結会社間で商品売買が行われた場合は、前期末の連結修正仕訳で貸倒引当金の調整を行いません。このため、開始仕訳を行わず、当期の連結修正仕訳だけを書きます。

1 当期の連結修正仕訳

❶ 売掛金と買掛金を相殺消去する。
　　買掛金 1,000 / 売掛金 1,000

❷ 貸倒引当金を調整する。
　　1,000×2％＝20
　　　貸倒引当金 20 / 貸倒引当金繰入 20

ダウンストリームで開始仕訳がある場合

　前期以前から連結会社間で商品売買が行われた場合は、開始仕訳を行い、当期の連結修正仕訳も書きます。

2-1 開始仕訳

❶ 前期の連結修正仕訳を書く。売掛金と買掛金の相殺消去の開始仕訳は不要。
　　貸倒引当金 20 / 貸倒引当金繰入 20

❷ 収益と費用は利益剰余金（期首）に置き換える。
　　貸倒引当金 20 / 利益剰余金（期首）20

2-2 当期の連結修正仕訳

❶ 売掛金と買掛金を相殺する。
　　買掛金 1,500 / 売掛金 1,500

❷ 貸倒引当金を調整する。開始仕訳で貸倒引当金20については相殺消去が終わっているので、残り10を調整する。
　要調整額　1,500×2% = 30
　不足額　30 − 20 = 10
　　貸倒引当金 10 / 貸倒引当金繰入 10

　当期末の貸倒引当金30を相殺消去する必要があります。貸倒引当金20については、開始仕訳で相殺消去が終わっていますので、残り10を当期の連結修正仕訳で調整します。

豆知識　開始仕訳の考え方

前期の貸倒引当金の調整は利益剰余金が変動するため、開始仕訳が必要です。売掛金と買掛金の相殺は、利益剰余金などの純資産が変動しないため開始仕訳を書きません。

✿ まとめ ✿

ダウンストリームの貸倒引当金の調整
開始仕訳がない場合
　1 貸倒引当金の調整の連結修正仕訳　**貸倒引当金 20 / 貸倒引当金繰入 20**
開始仕訳がある場合
　2-1 貸倒引当金の調整の開始仕訳　**貸倒引当金 20 / 利益剰余金（期首）20**
　2-2 貸倒引当金の調整の連結修正仕訳　**貸倒引当金 10 / 貸倒引当金繰入 10**

アップストリームの貸倒引当金の調整

アップストリームの場合、ダウンストリームで学習した連結修正仕訳に加え「子会社の当期純利益の振り替え」の連結修正仕訳を行います。

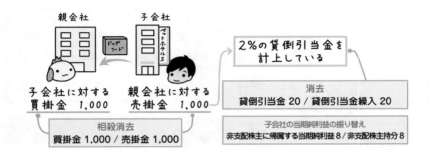

アップストリームで開始仕訳がない場合

当期から連結会社間で商品売買が行われた場合は、前期末の連結修正仕訳で貸倒引当金の調整を行いません。このため、開始仕訳を行わず、当期の連結修正仕訳だけを書きます。アップストリームの場合、子会社の当期純利益の振り替えの連結修正仕訳を追加する点がポイントです。

親会社持分60％、非支配株主持分40％の場合、次のように連結修正仕訳を書きます。

1 当期の連結修正仕訳

❶ 売掛金と買掛金を相殺消去する。
買掛金 1,000 / 売掛金 1,000

❷ 貸倒引当金を調整する。
1,000×2％＝20
貸倒引当金 20 / 貸倒引当金繰入 20

❸ 子会社の当期純利益の振り替え。❷で貸倒引当金繰入を右に書いたので、反対側の左に非支配株主に帰属する当期純利益と書く。右に非支配株主持分と書く。
20×非支配株主の持分割合40％＝8
非支配株主に帰属する当期純利益 8 / 非支配株主持分 8

子会社の当期純利益の振り替えが必要な理由について詳しく見ていきましょう。

1 当期の連結修正仕訳

❶ 売掛金と買掛金の相殺消去

売掛金と買掛金の相殺消去の連結修正仕訳は、資産と負債しか出てきませんので、子会社の当期純利益に変動はありません。このため、子会社の当期純利益の振り替えは必要ありません。

❷ 貸倒引当金の調整

貸倒引当金の調整の連結修正仕訳は、負債（資産のマイナス）と費用が出てきますので、子会社の当期純利益に変動があります。費用である貸倒引当金繰入が減少しますので、子会社の当期純利益が増えることになります。この部分に対して、❸の子会社の当期純利益の振り替えの連結修正仕訳が必要です。

貸倒引当金繰入が20減る。
→子会社の当期純利益が20 増える。
→子会社の当期純利益の一部は、非支配株主に振り替える（P.394）ので、同様に子会社の当期純利益の増加分20を振り替える必要がある。このため、❸の連結修正仕訳が必要になる。

❸ 子会社の当期純利益の振り替え

上記❷で増加した当期純利益20のうち、非支配株主の持分割合に対応した金額を振り替えます。非支配株主持分が増えるので、右に書きます。非支配株主に帰属する当期純利益が増えるので、左に書きます。
親会社持分60％、非支配株主持分40％の場合、次のように計算します。
子会社の当期純利益の増加分20×非支配株主の持分割合40％＝8

アップストリームで開始仕訳がある場合

前期以前から連結会社間で商品売買が行われた場合は、開始仕訳を行い、当期の連結修正仕訳も書きます。アップストリームの場合、開始仕訳と当期の連結修正仕訳に対して、子会社の当期純利益の振り替えの連結修正仕訳を追加する点がポイントです。

親会社持分60％、非支配株主持分40％の場合、次のように連結修正仕訳を書きます。

2-1 開始仕訳

❶ 前期の連結修正仕訳を書く。売掛金と買掛金の相殺消去の開始仕訳は不要。

貸倒引当金 20 / 貸倒引当金繰入 20
非支配株主に帰属する当期純利益 8 / 非支配株主持分 8

❷ 純資産の勘定科目に（期首）を付け、収益と費用は利益剰余金（期首）に置き換える。

貸倒引当金 20 / 利益剰余金（期首）20
利益剰余金（期首）8 / 非支配株主持分（期首）8

2-2 当期の連結修正仕訳

❶ 売掛金と買掛金を相殺する。

買掛金 1,500 / 売掛金 1,500

❷ 貸倒引当金を調整する。開始仕訳で貸倒引当金20については相殺消去が終わっているので、残り10を調整する。

要調整額　1,500×2％＝30
不足額　30－20＝10

貸倒引当金 10 / 貸倒引当金繰入 10

❸ 子会社の当期純利益の振り替え。❷貸倒引当金繰入を右に書いたので、反対側の左に非支配株主に帰属する当期純利益と書く。右に非支配株主持分と書く。

10×非支配株主の持分割合40％＝4
非支配株主に帰属する当期純利益4 / 非支配株主持分 4

2-1 開始仕訳

前期の連結修正仕訳を開始仕訳に書き換えます。アップストリームの場合、前期の連結修正仕訳で子会社の当期純利益の振り替えを行いますので、開始仕訳でも同じく子会社の当期純利益の振り替えを行います。

2-2 当期の連結修正仕訳

❶ 売掛金と買掛金の相殺消去（P.425と同様）
❷ 貸倒引当金の調整（P.425と同様）

　連結修正仕訳により、費用である貸倒引当金繰入が減少しますので、子会社の当期純利益が増えます。この部分に対して、❸の子会社の当期純利益の振り替えの連結修正仕訳が必要です。

貸倒引当金繰入が10 減る。

→子会社の当期純利益が10 増える。

→子会社の当期純利益の増加分10を振り替える必要がある。このため、❸の連結修正仕訳が必要になる。

❸ 子会社の当期純利益の振り替え（P.425 と同様）

　上記❷で増加した当期純利益10のうち、非支配株主の持分割合に対応した金額を振り替えます。非支配株主持分40％の場合、次のように計算します。

　子会社の当期純利益の増加分10×非支配株主の持分割合40％＝4

🐾 まとめ 🐾

アップストリームの貸倒引当金の調整
開始仕訳がない場合
[1] 貸倒引当金の調整の連結修正仕訳

	貸倒引当金	20 / 貸倒引当金繰入 20
	非支配株主に帰属する当期純利益	8 / 非支配株主持分 8

開始仕訳がある場合
2-1 貸倒引当金の調整の開始仕訳

	貸倒引当金	20 / 利益剰余金（期首） 20
	利益剰余金（期首）	8 / 非支配株主持分（期首） 8

2-2 貸倒引当金の調整の連結修正仕訳

	貸倒引当金	10 / 貸倒引当金繰入 10
	非支配株主に帰属する当期純利益	4 / 非支配株主持分 4

未実現利益の消去① 商品

連結会社間で商品の売買があった場合、未実現利益を消去します。

ダウンストリームの未実現利益の消去とは

親会社が、売上原価100円の商品を子会社へ120円で売った場合について見ていきましょう。Chapter15-07で学習したように、売上高と売上原価の相殺消去をすれば、内部取引の相殺消去はできます。

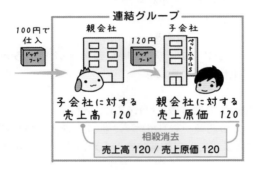

親会社から仕入れた商品を子会社が期中に外部へ売り切った場合は、連結グループ全体で20円の利益となり問題ありません。これを利益が実現したといいます。

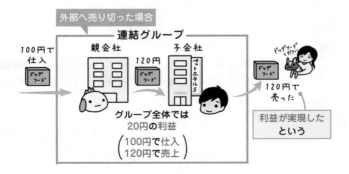

しかし、親会社から仕入れた商品が子会社に在庫として残った場合、100円の在庫のはずが、120円の在庫となっています。差額20円は、連結グループ全体で見るとまだ実現していない利益なので、未実現利益といいます。連結修正仕訳で未実現利益を消去し、在庫の金額を正しくする必要があります。

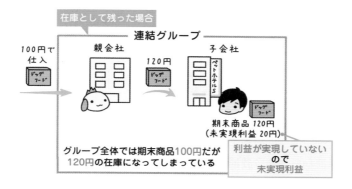

ダウンストリームで開始仕訳がない場合

　当期から連結会社間で商品売買が行われた場合は、前期末の連結修正仕訳で未実現利益の消去を行いません。このため、開始仕訳を行わず、当期の連結修正仕訳だけを書きます。

1 商品の未実現利益の消去の連結修正仕訳

❶ 期末商品に含まれている未実現利益を消去する。商品を減らすので、右に書く。

❷ 左に売上原価と書く。
　売上原価 20 / 商品 20

　子会社の決算整理仕訳120は、未実現利益が含まれた金額で行われています。連結グループ全体のあるべき決算整理仕訳は、未実現利益20が含まれない金額100で行われる必要があります。そこで、未実現利益20を連結修正仕訳で消去します。

なお、連結会計は財務諸表の勘定科目で仕訳を行いますので、繰越商品と仕入を使わず、商品と売上原価を使って仕訳を行います。

〈期末商品の連結修正仕訳〉

子会社の決算整理仕訳 （未実現利益が含まれている）	連結グループ全体のあるべき決算整理仕訳 （未実現利益を消去済）
商品 120 / 売上原価 120	商品 100 / 売上原価 100

1 連結修正仕訳
売上原価 20 / 商品 20

ダウンストリームで開始仕訳がある場合

前期以前から連結会社間で商品売買が行われた場合は、2-1 から 2-3 の3つの連結修正仕訳を書きます。

前期末の状況
親会社　　　子会社
ドッグフード
期末商品 120
（未実現利益 20）
ドッグフード

2-1 商品の未実現利益の消去の開始仕訳

❶前期の連結修正仕訳を書く。
　　売上原価 20 / 商品 20

❷収益と費用は、利益剰余金（期首）に置き換える。
　　利益剰余金（期首）20 / 商品 20

2-1 ❶前期の連結修正仕訳を書きます。子会社の決算整理仕訳120は、未実現利益が含まれた金額で行われています。連結グループ全体のあるべき決算整理仕訳は、未実現利益20が含まれない金額100で行われる必要があります。そこで、未実現利益20を連結修正仕訳で消去します。

〈前期の商品の連結修正仕訳〉

子会社の決算整理仕訳 （未実現利益が含まれている）	連結グループ全体のあるべき決算整理仕訳 （未実現利益を消去済）
商品 120 / 売上原価 120	商品 100 / 売上原価 100

連結修正仕訳
売上原価 20 / 商品 20

2-1 ❷ 開始仕訳では、収益と費用の勘定科目は利益剰余金（期首）に置き換えるので、売上原価を利益剰余金（期首）にします。

利益剰余金（期首）20 / 商品20

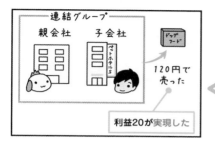

2-2 商品の未実現利益の消去の連結修正仕訳（期首商品）

期首商品に対する仕訳を行う。期首商品は当期に販売済みで、未実現利益が実現し利益になっている。このため 2-1 ❶ の逆仕訳を書く。

商品 20 / 売上原価 20

期首商品（前期の期末商品）は当期に販売済みであり、未実現利益20が実現して当期の利益になっていると考えます。このため、2-1 ❶ の仕訳を取り消す必要があるので、逆仕訳を書きます。

前期：**売上原価 20 / 商品　　20**

　　　↓　逆仕訳

当期：**商品　　20 / 売上原価 20**

2-3 商品の未実現利益の消去の連結修正仕訳（期末商品）

期末商品に対する未実現利益の消去を行う。商品を減らすので右に書く。左に売上原価と書く。

売上原価 40 / 商品 40

期末商品について、子会社の決算整理仕訳240は、未実現利益が含まれた金額で行われています。連結グループ全体のあるべき決算整理仕訳は、未実現利益40が含まれない金額200で行われる必要があります。そこで、未実現利益40を連結修正仕訳で消去します。

〈期末商品の連結修正仕訳〉

子会社の決算整理仕訳 （未実現利益が含まれている）	連結グループ全体のあるべき決算整理仕訳 （未実現利益を消去済）
商品 240 / 売上原価 240	商品 200 / 売上原価 200

2-3 連結修正仕訳
売上原価 40 / 商品 40

 開始仕訳がある場合って難しいね。パブロフ、頭がごちゃごちゃしてきた……。

 複雑な理由はこれまで書いたとおりだけど、簡単に仕訳を書くコツがあるんだ。

❶ まずは、わかりやすい当期の期末40の仕訳を書くよ。

利益剰余金（期首） 20 / 商品　　20
商品　　20　/　売上原価　20
売上原価　40　/　商品　40

❷ 次に逆仕訳を書き、金額を当期の期首20にするんだよ。

利益剰余金（期首） 20 / 商品　　20
商品　　20　/　売上原価　20
売上原価　40　/　商品　40

❸ 最後に開始仕訳を書くね。当期の期末を見ながら、開始仕訳を書くんだ。売上原価を利益剰余金（期首）に書き換え、金額を期首20にして出来上がり。

利益剰余金（期首）20 ／ 商品　20 ←
商品　20　／　売上原価　20
売上原価 40　／　商品 40 ─

参考に

 これなら書けそう!!

🐾 まとめ 🐾

ダウンストリームの未実現利益の消去（商品）
開始仕訳がない場合
1 商品の未実現利益の消去の連結修正仕訳　　売上原価 20 / 商品 20
開始仕訳がある場合
2-1 商品の未実現利益の消去の開始仕訳
　　　　　　　　　　　　　　　利益剰余金（期首）20 / 商品 20
2-2 商品の未実現利益の消去の連結修正仕訳（期首商品）
　　　　　　　　　　　　　　　商品 20 / 売上原価 20
2-3 商品の未実現利益の消去の連結修正仕訳（期末商品）
　　　　　　　　　　　　　　　売上原価 40 / 商品 40

アップストリームの未実現利益の消去

　アップストリームの場合、ダウンストリームで学習した仕訳に加え「子会社の当期純利益の振り替え」の仕訳を行います。

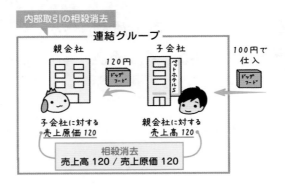

アップストリームで開始仕訳がない場合

　当期から連結会社間で商品売買が行われた場合は、前期末の連結修正仕訳で未実現利益の消去を行いません。このため、開始仕訳を行わず、当期の連結修正仕訳だけを書きます。アップストリームの場合、子会社の当期純利益の振り替えの連結修正仕訳を追加する点がポイントです。

　親会社持分60％、非支配株主持分40％の場合、次のように連結修正仕訳を書きます。

1　当期の連結修正仕訳

❶ 期末商品に含まれている未実現利益を消去する。商品を減らすので、右に書く。左に売上原価と書く。
　売上原価 20 / 商品 20

❷ 子会社の当期純利益の振り替え。❶売上原価を左に書いたので、反対側の右に非支配株主に帰属する当期純利益と書く。左に非支配株主持分と書く。
　20×非支配株主の持分割合40％＝8
　非支配株主持分 8/非支配株主に帰属する当期純利益 8

子会社の当期純利益の振り替えが必要な理由について詳しく見ていきましょう。

1 当期の連結修正仕訳

❶ 期末商品の未実現利益の消去

　アップストリームでは、下記の図のように親会社の期末商品に含まれている未実現利益を消去します。この未実現利益は子会社の利益として計上されたものなので、❷の子会社の当期純利益の振り替えの連結修正仕訳が必要となります。

ダウンストリーム	アップストリーム
＋親会社の利益 20 親会社 ──────→ 子会社 未実現利益 20 原価 100	＋子会社の利益 20 親会社 ←────── 子会社 未実現利益 20 原価 100
子会社の期末商品に含まれている未実現利益を消去するとダウンストリームで計上していた親会社の利益が減少。	親会社の期末商品に含まれている未実現利益を消去するとアップストリームで計上していた子会社の利益が減少。 →子会社の当期純利益の振り替えの連結修正仕訳が必要。

❷ 子会社の当期純利益の振り替え

　上記❶で減少した当期純利益20のうち、非支配株主の持分割合に対応した金額を振り替えます。非支配株主持分が減るので、左に書きます。非支配株主に帰属する当期純利益が減るので、右に書きます。
　非支配株主持分40％の場合、次のように計算します。
　子会社の当期純利益の減少分20×非支配株主の持分割合40％＝8

豆知識　子会社の当期純利益の振り替えの書き方

アップストリームで出てくる子会社の当期純利益の振り替えは次のように考えると簡単に書くことができます。

①収益・費用の反対側に「非支配株主に帰属する当期純利益」と書く。
②資産・負債の反対側に「非支配株主持分」と書く。

売上原価 20 / 商品 20
①　　　　　　②

非支配株主持分 8 / 非支配株主に帰属する当期純利益 8

アップストリームで開始仕訳がある場合

前期以前から連結会社間で商品売買が行われた場合などは、開始仕訳を行い、当期の連結修正仕訳も書きます。アップストリームの場合、開始仕訳と当期の連結修正仕訳に対して、子会社の当期純利益の振り替えの連結修正仕訳を追加する点がポイントです。

親会社持分60%、非支配株主持分40%の場合、次のように連結修正仕訳を書きます。

2-1 開始仕訳

❶ 前期の連結修正仕訳を書く。
　　売上原価 20 / 商品 20
　　非支配株主持分 8 / 非支配株主に帰属する当期純利益 8

❷ 純資産の勘定科目に（期首）を付け、収益と費用は利益剰余金（期首）に置き換える。
　　利益剰余金（期首）20 / 商品 20
　　非支配株主持分（期首）8 / 利益剰余金（期首）8

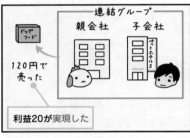

2-2 当期の連結修正仕訳（期首商品）

❶ 期首商品に対する仕訳を行う。
　　商品 20 / 売上原価 20

❷ 子会社の当期純利益の振り替え。
　　20×非支配株主の持分割合40％＝8
　　非支配株主に帰属する当期純利益 8 / 非支配株主持分 8

2-3 当期の連結修正仕訳（期末商品）

❶ 期末商品に対する未実現利益の消去を行う。
　　売上原価 40 / 商品 40

❷ 子会社の当期純利益の振り替え。
　　40×非支配株主の持分割合40％＝16
　　非支配株主持分 16 / 非支配株主に帰属する当期純利益 16

2-1 開始仕訳

前期の連結修正仕訳を開始仕訳に書き換えます。

2-2 当期の連結修正仕訳（期首商品）

　未実現利益20は子会社の利益として計上されたものなので、この部分に対して、❷の子会社の当期純利益の振り替えの連結修正仕訳が必要です。❶で当期純利益は増加しているので、非支配株主持分が増える仕訳をします。
　子会社の当期純利益の増加分20×非支配株主の持分割合40％＝8

2-3 当期の連結修正仕訳（期末商品）

　未実現利益40は子会社の利益として計上されたものなので、この部分に対して、❷の子会社の当期純利益の振り替えの連結修正仕訳が必要です。❶で当期純利益は減少しているので、非支配株主持分が減る仕訳をします。
　子会社の当期純利益の減少分40×非支配株主の持分割合40％＝16

🐾 まとめ 🐾

アップストリームの未実現利益の消去（商品）
開始仕訳がない場合
1 商品の未実現利益の消去の連結修正仕訳

　　　　売上原価　　　　　20 / 商品　　　　　　　　　　　　20
　　　　非支配株主持分　　 8 / 非支配株主に帰属する当期純利益　8

開始仕訳がある場合
2-1 商品の未実現利益の消去の開始仕訳

　　　　　　　　利益剰余金（期首）　　　20 / 商品　　　　　　　　20
　　　　　　　　非支配株主持分（期首）　 8 / 利益剰余金（期首）　 8

2-2 商品の未実現利益の消去の連結修正仕訳（期首商品）

　　　　商品　　　　　　　　　　　　20 / 売上原価　　　　　　　　20
　　　　非支配株主に帰属する当期純利益　8 / 非支配株主持分　　　　 8

2-3 商品の未実現利益の消去の連結修正仕訳（期末商品）

　　　　売上原価　　　　　40 / 商品　　　　　　　　　　　　40
　　　　非支配株主持分 16 / 非支配株主に帰属する当期純利益 16

未実現利益の消去② 土地

連結会社間で土地の売買があった場合、未実現利益を消去します。

ダウンストリームの未実現利益の消去

親会社が、1,000円の土地を子会社へ1,200円で売った場合について見ていきましょう。

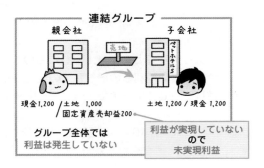

連結グループ全体で見ると土地の売買は内部取引であり、親会社で発生した固定資産売却益200円が未実現利益となります。この200円について、連結修正仕訳を行い、未実現利益を消去します。

	親会社	子会社	連結グループの あるべき金額
取引前の 残高	土地1,000円	土地0円	土地1,000円
土地の売買 の仕訳	現金 1,200 / 土地 1,000 / 売却益 200	土地 1,200 / 現金 1,200	仕訳なし
取引後の 残高	土地0円 固定資産売却益200円	土地1,200円	土地1,000円

連結修正仕訳
固定資産売却益 200 / 土地 200

したがって、当期の連結修正仕訳は次のようになります。

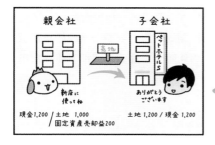

土地の未実現利益の消去の連結修正仕訳

❶ 土地に含まれている未実現利益を消去する。土地を減らすので、右に書く。

❷ 固定資産売却益を減らすので、左に書く。

　　　　固定資産売却益 200 / 土地 200

豆知識 **翌期に土地を売却した場合（ダウンストリーム）**

土地の売買にかかる未実現利益の消去を行った翌期には、開始仕訳が必要です。

開始仕訳 **利益剰余金（期首）200 / 土地 200**

さらに、翌期中に子会社が土地を連結グループ外に売却した場合、次の連結修正仕訳を行います。個別損益計算書の固定資産売却益は300円ですが、連結修正仕訳を行うことで、連結損益計算書では固定資産売却益500円となります。

当期の連結修正仕訳 **土地 200 / 固定資産売却益 200**

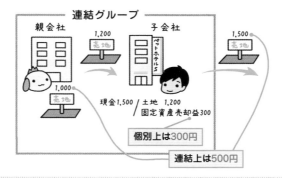

🐾 まとめ 🐾

ダウンストリームの未実現利益の消去（土地）
土地の未実現利益の消去の連結修正仕訳　　**固定資産売却益 200 / 土地 200**

アップストリームの未実現利益の消去

　子会社が、1,000円の土地を、親会社へ1,200円で売った場合について見ていきましょう。アップストリームの場合、開始仕訳と当期の連結修正仕訳に対して、子会社の当期純利益の振り替えの連結修正仕訳を追加する点がポイントです。

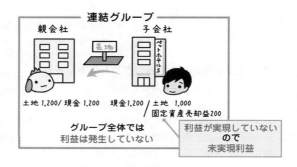

　親会社持分60%、非支配株主持分40%の場合、次のように連結修正仕訳を書きます。

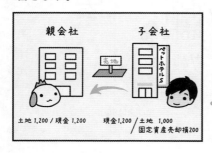

当期の連結修正仕訳

❶ 土地に含まれている未実現利益を消去する。土地を減らすので、右に書く。

❷ 固定資産売却益を減らすので、左に書く。
　　　固定資産売却益 200 / 土地 200

❸ 子会社の当期純利益の振り替え。
　　200×非支配株主の持分割合40％＝80
　　　固定資産売却益 200 / 土地 200
　　非支配株主持分 80 / 非支配株主に帰属する当期純利益 80

440

翌期に土地を売却した場合（アップストリーム）

土地の売買にかかる未実現利益の消去を行った翌期には、開始仕訳が必要です。

開始仕訳　**利益剰余金（期首）　　200 / 土地　　　　　　　　　200**

　　　　　　非支配株主持分（期首）　80 / 利益剰余金（期首）　80

さらに、翌期中に親会社が土地を連結グループ外に売却した場合、次の連結修正仕訳を行います。個別損益計算書の固定資産売却益は300円ですが、連結修正仕訳を行うことで、連結損益計算書では固定資産売却益500円となります。

当期の連結修正仕訳　**土地　　　　　　　　　　　　　　200 / 固定資産売却益 200**

　　　　　　非支配株主に帰属する当期純利益　80 / 非支配株主持分　80

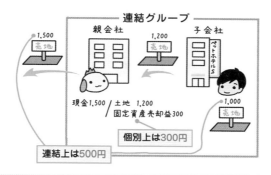

Part 3 連結会計

Ch 15 連結会計

🐾 まとめ 🐾

アップストリームの未実現利益の消去（土地）

土地の未実現利益の消去の連結修正仕訳

　　　　　固定資産売却益 200 / 土地　　　　　　　　　　　　　　200

　　　　非支配株主持分　80 / 非支配株主に帰属する当期純利益　80

問題1から問題8について、連結修正仕訳を行いなさい。なお、使用できる勘定科目は次のとおりである。期首残高の修正の場合には、（期首）と書いてある勘定科目を使うこととする。

売　　掛　　金	貸 倒 引 当 金	資本剰余金（期首）
買　　掛　　金	貸 倒 引 当 金 繰 入	利益剰余金（期首）
売　　上　　高	資 本 金（期首）	非支配株主持分（期首）
商　　　　　品	非 支 配 株 主 持 分	非支配株主に帰属する当期純利益
売　上　原　価	未　収　入　金	固 定 資 産 売 却 損
土　　　　　地	支　払　利　息	固 定 資 産 売 却 益

問題1 　　　　　　　　　　　　　　　　　　　　　　　　　　　p.423

親会社P社は、前々期末に子会社S社の発行済議決権株式の60％を取得し支配を獲得した。当期の個別財務諸表において、P社は売掛金期末残高300,000円に対して毎期4％の貸倒引当金を設定しており、売掛金期末残高のうち100,000円がS社に対するものである。なお、前期末におけるS社に対する売掛金残高は80,000円であった。

問題2 　　　　　　　　　　　　　　　　　　　　　　　　　　　P.426

親会社P社は、前々期末に子会社S社の発行済議決権株式の60％を取得し支配を獲得した。当期の個別財務諸表において、S社は売掛金期末残高300,000円に対して毎期4％の貸倒引当金を設定しており、売掛金期末残高のうち100,000円がP社に対するものである。なお、前期末におけるP社に対する売掛金残高は80,000円であった。

問題3 　　　　　　　　　　　　　　　　　　　　　　　　　　　p.429

親会社P社は子会社S社に対して当期から商品の販売を開始しており、S社はP社から仕入れた商品を外部に販売している。P社がS社に対して販売する商品の売上総利益率は25％である。S社が保有する棚卸資産は次のとおりである。なお、売上高と売上原価の相殺消去の仕訳はすでに記帳している。

　　期首商品棚卸高：外部仕入分24,000円、P社仕入分0円
　　期末商品棚卸高：外部仕入分36,000円、P社仕入分12,000円

問題4 　　　　　　　　　　　　　　　　　　　　　　　　　　　P.430

親会社P社は子会社S社に対して以前より仕入金額に10％の利益を付加し

て商品を販売しており、S社はP社から仕入れた商品を外部に販売している。S社が保有する棚卸資産は次のとおりである。なお、売上高と売上原価の相殺消去の仕訳はすでに記帳している。

期首商品棚卸高：外部仕入分330,000円、P社仕入分132,000円
期末商品棚卸高：外部仕入分220,000円、P社仕入分110,000円

問題5 p.434

親会社P社は、前期末に子会社S社の発行済議決権株式の60％を取得し支配を獲得した。S社はP社に対して当期から商品の販売を開始しており、P社はS社から仕入れた商品を外部に販売している。S社がP社に対して販売する商品の売上総利益率は25％である。P社が保有する棚卸資産は次のとおりである。なお、売上高と売上原価の相殺消去の仕訳はすでに記帳している。

期首商品棚卸高：外部仕入分24,000円、S社仕入分0円
期末商品棚卸高：外部仕入分36,000円、S社仕入分12,000円

問題6 P.436

親会社P社は、前々期末に子会社S社の発行済議決権株式の60％を取得し支配を獲得した。S社はP社に対して以前より仕入金額に10％の利益を付加して商品を販売しており、P社はS社から仕入れた商品を外部に販売している。P社が保有する棚卸資産は次のとおりである。なお、売上高と売上原価の相殺消去の仕訳はすでに記帳している。

期首商品棚卸高：外部仕入分330,000円、S社仕入分132,000円
期末商品棚卸高：外部仕入分220,000円、S社仕入分110,000円

問題7 p.438

当期中に、親会社P社は子会社S社に対して、土地（帳簿価額100,000円）を140,000円で売却した。期末日現在、S社は土地を外部に売却しておらず、保有している。

問題8 P.440

親会社P社は、前期末に子会社S社の発行済議決権株式の60％を取得し支配を獲得した。当期中に、S社はP社に対して、土地（帳簿価額100,000円）を140,000円で売却した。期末日現在、P社は土地を外部に売却しておらず、保有している。

解説・解答

問題1

❶ 売掛金を取り消すので、売掛金を減らす。右に書く。買掛金を取り消すので、買掛金を減らす。左に書く。

買掛金 100,000 / 売掛金 100,000

❷ 貸倒引当金の調整の開始仕訳を書く。80,000 × 4% = 3,200

貸倒引当金 3,200 / 利益剰余金（期首）3,200

❸ 当期の貸倒引当金の調整の連結修正仕訳を書く。

要調整額　100,000 × 4% = 4,000

不足額　4,000 − 3,200 = 800

貸倒引当金 800 / 貸倒引当金繰入 800

買　　掛　　金	100,000	売　　掛　　金	100,000
貸　倒　引　当　金	3,200	利益剰余金（期首）	3,200
貸　倒　引　当　金	800	貸倒引当金繰入	800

問題2

❶ 売掛金と買掛金を取り消す。

買掛金 100,000 / 売掛金 100,000

❷ 貸倒引当金の調整の開始仕訳を書く。80,000 × 4% = 3,200

貸倒引当金 3,200 / 利益剰余金（期首）3,200

❸ アップストリームなので、子会社の当期純利益の振り替えを行う。

3,200 × (100% − 60%) = 1,280

利益剰余金（期首）1,280 / 非支配株主持分（期首）1,280

❹ 当期の貸倒引当金の調整の連結修正仕訳を書く。

要調整額 100,000 × 4% = 4,000

不足額　4,000 − 3,200 = 800

貸倒引当金 800 / 貸倒引当金繰入 800

❺ アップストリームなので、子会社の当期純利益の振り替えを行う。

800 × (100% − 60%) = 320

非支配株主に帰属する当期純利益 320 / 非支配株主持分 320

買　　掛　　金	100,000	売　　掛　　金	100,000
貸　倒　引　当　金	3,200	利益剰余金（期首）	3,200
利　益　剰　余　金（期首）	1,280	非支配株主持分（期首）	1,280
貸　倒　引　当　金	800	貸倒引当金繰入	800
非支配株主に帰属する当期純利益	320	非支配株主持分	320

問題3

❶ S社の商品の内訳を下書きに書く。売上総利益率が与えられているので、売価を100%として、未実現利益を計算する。P社からS社へ商品を売っているので、ダウンストリームとわかる。

❷ 期末商品の未実現利益を消去する。商品を減らし、売上原価を増やす。
12,000×25％＝3,000

解答	売　上　原　価	3,000	商　　　　　　品	3,000

問題4

❶ S社の商品の内訳を下書きに書く。仕入金額に対する利益の付加の割合が与えられているので、原価を100%、売価を110%として、未実現利益を計算する。P社からS社へ商品を売っているので、ダウンストリームとわかる。

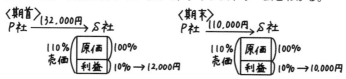

❷ 前期の連結修正仕訳を書く。132,000÷（1＋0.1）×0.1＝12,000
売上原価12,000 / 商品 12,000

❸ 売上原価を利益剰余金（期首）に置き換える。
利益剰余金（期首）12,000 / 商品 12,000

❹ 期首商品の仕訳を書く。132,000÷（1＋0.1）×0.1＝12,000
商品 12,000 / 売上原価 12,000

❺ 期末商品の未実現利益を消去する。110,000÷（1＋0.1）×0.1＝10,000
売上原価 10,000 / 商品 10,000

解答	利益剰余金（期首）	12,000	商　　　　　　品	12,000
	商　　　　　　品	12,000	売　上　原　価	12,000
	売　上　原　価	10,000	商　　　　　　品	10,000

問題5

❶ P社の商品の内訳を下書きに書く。売上総利益率が与えられているので、売価を100%として、未実現利益を計算する。S社からP社へ商品を売っているので、

アップストリームとわかる。

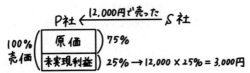

❷ 期末商品の未実現利益を消去する。12,000×25% = 3,000
   売上原価 3,000 / 商品 3,000
❸ アップストリームなので、子会社の当期純利益の振り替えを行う。
   3,000×(100% − 60%) = 1,200
   非支配株主持分 1,200 / 非支配株主に帰属する当期純利益 1,200

売　上　原　価	3,000	商　　　　　品	3,000
非支配株主持分	1,200	非支配株主に帰属する当期純利益	1,200

問題6

❶ P社の商品の内訳を下書きに書く。仕入金額に対する利益の付加の割合が与え
られているので、原価を100%、売価を110%として、未実現利益を計算する。
S社からP社へ商品を売っているので、アップストリームとわかる。

❷ 開始仕訳を書く。132,000÷(1 + 0.1)×0.1 = 12,000
   利益剰余金（期首）12,000 / 商品 12,000
❸ アップストリームなので、子会社の当期純利益の振り替えを行う。
   12,000×(100% − 60%) = 4,800
   非支配株主持分（期首）4,800 / 利益剰余金（期首）4,800
   ※❷と❸の利益剰余金（期首）を相殺して書いても正解ですが、分けて書
   いた方が仕訳の意味がわかりやすいのでオススメです。
❹ 期首商品の仕訳を書く。132,000÷(1 + 0.1)×0.1 = 12,000
   商品 12,000 / 売上原価 12,000
❺ アップストリームなので、子会社の当期純利益の振り替えを行う。
   12,000×(100% − 60%) = 4,800
   非支配株主に帰属する当期純利益 4,800 / 非支配株主持分 4,800
❻ 期末商品の未実現利益を消去。110,000÷(1 + 0.1)×0.1 = 10,000
   売上原価 10,000 / 商品 10,000
❼ アップストリームなので、子会社の当期純利益の振り替えを行う。
   10,000×(100% − 60%) = 4,000

非支配株主持分 4,000 / 非支配株主に帰属する当期純利益 4,000

利 益 剰 余 金（期 首）	12,000	商　　　　　品	12,000
非支配株主持分（期首）	4,800	利 益 剰 余 金（期 首）	4,800
商　　　　　品	12,000	売 上 原 価	12,000
非支配株主に帰属する当期純利益	4,800	非 支 配 株 主 持 分	4,800
売 上 原 価	10,000	商　　　　　品	10,000
非 支 配 株 主 持 分	4,000	非支配株主に帰属する当期純利益	4,000

問題7

❶ 土地の取引を下書きに書く。P社からS社に土地を売っているので、ダウンストリームとわかる。

P社 ――140,000円で売った→ S社

土　地
100,000円

❷ 土地の未実現利益を消去する。土地を減らし、固定資産売却益を減らす。
140,000 − 100,000 = 40,000

固定資産売却益	40,000	土　　　　　地	40,000

問題8

❶ 土地の取引を下書きに書く。S社からP社に土地を売っているので、アップストリームとわかる。

P社 ←――140,000円で売った―― S社

土　地
100,000円

❷ 土地の未実現利益を消去する。土地を減らし、固定資産売却益を減らす。
140,000 − 100,000 = 40,000
固定資産売却益 40,000 / 土地 40,000

❸ アップストリームなので、子会社の当期純利益の振り替えを行う。
40,000 ×（100% − 60%）= 16,000
非支配株主持分 16,000 / 非支配株主に帰属する当期純利益 16,000

固定資産売却益	40,000	土　　　　　地	40,000
非 支 配 株 主 持 分	16,000	非支配株主に帰属する当期純利益	16,000

連結精算表

連結精算表の作成方法を学びましょう。

連結精算表の形式

連結精算表とは、連結財務諸表を作成するために記入する表のことです。次の手順で記入します。

連結第2年度　　　　連 結 精 算 表　　　　（単位：千円）

科　　　目	個別財務諸表		修正・消去		連結財務諸表
	P　社	S　社	借方	貸方	
貸借対照表	❶		❷		**連結貸借対照表** ❸
諸　　資　　産	128,600	56,400			185,000
売　　掛　　金	30,000	20,000		10,000	40,000
貸 倒 引 当 金	△600	△400	200		△800
商　　　　品	50,000	20,000	500	1,500	69,000
子 会 社 株 式	30,000	—		30,000	
の　れ　ん			2,700	300	2,400
資　産　合　計	238,000	96,000	3,400	41,800	295,600
諸　　負　　債	40,000	18,000			58,000
買　　掛　　金	16,000	17,000	10,000		23,000
資　　本　　金	140,000	30,000	30,000		140,000
資 本 剰 余 金	10,000	8,000	8,000		10,000
利 益 剰 余 金	32,000	23,000	86,500	71,700	40,200
非 支 配 株 主 持 分			2,000	26,400	24,400
負債・純資産合計	238,000	96,000	136,500	98,100	295,600
損益計算書					**連結損益計算書**
売　　上　　高	258,000	186,000	66,000		378,000
売　上　原　価	180,000	144,000	1,000	66,500	258,500
販売費及び一般管理費	50,000	27,000	300	120	77,180
営 業 外 収 益	14,000	10,000	3,000		21,000
営 業 外 費 用	3,200	1,100			4,300
特　別　利　益	1,600	300			1,900
特　別　損　失	400	200			600
法　人　税　等	10,000	6,000			16,000
当 期 純 利 益	30,000	18,000	70,300	66,620	44,320
非支配株主に帰属する当期純利益			7,200		7,200
親会社株主に帰属する当期純利益	30,000	18,000	77,500	66,620	37,120

次ページにつづく

株主資本等変動計算書					連結株主資本等変動計算書
資 本 金 期 首 残 高	140,000	30,000	30,000		140,000
資 本 金 期 末 残 高	140,000	30,000	30,000		140,000
資本剰余金期首残高	10,000	8,000	8,000		10,000
資本剰余金期末残高	10,000	8,000	8,000		10,000
利益剰余金期首残高	16,000	10,000	9,000	80	17,080
当 期 変 動 額					
剰 余 金 の 配 当	△14,000	△5,000		5,000	△14,000
親会社株主に帰属する当期純利益	30,000	18,000	77,500	66,620	37,120
利益剰余金期末残高	32,000	23,000	86,500	71,700	40,200
非支配株主持分期首残高				19,200	19,200
非支配株主持分当期変動額			2,000	7,200	5,200
非支配株主持分期末残高			2,000	26,400	24,400

❶ **個別財務諸表**　個別財務諸表の金額を記入します。

❷ **修正・消去**　連結修正仕訳を記入します。具体的には、開始仕訳と当期の連結修正仕訳を記入します。

❸ **連結財務諸表**　個別財務諸表の合計に修正・消去の金額を加算減算した金額を記入します。

連結精算表の詳しい解き方は、次のページの練習問題を使って説明します。

連結精算表に（　）が付いている形式もあるよ。その場合は、貸方の勘定科目に（　）を付けて金額を記入するんだ。連結精算表の形式を見て判断しよう。

次の資料にもとづいて、連結第2年度（X2年4月1日からX3年3月31日）における連結精算表を作成しなさい。なお、解答にさいしては次の点に留意すること。

1. 連結精算表の修正・記入欄は採点の対象としない。
2. のれんは、支配獲得時の翌年度から10年間で均等額を償却する。
3. P社がS社に対して販売する商品の売上総利益率は25％である。

[資料Ⅰ] 支配獲得時（X1年3月31日）

1. P社はX1年3月31日にS社の発行済株式総数（6,000株）の60％を30,000千円で取得して支配を獲得し、それ以降S社を連結子会社として連結財務諸表を作成している。
2. S社の個別貸借対照表は次のとおりである。

S社の個別貸借対照表

X1年3月31日　　　　　　　　　　　　　　（千円）

諸　　資　　産	75,000	諸　　負　　債	30,000
		資　　本　　金	30,000
		資　本　剰　余　金	8,000
		利　益　剰　余　金	7,000
	75,000		75,000

[資料Ⅱ] 連結第1年度（X1年4月1日からX2年3月31日）

1. S社の個別貸借対照表は次のとおりである。

S社の個別貸借対照表

X2年3月31日　　　　　　　　　　　　　　（千円）

諸　　資　　産	80,000	諸　　負　　債	32,000
		資　　本　　金	30,000
		資　本　剰　余　金	8,000
		利　益　剰　余　金	10,000
	80,000		80,000

2. S社の当期純利益は5,000千円であった。
3. S社の当期の利益剰余金の配当額は2,000千円であった。
4. P社の売上高のうち20,000千円がS社に対する売上高である。
5. 当期末において、P社の売掛金残高のうち4,000千円がS社に対するものである。P社は売掛金に対して2%の貸倒引当金を設定している。
6. 当期末において、S社が保有する商品のうち、P社から仕入れた金額は2,000千円である。

[**資料Ⅲ**] 連結第2年度（X2年4月1日からX3年3月31日）
1. S社の個別貸借対照表は、答案用紙の連結精算表のとおりである。
2. S社の当期純利益は18,000千円であった。
3. S社の当期の利益剰余金の配当額は5,000千円であった。
4. P社の売上高のうち66,000千円がS社に対する売上高である。
5. 当期末において、P社の売掛金残高のうち10,000千円がS社に対するものである。P社は売掛金に対して2%の貸倒引当金を設定している。
6. 当期末において、S社が保有する商品のうち、P社から仕入れた金額は4,000千円である。

連結第2年度　　　　　　連　結　精　算　表　　　　　　（千円）

科　　　　　目	個別財務諸表		修正・消去		連結財務諸表
	P　社	S　社	借方	貸方	
貸借対照表					**連結貸借対照表**
諸　　資　　産	128,600	56,400			
売　　掛　　金	30,000	20,000			
貸　倒　引　当　金	△600	△400			△
商　　　　品	50,000	20,000			
子　会　社　株　式	30,000	—			
の　　れ　　ん					
資　産　合　計	238,000	96,000			
諸　　負　　債	40,000	18,000			
買　　掛　　金	16,000	17,000			
資　　本　　金	140,000	30,000			
資　本　剰　余　金	10,000	8,000			
利　益　剰　余　金	32,000	23,000			
非　支　配　株　主　持　分					
負債・純資産合計	238,000	96,000			
損益計算書					**連結損益計算書**
売　　上　　高	258,000	186,000			
売　　上　　原　　価	180,000	144,000			
販売費及び一般管理費	50,000	27,000			
営　業　外　収　益	14,000	10,000			
営　業　外　費　用	3,200	1,100			
特　　別　　利　　益	1,600	300			
特　　別　　損　　失	400	200			
法　　人　　税　　等	10,000	6,000			
当　期　純　利　益	30,000	18,000			
非支配株主に帰属する当期純利益					
親会社株主に帰属する当期純利益	30,000	18,000			
株主資本等変動計算書					**連結株主資本等変動計算書**
資　本　金　期　首　残　高	140,000	30,000			
資　本　金　期　末　残　高	140,000	30,000			
資本剰余金期首残高	10,000	8,000			
資本剰余金期末残高	10,000	8,000			
利益剰余金期首残高	16,000	10,000			
当　期　変　動　額					
剰　余　金　の　配　当	△14,000	△5,000			△
親会社株主に帰属する当期純利益	30,000	18,000			
利益剰余金期末残高	32,000	23,000			
非支配株主持分期首残高					
非支配株主持分当期変動額					
非支配株主持分期末残高					

解説・解答

連結精算表の問題は、次の順番に解く。連結修正仕訳をマスターしておくこと、順番を守って解くことが大切。

ステップ1 下書き用紙に下書きと仕訳を書く。

下書き

(1) 支配獲得日　P社60%　非支配株主持分40%

①投資と資本の相殺消去

資本金（期首）	30,000	子会社株式	30,000
資本剰余金（期首）	8,000	非支配株主持分（期首）	18,000
利益剰余金（期首）	7,000		
のれん	3,000		

(2) 連結第1年度

①開始仕訳　　上記(1)①に（期首）をつける

②のれんの償却　3,000÷10年＝300

　　　　　<u>利益剰余金（期首）</u>
　　のれん償却　300 / のれん 300

③当期純利益の振り替え　5,000×40%＝2,000

　　　　　<u>利益剰余金（期首）</u>
　　非支配株主に
　　帰属する当期純利益　　2,000 / 非支配株主持分（期首）2,000

④配当金の修正　2,000×60%＝1,200　　2,000×40%＝800

　　　　　<u>利益剰余金（期首）</u>
　　受取配当金　　　　　1,200 / 利益剰余金（期首）2,000
　　非支配株主持分（期首）800

⑤内部取引・債権債務の相殺消去

　　売上高 20,000 / 売上原価 20,000
　　買掛金 4,000 / 売掛金 4,000

⑥貸倒引当金の調整　4,000×2%＝80

　　　　　　　　　　　<u>利益剰余金（期首）</u>
　　貸倒引当金 80 / 貸倒引当金繰入 80

⑦未実現利益の消去　2,000×25%＝500

　　　　　<u>利益剰余金（期首）</u>
　　売上原価 500 / 商品 500

(3) 連結第2年度

①開始仕訳

資本金（期首）	30,000	子会社株式	30,000
資本剰余金（期首）	8,000	非支配株主持分（期首）	19,200
利益剰余金（期首）	8,500		
のれん	2,700		

　　貸倒引当金 80 / 利益剰余金（期首）80
　　利益剰余金（期首）500 / 商品 500

下書き

（3）連結第2年度

②のれんの償却　3,000÷10年＝300

のれん償却　300 ／ のれん 300

③当期純利益の振り替え　18,000×40％＝7,200

非支配株主に帰属する当期純利益　7,200 ／ 非支配株主持分 7,200

④配当金の修正　5,000×60％＝3,000　　5,000×40％＝2,000

受取配当金　3,000 ／ 利益剰余金 5,000
非支配株主持分 2,000 ／

⑤内部取引・債権債務の相殺消去

売上高　66,000 ／ 売上原価 66,000
買掛金　10,000 ／ 売掛金　10,000

⑥貸倒引当金の調整　10,000×2％－80＝120

貸倒引当金 120 ／ 貸倒引当金繰入 120

⑦未実現利益の消去　4,000×25％＝1,000

商品　　　 500 ／ 売上原価　 500
売上原価 1,000 ／ 商品　　 1,000

（1）支配獲得日

支配獲得日の連結修正仕訳を書く。

①非支配株主の持分割合　100％－60％＝40％

非支配株主持分の金額　（30,000＋8,000＋7,000）×40％＝18,000

のれんの金額は貸借差額。

（2）連結第1年度

連結第1年度の連結修正仕訳（開始仕訳と当期の仕訳）を書く。また、連結第2年度の開始仕訳を書くための準備として、(2)連結第1年度の連結修正仕訳のうち、純資産の勘定科目には（期首）を付け、収益と費用の勘定科目は利益剰余金（期首）に置き換える。

①(1)①の純資産の勘定科目に（期首）を付ける。

②のれん償却の金額　(2)①のれん3,000÷10年＝300

連結第2年度の開始仕訳を書くため、費用である「のれん償却」に横線を引き、「利益剰余金（期首）」に置き換えておく。

③非支配株主に帰属する当期純利益の金額

当期純利益5,000×40％＝2,000

連結第2年度の開始仕訳を書くため、費用である「非支配株主に帰属する当期純利益」に横線を引き、「利益剰余金（期首）」に置き換えておく。

④受取配当金の金額　2,000×60％＝1,200

非支配株主持分の金額　2,000×40％＝800

連結第2年度の開始仕訳を書くため、収益である「受取配当金」に横線を引き、「利益剰余金（期首）」に置き換えておく。

⑤内部取引・債権債務の相殺消去、売上高と売上原価の相殺消去、売掛金と買掛金の相殺消去を行う。連結第2年度の開始仕訳には影響しないため、横線を引いておく（P.412参照）。

⑥貸倒引当金の要調整額　売掛金4,000×2％＝80

連結第2年度の開始仕訳を書くため、費用である「貸倒引当金繰入」に横線を引き、「利益剰余金（期首）」に置き換えておく。

⑦期末商品の未実現利益の金額　2,000×25％＝500

連結第2年度の開始仕訳を書くため、費用である「売上原価」に横線を引き、「利益剰余金（期首）」に置き換えておく。

（3）連結第2年度

連結第2年度の連結修正仕訳（開始仕訳と当期の仕訳）を書く。

①のれんの金額　(2)①3,000－②300＝2,700

非支配株主持分（期首）の金額　(2)①18,000＋③2,000－④800＝19,200

利益剰余金（期首）の金額

$\qquad$ (2)①7,000＋②300＋③2,000－④2,000＋1,200＝8,500

(2)⑥貸倒引当金の調整、(2)⑦未実現利益の消去の開始仕訳は他の仕訳と分けて書いておくと後から見やすい。

②のれんの償却

のれん償却の金額　(2)①のれん3,000÷10年＝300

③当期純利益の振り替え

非支配株主に帰属する当期純利益の金額　当期純利益18,000×40％＝7,200

④配当金の修正

受取配当金の金額　5,000×60％＝3,000

非支配株主持分の金額　5,000×40％＝2,000

⑤内部取引・債権債務の相殺消去

売上高と売上原価の相殺消去、売掛金と買掛金の相殺消去を行う。

⑥貸倒引当金の調整

貸倒引当金の要調整額　売掛金10,000×2％＝200

不足額　200－(3)①80＝120

⑦未実現利益の消去

期首商品の未実現利益の金額　(3)①500

期末商品の未実現利益の金額　4,000×25％＝1,000

ステップ2 連結第2年度の連結修正仕訳を連結精算表の修正・消去欄に記入。

〈開始仕訳の記入〉

下書きに書いた(3)①開始仕訳を修正・消去欄に記入する。(期首)が付いている勘定科目については株主資本等変動計算書の「期首残高」に、その他の勘定科目については貸借対照表に記入する。問題文に「連結精算表の修正・記入欄は、採点の対象としない」と指示があるので、自由に記入してよい。

> （3）連結第2年度
> ①開始仕訳
> ❶ 資本金（期首） 30,000 ／ 子会社株式 30,000 ❺
> ❷ 資本剰余金（期首）8,000 ／ 非支配株主持分（期首）19,200 ❻
> ❸ 利益剰余金（期首）8,500 ／
> ❹ のれん 2,700 ／
> ❼ 貸倒引当金 80 ／ 利益剰余金（期首）80 ❽
> ❾ 利益剰余金（期首）500 ／ 商品 500 ❿

連結第2年度　　　　連 結 精 算 表　　　　（単位：千円）

科　　　目	個別財務諸表 P 社	個別財務諸表 S 社	修正・消去 借方	修正・消去 貸方	連結財務諸表
貸借対照表					**連結貸借対照表**
貸 倒 引 当 金	△600	△400	❼ 80		△
商　　　　品	50,000	20,000		❿ 500	
子 会 社 株 式	30,000	－		❺30,000	
の れ ん			❹ 2,700		
株主資本等変動計算書					**連結株主資本等変動計算書**
資本金期首残高	140,000	30,000	❶30,000		
資本金期末残高	140,000	30,000			
資本剰余金期首残高	10,000	8,000	❷ 8,000		
資本剰余金期末残高	10,000	8,000			
利益剰余金期首残高	16,000	10,000	❸ ❾ 8,500+500	❽ 80	
当期変動額					
剰余金の配当	△14,000	△5,000			△
親会社株主に帰属する当期純利益	30,000	18,000			
利益剰余金期末残高	32,000	23,000			
非支配株主持分期首残高				❻19,200	
非支配株主持分当期変動額					
非支配株主持分期末残高					

456

〈その他の連結修正仕訳を記入〉

②〜⑦の連結修正仕訳を修正・消去欄に記入する。のれん償却は「販売費及び一般管理費」に、受取配当金は「営業外収益」に、貸倒引当金繰入は「販売費及び一般管理費」に計上する点に注意しよう。

> （3）連結第2年度
> ②のれんの償却　3,000÷10年＝300
>   **❶**　のれん償却 300 ／ のれん 300　**❷**
> ③当期純利益の振り替え　18,000×40％＝7,200
>   **❸**　非支配株主に
> 　　帰属する当期純利益　7,200 ／ 非支配株主持分 7,200　**❹**
> ④配当金の修正　5,000×60％＝3,000　　5,000×40％＝2,000
>   **❺**　受取配当金　　3,000 ／ 利益剰余金 5,000　**❼**
>   **❻**　非支配株主持分 2,000／
> ⑤内部取引・債権債務の相殺消去
>   **❽**　売上高 66,000 ／ 売上原価 66,000　**❾**
>   **❿**　買掛金 10,000 ／ 売掛金　10,000　**⓫**
> ⑥貸倒引当金の調整　10,000×2％−80＝120
>   **⓬**　貸倒引当金 120 ／ 貸倒引当金繰入 120　**⓭**
> ⑦未実現利益の消去　4,000×25％＝1,000
>   **⓮**　商品　　　500 ／ 売上原価 500　**⓯**
>   **⓰**　売上原価 1,000 ／ 商品　　1,000　**⓱**
>
> ❶〜⓱をP.458の
> 連結精算表に記入

連結第2年度　　　連 結 精 算 表　　　（単位：千円）

科　　目	個別財務諸表		修正・消去		連結財務諸表
	P 社	S 社	借方	貸方	
貸借対照表					**連結貸借対照表**
諸　資　産	128,600	56,400			
売　掛　金	30,000	20,000	❶❷	⓫10,000	
貸 倒 引 当 金	△600	△400	80+120	⓱	△
商　　品	50,000	20,000	⓮ 500	500+1,000	
子 会 社 株 式	30,000	—		30,000	
の　れ　ん			2,700 ❷	300	
資 産 合 計	238,000	96,000			
諸　負　債	40,000	18,000			
買　掛　金	16,000	17,000	❿10,000		
資　本　金	140,000	30,000			
資 本 剰 余 金	10,000	8,000			
利 益 剰 余 金	32,000	23,000		ステップ5で記入	
非 支 配 株 主 持 分					
負債・純資産合計	238,000	96,000			
損益計算書					**連結損益計算書**
売　上　高	258,000	186,000	❽66,000	❾ ⓯	
売 上 原 価	180,000	144,000	⓰ 1,000	66,000+500	
販売費及び一般管理費	50,000	27,000	❶ 300	⓭ 120	
営 業 外 収 益	14,000	10,000	❺ 3,000		
営 業 外 費 用	3,200	1,100			
特 別 利 益	1,600	300			
特 別 損 失	400	200			
法 人 税 等	10,000	6,000			
当 期 純 利 益	30,000	18,000			
非支配株主に帰属する当期純利益			❸ 7,200		
親会社株主に帰属する当期純利益	30,000	18,000			
株主資本等変動計算書					**連結株主資本等変動計算書**
資 本 金 期 首 残 高	140,000	30,000	30,000		
資 本 金 期 末 残 高	140,000	30,000			
資本剰余金期首残高	10,000	8,000	8,000		
資本剰余金期末残高	10,000	8,000			
利益剰余金期首残高	16,000	10,000	8,500+500	80	
当 期 変 動 額					
剰 余 金 の 配 当	△14,000	△5,000		❼ 5,000	△
親会社株主に帰属する当期純利益	30,000	18,000		ステップ4で記入	
利益剰余金期末残高	32,000	23,000			
非支配株主持分期首残高				19,200	
非支配株主持分当期変動額			❻ 2,000	❹ 7,200	
非支配株主持分期末残高					

損益計算書					連結損益計算書
売　　　上　　　高	258,000	186,000	**66,000**		378,000
売　　上　　原　　価	180,000	144,000	**1,000**	66,000+500	258,500
販売費及び一般管理費	50,000	27,000	**300**	120	77,180
営　業　外　収　益	14,000	10,000	**3,000**		21,000
営　業　外　費　用	3,200	1,100			4,300
特　　別　　利　　益	1,600	300			1,900
特　　別　　損　　失	400	200			600
法　　人　　税　　等	10,000	6,000			16,000
当　期　純　利　益	30,000	18,000	70,300	66,620	44,320
非支配株主に帰属する当期純利益			**7,200**		7,200•
親会社株主に帰属する当期純利益	30,000	18,000	77,500	66,620	37,120•

> 当期純利益の内訳を表示する

売上高　258,000 + 186,000 − 66,000 = 378,000
売上原価　180,000 + 144,000 + 1,000 − 66,000 − 500 = 258,500
販売費及び一般管理費　50,000 + 27,000 + 300 − 120 = 77,180
営業外収益　14,000 + 10,000 − 3,000 = 21,000
営業外費用　3,200 + 1,100 = 4,300
特別利益　1,600 + 300 = 1,900
特別損失　400 + 200 = 600
法人税等　10,000 + 6,000 = 16,000
当期純利益　378,000 − 258,500 − 77,180 + 21,000 − 4,300 + 1,900 − 600 − 16,000 = 44,320
親会社株主に帰属する当期純利益　44,320 − 7,200 = 37,120

ステップ4 連結株主資本等変動計算書を埋める。利益剰余金の当期変動額「親会社株主に帰属する当期純利益」は、連結損益計算書から金額を写す。

連結第2年度　　　　**連　結　精　算　表**　　　　（千円）

科　　　目	個別財務諸表		修正・消去		連結財務諸表
	P　社	S　社	借方	貸方	
損益計算書					**連結損益計算書**
親会社株主に帰属する当期純利益	30,000	18,000	**77,500**	66,620	**37,120**
株主資本等変動計算書					**連結株主資本等変動計算書**
資 本 金 期 首 残 高	140,000	30,000	**30,000**		140,000
資 本 金 期 末 残 高	140,000	30,000	30,000		140,000
資本剰余金期首残高	10,000	8,000	**8,000**		10,000
資本剰余金期末残高	10,000	8,000	8,000		10,000
利益剰余金期首残高	16,000	10,000	8,500+500	80	17,080
当 期 変 動 額					
剰 余 金 の 配 当	△14,000	△5,000		5,000	△14,000
親会社株主に帰属する当期純利益	30,000	18,000	77,500	66,620	37,120
利益剰余金期末残高	32,000	23,000	86,500	71,700	40,200
非支配株主持分期首残高				19,200	19,200
非支配株主持分当期変動額			2,000	7,200	5,200
非支配株主持分期末残高			2,000	26,400	24,400

資本金期首残高　140,000 + 30,000 − 30,000 = 140,000
資本金期末残高　期首残高140,000 + 当期変動額0 = 140,000
資本剰余金期首残高　10,000 + 8,000 − 8,000 = 10,000
資本剰余金期末残高　期首残高10,000 + 当期変動額0 = 10,000
利益剰余金期首残高　16,000 + 10,000 − 8,500 − 500 + 80 = 17,080
利益剰余金当期変動額
　剰余金の配当　14,000 + 5,000 − 5,000 = 14,000
　親会社株主に帰属する当期純利益　30,000 + 18,000 − 77,500 + 66,620 = 37,120
利益剰余金期末残高　期首残高17,080 + 当期変動額△14,000 + 37,120 = 40,200
非支配株主持分期首残高　19,200
非支配株主持分当期変動額　7,200 − 2,000 = 5,200
非支配株主持分期末残高　期首残高19,200 + 当期変動額5,200 = 24,400

ステップ5 連結貸借対照表を埋める。純資産の勘定科目は、株主資本等変動計算書から写す。

連結第2年度	連　結　精　算　表				（千円）
科　　　　目	個別財務諸表		修正・消去		連結財務諸表
	P　社	S　社	借方	貸方	
貸借対照表					**連結貸借対照表**
諸　資　産	128,600	56,400			185,000
売　掛　金	30,000	20,000		10,000	40,000
貸倒引当金	△600	△400	80+120		△800
商　　　品	50,000	20,000	500	500+1,000	69,000
子会社株式	30,000	－		30,000	
の　れ　ん			2,700	300	2,400
資　産　合　計	238,000	96,000	3,400	41,800	295,600
諸　負　債	40,000	18,000			58,000
買　掛　金	16,000	17,000	10,000		23,000
資　本　金	140,000	30,000	30,000		140,000
資本剰余金	10,000	8,000	8,000		10,000
利益剰余金	32,000	23,000	86,500	71,700	40,200
非支配株主持分			2,000	26,400	24,400
負債・純資産合計	238,000	96,000	136,500	98,100	295,600
株主資本等変動計算書					**連結株主資本等変動計算書**
資本金期首残高	140,000	30,000	30,000		140,000
資本金期末残高	140,000	30,000	30,000		140,000
資本剰余金期首残高	10,000	8,000	8,000		10,000
資本剰余金期末残高	10,000	8,000	8,000		10,000
利益剰余金期首残高	16,000	10,000	9,000	80	17,080
当　期　変　動　額					
剰余金の配当	△14,000	△5,000		5,000	△14,000
親会社株主に帰属する当期純利益	30,000	18,000	77,500	66,620	37,120
利益剰余金期末残高	32,000	23,000	86,500	71,700	40,200
非支配株主持分期首残高				19,200	19,200
非支配株主持分当期変動額			2,000	7,200	5,200
非支配株主持分期末残高			2,000	26,400	24,400

諸資産　128,600＋56,400＝185,000

売掛金　30,000＋20,000－10,000＝40,000

貸倒引当金　600＋400－80－120＝800

商品　50,000＋20,000＋500－500－1,000＝69,000

子会社株式　30,000－30,000＝0

のれん　2,700－300＝2,400

諸負債　40,000＋18,000＝58,000

買掛金　16,000＋17,000－10,000＝23,000

タイムテーブルを使った解き方は、動画解説で紹介しているよ。

解答

連結第2年度　　　　　　　連 結 精 算 表　　　　　　　　（千円）

科　　目	個別財務諸表 P 社	個別財務諸表 S 社	修正・消去 借方	修正・消去 貸方	連結財務諸表
貸借対照表					**連結貸借対照表**
諸　資　産	128,600	56,400			185,000
売　掛　金	30,000	20,000		10,000	40,000
貸 倒 引 当 金	△600	△400	200		△800
商　　品	50,000	20,000	500	1,500	69,000
子 会 社 株 式	30,000	—		30,000	
の　れ　ん			2,700	300	2,400
資 産 合 計	238,000	96,000	3,400	41,800	295,600
諸　負　債	40,000	18,000			58,000
買　掛　金	16,000	17,000	10,000		23,000
資　本　金	140,000	30,000	30,000		140,000
資 本 剰 余 金	10,000	8,000	8,000		10,000
利 益 剰 余 金	32,000	23,000	86,500	71,700	40,200
非支配株主持分			2,000	26,400	24,400
負債・純資産合計	238,000	96,000	136,500	98,100	295,600
損益計算書					**連結損益計算書**
売　上　高	258,000	186,000	66,000		378,000
売 上 原 価	180,000	144,000	1,000	66,500	258,500
販売費及び一般管理費	50,000	27,000	300	120	77,180
営 業 外 収 益	14,000	10,000	3,000		21,000
営 業 外 費 用	3,200	1,100			4,300
特 別 利 益	1,600	300			1,900
特 別 損 失	400	200			600
法 人 税 等	10,000	6,000			16,000
当 期 純 利 益	30,000	18,000	70,300	66,620	44,320
非支配株主に帰属する当期純利益			7,200		7,200
親会社株主に帰属する当期純利益	30,000	18,000	77,500	66,620	37,120
株主資本等変動計算書					**連結株主資本等変動計算書**
資 本 金 期 首 残 高	140,000	30,000	30,000		140,000
資 本 金 期 末 残 高	140,000	30,000	30,000		140,000
資本剰余金期首残高	10,000	8,000	8,000		10,000
資本剰余金期末残高	10,000	8,000	8,000		10,000
利益剰余金期首残高	16,000	10,000	9,000	80	17,080
当 期 変 動 額					
剰 余 金 の 配 当	△14,000	△5,000		5,000	△14,000
親会社株主に帰属する当期純利益	30,000	18,000	77,500	66,620	37,120
利益剰余金期末残高	32,000	23,000	86,500	71,700	40,200
非支配株主持分期首残高				19,200	19,200
非支配株主持分当期変動額			2,000	7,200	5,200
非支配株主持分期末残高			2,000	26,400	24,400

連結財務諸表

連結損益計算書、連結貸借対照表、連結株主資本等変動計算書をまとめて、連結財務諸表といいます。連結損益計算書とは、連結グループの収益、費用、利益を報告するための書類です。

連 結 損 益 計 算 書
自 X2年4月1日　至 X3年3月31日　　（千円）

I 売上高		378,000
II 売上原価		258,500
売上総利益		119,500
III 販売費及び一般管理費		
1. 給料	36,000	
2. 貸倒引当金繰入	680	
3. 減価償却費	30,200	
4. ソフトウェア償却	6,000	
5. 退職給付費用	4,000	
6. のれん償却	300	77,180
営業利益		42,320
IV 営業外収益		
1. 受取利息	600	
2. 有価証券利息	2,400	
3. 受取配当金	18,000	21,000
V 営業外費用		
1. 支払利息	360	
2. 貸倒引当金繰入	1,200	
3. 有価証券評価損	2,740	4,300
経常利益		59,020
VI 特別利益		
1. 固定資産売却益		1,900
VII 特別損失		
1. 火災損失		600
税金等調整前当期純利益		60,320
法人税、住民税及び事業税		16,000
当期純利益		44,320
非支配株主に帰属する当期純利益		7,200
親会社株主に帰属する当期純利益		37,120

売上原価の内訳を表示しない

連結会計で発生したのれん償却

当期純利益44,320
－非支配株主に帰属する当期純利益7,200＝37,120

当期純利益の内訳として、この2つを記入する

連結貸借対照表とは、連結グループの資産、負債、純資産を報告するための書類です。

退職給付引当金ではなく退職給付に係る負債と表示

連 結 貸 借 対 照 表

X3年3月31日 （千円）

資産の部			負債の部	
I 流動資産			**I 流動負債**	
1. 現金預金		5,900	1. 買掛金	23,000
2. 売掛金	40,000		2. 未払金	800
貸倒引当金	△800	39,200	3. 短期借入金	4,000
3. 有価証券		15,000	4. 未払法人税等	9,000
4. 商品		69,000	5. 返品調整引当金	200
流動資産合計		129,100	流動負債合計	37,000
II固定資産			**II 固定負債**	
1. 有形固定資産			1. 長期借入金	8,000
(1) 建物	604,000		2. 退職給付に係る負債	36,000
減価償却累計額	△558,700	45,300	固定負債合計	44,000
(2) 土地		4,000	負債合計	81,000
2. 無形固定資産			**純資産の部**	
(1) ソフトウェア		6,000	**I 株主資本**	
(2) のれん		2,400	1. 資本金	140,000
3. 投資その他の資産			2. 資本剰余金	10,000
(1) 投資有価証券		80,000	3. 利益剰余金	40,200
(2) 長期貸付金	30,000		株主資本合計	190,200
貸倒引当金	△1,200	28,800	**II非支配株主持分**	24,400
固定資産合計		166,500	純資産合計	214,600
資産合計		295,600	負債・純資産合計	295,600

連結会計で発生したのれん

連結会計で発生した非支配株主持分

資本剰余金、利益剰余金の内訳を書かない

■関連ページ 個別損益計算書 **P.314**
個別貸借対照表 **P.318**

連結株主資本等変動計算書とは、連結グループの当期の純資産の増加と減少の内訳を報告するための書類です。

連結株主資本等変動計算書

自 X2年4月1日　至 X3年3月31日　　　　　　（千円）

	株主資本			非支配株主持分
	資本金	資本剰余金	利益剰余金	
当期首残高	140,000	10,000	17,080	19,200
当期変動額				
剰余金の配当			△14,000	
親会社株主に帰属する 　当期純利益			37,120	
株主資本以外の項目の 　当期変動額（純額）				5,200
当期変動額合計	―	―	23,120	5,200
当期末残高	140,000	10,000	40,200	24,400

連結会計で発生した
非支配株主持分

資本剰余金、利益剰余金の
内訳を書かない

連結株主資本等変動計算書は、当期首残高と当期変動額と当期末残高を表示します。それぞれ、次のように計算して金額を記入します。

当期首残高＝親会社の当期首残高＋子会社の当期首残高±開始仕訳
当期変動額＝親会社の当期変動額＋子会社の当期変動額
　　　　　±当期の連結修正仕訳
当期末残高＝当期首残高＋当期変動額

■関連ページ　個別株主資本等変動計算書　**P.336**

練習問題　Chpter15 13

次の資料にもとづいて、連結第2年度（X2年4月1日からX3年3月31日）における連結財務諸表を作成しなさい。なお、解答にさいしては次の点に留意すること。

1. のれんは、支配獲得時の翌年度から10年間で均等額を償却する。
2. P社がS社に対して販売する商品の売上総利益率は25％である。

[資料Ⅰ] 支配獲得時（X1年3月31日）

1. P社はX1年3月31日にS社の発行済株式総数（6,000株）の60％を30,000千円で取得して支配を獲得し、それ以降S社を連結子会社として連結財務諸表を作成している。
2. S社の個別貸借対照表は次のとおりである。

S社の個別貸借対照表
X1年3月31日　　　　　　　　　　（千円）

諸　　資　　産	75,000	諸　　　負　　　債	30,000
		資　　本　　金	30,000
		資　本　剰　余　金	8,000
		利　益　剰　余　金	7,000
	75,000		75,000

[資料Ⅱ] 連結第1年度（X1年4月1日からX2年3月31日）

1. S社の個別貸借対照表は次のとおりである。

S社の個別貸借対照表
X2年3月31日　　　　　　　　　　（千円）

諸　　資　　産	80,000	諸　　　負　　　債	32,000
		資　　本　　金	30,000
		資　本　剰　余　金	8,000
		利　益　剰　余　金	10,000
	80,000		80,000

2. S社の当期純利益は5,000千円であった。
3. S社の当期の利益剰余金の配当額は2,000千円であった。
4. P社の売上高のうち20,000千円がS社に対する売上高である。
5. 当期末において、P社の売掛金残高のうち4,000千円がS社に対するものである。P社は売掛金に対して2％の貸倒引当金を設定している。
6. 当期末において、S社が保有する商品のうち、P社から仕入れた金額は2,000千円である。

466

[資料III] 連結第2年度（X2年4月1日からX3年3月31日）

1. P社の個別財務諸表は、次のとおりである。

P社の損益計算書

自X2年4月1日 至X3年3月31日　　　　（千円）

売 上 原 価	180,000	売 上 高	258,000
給 料	21,600	受 取 利 息	600
貸倒引当金繰入（販売費）	500	有 価 証 券 利 息	2,000
減 価 償 却 費	21,500	受 取 配 当 金	11,400
ソフトウェア償却	4,000	固 定 資 産 売 却 益	1,600
退 職 給 付 費 用	2,400		
支 払 利 息	360		
貸倒引当金繰入（営業外）	1,200		
有 価 証 券 評 価 損	1,640		
火 災 損 失	400		
法 人 税 等	10,000		
当 期 純 利 益	30,000		
	273,600		273,600

P社の貸借対照表

X3年3月31日　　　　（千円）

現 金 預 金		2,550	買 掛 金		16,000
売 掛 金	30,000		未 払 金		1,000
貸 倒 引 当 金	△600	29,400	短 期 借 入 金		4,000
有 価 証 券		10,000	未 払 法 人 税 等		5,000
商 品		50,000	長 期 借 入 金		8,000
建 物	430,000		退 職 給 付 引 当 金		22,000
減価償却累計額	△397,750	32,250	資 本 金		140,000
土 地		1,000	資 本 剰 余 金		10,000
ソフトウェア		4,000	利 益 剰 余 金		32,000
投 資 有 価 証 券		50,000			
子 会 社 株 式		30,000			
長 期 貸 付 金	30,000				
貸 倒 引 当 金	△1,200	28,800			
		238,000			238,000

P社の株主資本等変動計算書

自 X2年4月1日　至 X3年3月31日　　　　（千円）

	株主資本		
	資本金	資本剰余金	利益剰余金
当期首残高	140,000	10,000	16,000
当期変動額			
剰余金の配当			△14,000
当期純利益			30,000
当期変動額合計	—	—	16,000
当期末残高	140,000	10,000	32,000

2. S社の個別財務諸表は、次のとおりである。

S社の損益計算書

自X2年4月1日 至X3年3月31日　　　　　　　（千円）

売 上 原 価	144,000	売 上 高	186,000
給 料	14,400	有 価 証 券 利 息	400
貸倒引当金繰入（販売費）	300	受 取 配 当 金	9,600
減 価 償 却 費	8,700	固 定 資 産 売 却 益	300
ソフトウェア償却	2,000		
退 職 給 付 費 用	1,600		
有 価 証 券 評 価 損	1,100		
火 災 損 失	200		
法 人 税 等	6,000		
当 期 純 利 益	18,000		
	196,300		196,300

S社の貸借対照表

X3年3月31日　　　　　　　　　　　　　　　（千円）

現 金 預 金		3,350	買 掛 金	17,000
売 掛 金	20,000		未 払 法 人 税 等	4,000
貸 倒 引 当 金	△400	19,600	退 職 給 付 引 当 金	14,000
有 価 証 券		5,000	資 本 金	30,000
商 品		20,000	資 本 剰 余 金	8,000
建 物	174,000		利 益 剰 余 金	23,000
減価償却累計額	△160,950	13,050		
土 地		3,000		
ソフトウェア		2,000		
投 資 有 価 証 券		30,000		
		96,000		96,000

S社の株主資本等変動計算書

自 X2年4月1日　至 X3年3月31日　　　　　　（千円）

	株主資本		
	資本金	資本剰余金	利益剰余金
当期首残高	30,000	8,000	10,000
当期変動額			
剰余金の配当			△5,000
当期純利益			18,000
当期変動額合計	―	―	13,000
当期末残高	30,000	8,000	23,000

3. P社の売上高のうち66,000千円がS社に対する売上高である。

4. 当期末において、P社の売掛金残高のうち10,000千円がS社に対するものである。P社は売掛金に対して2％の貸倒引当金を設定している。

5. 当期末において、S社が保有する商品のうち、P社から仕入れた金額は
4,000千円である。

［答案用紙］

連 結 損 益 計 算 書

自 X2年4月1日　至 X3年3月31日　　　　　　（千円）

I　売上高		（　　　　　　　）
II　売上原価		（　　　　　　　）
売上総利益		（　　　　　　　）
III　販売費及び一般管理費		
1. 給料	36,000	
2. 貸倒引当金繰入	（　　　　　）	
3. 減価償却費	30,200	
4. ソフトウェア償却	6,000	
5. 退職給付費用	4,000	
6. のれん償却	（　　　　　）	（　　　　　　　）
営業利益		（　　　　　　　）
IV　営業外収益		
1. 受取利息	600	
2. 有価証券利息	2,400	
3. 受取配当金	（　　　　　）	（　　　　　　　）
V　営業外費用		
1. 支払利息	360	
2. 貸倒引当金繰入	1,200	
3. 有価証券評価損	2,740	4,300
経常利益		（　　　　　　　）
VI　特別利益		
1. 固定資産売却益		1,900
VII　特別損失		
1. 火災損失		600
税金等調整前当期純利益		（　　　　　　　）
法人税、住民税及び事業税		16,000
当期純利益		（　　　　　　　）
非支配株主に帰属する当期純利益		（　　　　　　　）
親会社株主に帰属する当期純利益		（　　　　　　　）

連結貸借対照表

X3年3月31日 （千円）

資産の部			負債の部		
Ⅰ 流動資産			**Ⅰ 流動負債**		
1. 現金預金		5,900	1. 買掛金		（　　　）
2. 売掛金	（　　　）		2. 未払金		1,000
貸倒引当金	（△　　　）	（　　　）	3. 短期借入金		4,000
3. 有価証券		15,000	4. 未払法人税等		9,000
4. 商品		（　　　）	流動負債合計		（　　　）
流動資産合計		（　　　）	**Ⅱ 固定負債**		
Ⅱ固定資産			1. 長期借入金		8,000
1. 有形固定資産			2. 退職給付に係る負債		36,000
(1) 建物	604,000		固定負債合計		44,000
減価償却累計額	△558,700	45,300	負債合計		81,000
(2) 土地		4,000	**純資産の部**		
2. 無形固定資産			**Ⅰ 株主資本**		
(1) ソフトウェア		6,000	1. 資本金		（　　　）
(2) のれん		（　　　）	2. 資本剰余金		（　　　）
3. 投資その他の資産			3. 利益剰余金		（　　　）
(1) 投資有価証券		80,000	株主資本合計		（　　　）
(2) 長期貸付金	30,000		**Ⅱ 非支配株主持分**		（　　　）
貸倒引当金	△1,200	28,800	純資産合計		（　　　）
固定資産合計		（　　　）			
資産合計		295,600	負債・純資産合計		295,600

連結株主資本等変動計算書

自 X2年4月1日　至 X3年3月31日 （千円）

	株主資本			非支配株主持分
	資本金	資本剰余金	利益剰余金	
当期首残高	（　　　）	（　　　）	（　　　）	（　　　）
当期変動額				
剰余金の配当			（△　　　）	
親会社株主に帰属する 　当期純利益			（　　　）	
株主資本以外の項目の 　当期変動額（純額）				（　　　）
当期変動額合計	―	―	（　　　）	（　　　）
当期末残高	（　　　）	（　　　）	（　　　）	（　　　）

解説・解答

連結財務諸表の問題は、次の順番で解く。本問はP.450の練習問題と同じ条件なので、連結修正仕訳の詳しい書き方は、P.453を参照しよう。

連結修正仕訳さえ書ければ、意外と簡単に解くことができる。

ステップ1 下書き用紙に下書きと仕訳を書く（解説はP.453を参照）。

（3）連結第2年度

①開始仕訳

資本金（期首）　　　30,000	子会社株式　　　　　　　　30,000
資本剰余金（期首）8,000	非支配株主持分（期首）19,200
利益剰余金（期首）8,500	
のれん　　　　　　　2,700	
貸倒引当金 80	利益剰余金（期首）80
利益剰余金（期首）500	商品 500

［資料III］2. S社の損益計算書「当期純利益」

②のれんの償却　3,000÷10年＝300

のれん償却 300 ／ のれん 300

③当期純利益の振り替え　18,000×40％＝7,200

非支配株主に

帰属する当期純利益 7,200 ／ 非支配株主持分 7,200

④配当金の修正　5,000×60％＝3,000　　5,000×40％＝2,000

受取配当金　　　　 3,000	利益剰余金 5,000
非支配株主持分 2,000	

［資料III］2. S社の株主資本等変動計算書「剰余金の配当」

⑤内部取引・債権債務の相殺消去

売上高 66,000 ／ 売上原価 66,000

買掛金 10,000 ／ 売掛金　　10,000

⑥貸倒引当金の調整　10,000×2％－80＝120

貸倒引当金 120 ／ 貸倒引当金繰入 120

⑦未実現利益の消去　4,000×25％＝1,000

商品　　　　500 ／ 売上原価　500

売上原価 1,000 ／ 商品　　　1,000

⑤⑥⑦は［資料III］3. 4. 5. の金額を使う

連 結 損 益 計 算 書

自 X2年4月1日　至 X3年3月31日　　　　　　（千円）

I 売上高		（**❶** 378,000）
II 売上原価		（**❷** 258,500）
売上総利益		（ 119,500）
III 販売費及び一般管理費		
1. 給料	36,000	
2. 貸倒引当金繰入	（**❸** 680）	
3. 減価償却費	30,200	
4. ソフトウェア償却	6,000	
5. 退職給付費用	4,000	
6. のれん償却	（**❹** 300）	（ 77,180）
営業利益		（ 42,320）
IV 営業外収益		
1. 受取利息	600	
2. 有価証券利息	2,400	
3. 受取配当金	（**❺** 18,000）	（ 21,000）
V 営業外費用		
1. 支払利息	360	
2. 貸倒引当金繰入	1,200	
3. 有価証券評価損	2,740	4,300
経常利益		（ 59,020）
VI 特別利益		
1. 固定資産売却益		1,900
VII 特別損失		
1. 火災損失		600
税金等調整前当期純利益		（ 60,320）
法人税、住民税及び事業税		16,000
当期純利益		（ 44,320）
非支配株主に帰属する当期純利益		（**❻** 7,200）
親会社株主に帰属する当期純利益		（ 37,120）

	P社の損益計算書	S社の損益計算書	連結修正仕訳	解答
❶ 売上高	258,000	186,000	(3)⑤△66,000	378,000
❷ 売上原価	180,000	144,000	(3)⑤△66,000 (3)⑦△500＋1,000	258,500
❸ 貸倒引当金繰入	500	300	(3)⑥△120	680
❹ のれん償却	—	—	(3)②＋300	300
❺ 受取配当金	11,400	9,600	(3)④△3,000	18,000
❻ 非支配株主に帰属する当期純利益	—	—	(3)③＋7,200	7,200

ステップ3 答案用紙の連結株主資本等変動計算書を記入する。まず、当期首残高を記入し、次に当期変動額を記入する。最後に当期末残高を計算する。

連結株主資本等変動計算書

自 X2年4月1日　至 X3年3月31日　　　　　　（千円）

	株主資本			非支配株主持分
	資本金	資本剰余金	利益剰余金	
当期首残高	(❶ 140,000)	(❷ 10,000)	(❸ 17,080)	(❹ 19,200)
当期変動額				
剰余金の配当			(❺△14,000)	
親会社株主に帰属する 　当期純利益			(❻ 37,120)	
株主資本以外の項目の 　当期変動額（純額）				(❼ 5,200)
当期変動額合計	—	—	(23,120)	(5,200)
当期末残高	(140,000)	(10,000)	(40,200)	(24,400)

	P社の 株主資本等 変動計算書	S社の 株主資本等 変動計算書	連結修正仕訳	解答
❶ 資本金（期首）	140,000	30,000	(3)①△30,000	140,000
❷ 資本剰余金（期首）	10,000	8,000	(3)①△8,000	10,000
❸ 利益剰余金（期首）	16,000	10,000	(3)①△8,500 +80△500	17,080
❹ 非支配株主持分 　（期首）	—	—	(3)①+19,200	19,200
❺ 剰余金の配当	14,000	5,000	(3)④△5,000	14,000
❻ 親会社株主に帰属 　する当期純利益	—	—	連結損益計算書より、 37,120	37,120
❼ 株主資本以外の項目 　の当期変動額（純額）	—	—	(3)③+7,200 (3)④△2,000	5,200

ステップ4 答案用紙の連結貸借対照表を記入する。まず、空欄の勘定科目の金額を記入し、次に合計を計算する。

連結貸借対照表

X3年3月31日　　　　　　　　　　　　　　　　（千円）

資産の部			負債の部		
I 流動資産			**I 流動負債**		
1. 現金預金		5,900	1. 買掛金	❺	(23,000)
2. 売掛金	❶(40,000)		2. 未払金		1,000
貸倒引当金	❷(△ 800)	(39,200)	3. 短期借入金		4,000
3. 有価証券		15,000	4. 未払法人税等		9,000
4. 商品	❸(69,000)		流動負債合計		(37,000)
流動資産合計		(129,100)	**II 固定負債**		
II 固定資産			1. 長期借入金		8,000
1. 有形固定資産			2. 退職給付に係る負債		36,000
(1) 建物	604,000		固定負債合計		44,000
減価償却累計額	△558,700	45,300	負債合計		81,000
(2) 土地		4,000	**純資産の部**		
2. 無形固定資産			**I 株主資本**		
(1) ソフトウェア		6,000	1. 資本金	❻	(140,000)
(2) のれん	❹(2,400)		2. 資本剰余金		(10,000)
3. 投資その他の資産			3. 利益剰余金		(40,200)
(1) 投資有価証券		80,000	株主資本合計		(190,200)
(2) 長期貸付金	30,000		**II 非支配株主持分**	❼	(24,400)
貸倒引当金	△1,200	28,800	純資産合計		(214,600)
固定資産合計		(166,500)	負債・純資産合計		295,600
資産合計		295,600			

	P社の 貸借対照表	S社の 貸借対照表	連結修正仕訳	解答
❶ 売掛金	30,000	20,000	(3) ⑤△10,000	40,000
❷ 貸倒引当金	600	400	(3) ①△80 (3) ⑥△120	800
❸ 商品	50,000	20,000	(3) ①△500 (3) ⑦+500△1,000	69,000
❹ のれん	—	—	(3) ①+2,700 (3) ②△300	2,400
❺ 買掛金	16,000	17,000	(3) ⑤△10,000	23,000
❻ 資本金 　資本剰余金、 　利益剰余金	—	—	連結株主資本等変動 計算書から写す	140,000 10,000 40,200
❼ 非支配株主持分	—	—	〃	24,400

タイムテーブルを使った解き方は、動画解説で紹介しているよ。

この本が終わったら、何をすればいいの?

● 【購入特典】ネット試験の模試を受けてみる

　本書の購入特典として「パブロフ簿記」のホームページで、ネット試験（CBT方式）の模擬試験が体験できます。ソフトをダウンロードする必要がなく、ネット環境さえあれば、パソコンでもスマートフォンでも問題を解くことができます。実際の試験と同じようにパソコンで解くのがオススメですが、パソコンがない場合はスマートフォンで体験してみてください。

> **購入特典** パブロフ簿記ネット試験の体験ページ
>
> 　パソコンのWebブラウザに次のURLを入力するか、スマートフォンでQRコードを読み取り、特典のWebページにアクセスします。そこからパスワードを入力するとネット試験の模擬試験を解くことができます。
>
> ## https://pboki.com/net/t2s2024.html
> ## 2級商業テキスト＆問題集専用パスワード：m623
>
>

※本書の購入特典は簡単にネット試験を体験できるように、受験者情報の入力等は省略していますので、日商簿記のネット試験とは少し仕様が異なる点をご了承ください。
また、本書の購入特典であるネット試験の体験ページの提供期間は2025年3月末までとなります。

● 問題をたくさん解く

　日商簿記検定に合格するためには、自分の手を動かして問題をたくさん解く練習が必要です。

　本書の練習問題を解いていない場合は、ぜひ一度、解いてみてください。練習問題の答案用紙は次のURLからダウンロードすることもできます。

https://www.shoeisha.co.jp/book/download/9784798182018

　本書の練習問題をすべて解き終わった場合は、本書と同じシリーズの『パブロフ流でみんな合格 日商簿記2級商業簿記 総仕上げ問題集』を使って、試験レベルの問題に取り組んでみてください。

INDEX
索引

英数字

1議決権 ……………………………… 376
200%定率法 ………………………… 115
3分法 …………………………………… 20

あ

圧縮記帳 ……………………………… 108
アップストリーム ………………… 421
洗替法 ………………………………… 176
意思決定機関 ……………………… 376
移送 …………………………………… 349
一時差異 …………………………… 254
一括評価 …………………………… 204
受取配当金 ………… 170, 264, 395
裏書手形 ……………………………… 88
売上債権 …………………………… 206
売上総利益 ………………………… 314
売上割戻 ……………………………… 40
永久差異 …………………………… 254
営業外受取手形 ……………………… 96
営業外債権 ………………………… 206
営業外支払手形 ……………………… 96
営業債権 …………………………… 206
営業利益 …………………………… 314
益金 …………………………………… 248
役務原価 ……………………………… 44
役務収益 ………………………… 33, 44
オペレーティング・リース取引
………………………………… 152, 154
親会社 ………………………………… 376

か

外貨 …………………………………… 64
外貨建金銭債権債務 ………………… 71

外貨建取引 …………………………… 64
開業費 ………………………………… 227
開始仕訳 …………………… 391, 423
改定償却率 ………………………… 116
外部積立方式 ……………………… 216
確定給付企業年金 ………………… 216
確定給付制度 ……………………… 216
確定納付 …………………………… 245
掛金の拠出 ………………………… 216
火災損失 …………………………… 134
貸倒引当金 ………………… 204, 259
課税所得 …………………………… 248
割賦購入 …………………………… 110
合併 ………………………… 272, 274
過半数 ……………………………… 377
株式 ………………………… 168, 228
株式会社 …………………… 226, 228
株式交付費 ………………………… 231
株式申込証拠金 …………………… 230
株主 ………………………………… 228
株主資本 …………………………… 224
株主資本等変動計算書 …………… 335
株主総会 …………………………… 228
貨幣・非貨幣法 ……………………… 71
仮払法人税等 ……………… 244, 264
為替差損益 …………………… 66, 70
為替相場 ……………………………… 65
為替予約 ……………………………… 74
為替レート …………………………… 65
関係会社株式 ……………………… 183
換算 …………………………… 65, 70
勘定式 ……………………………… 319
間接法（間接控除法）…………… 122
還付法人税等 ……………………… 247
関連会社株式 ……………………… 182
企業会計 …………………………… 248
企業残高基準法 …………………… 302
吸収合併 …………………………… 273
切放法 ……………………………… 174

銀行勘定調整表	292
銀行残高基準法	302
クーポン利息	179
繰越利益剰余金	224, 232
繰延税金資産	255, 257, 259, 262
繰延税金負債	255, 261
経常利益	314
計数の変動	236
契約	33
契約資産	36, 48
契約負債	38, 52, 208
決算時レート	71
月次決算	284
減価償却	112, 114, 118, 256
減価償却費	112, 114, 118
研究開発費	278
検収基準	35
建設仮勘定	136
源泉徴収	265
公開会社	228
工事負担金受贈益	109
子会社	183, 376
子会社株式	182, 382
国庫補助金受贈益	108
固定資産	106
固定資産圧縮損	108
固定資産受贈益	143
固定資産除却損	132
固定資産税	264
固定資産の買い換え	130
固定資産廃棄損	132
固定資産売却益	120, 121
個別財務諸表	378
個別評価	204

さ

債権	35
債券	168
債権の譲渡	100
債権売却損	100
財務諸表	314
差額補充法	202
先物為替相場（予約レート）	75
サービス業	44
残存価額	113, 139
仕入割戻	42
仕掛品	46
直物為替相場（直物レート）	75
実地棚卸高	26
支店	350
支店分散計算制度	354
支配獲得日	380
支払リース料	154
資本金	224, 226, 230, 274
資本準備金	224, 226, 230, 274
資本剰余金	224, 378
資本連結	379
修繕引当金	210
主たる営業取引	54
出荷基準	34
取得原価	113, 171
純資産	224
償却原価法	180
償却率	115
商標権	139
商品評価損	24, 305
商品保証引当金	208
正味売却価額	26
賞与引当金	212
将来加算一時差異	270
将来減算一時差異	270
所有権移転	166
成果連結	379
税効果会計	254
生産高比例法	118
精算表	304
製造業	343
税引前当期純利益	314

製品保証引当金	208	投資有価証券売却益	184, 185	
税務会計	248	投資有価証券売却損	185	
全部純資産直入法	187	特許権	139	
増資	230			
創立費	227	**な**		
総利用可能量	119	内部積立方式	216	
租税公課	264	内部取引	349	
その他資本剰余金	224, 234	任意積立金	224, 233	
その他有価証券	184, 186, 261	年金資産	216	
その他有価証券評価差額金		のれん	139, 272, 274, 384	
	186, 224	のれん償却	139, 276, 393	
ソフトウェア	139, 140	ノンキャンセラブル	153	
ソフトウェア仮勘定	142			
損益計算書	314	**は**		
損金	248	配当	171, 232	
損金不算入額	249, 258, 260, 270	配当金	171	
		売買処理	156	
た		売買目的有価証券		
貸借対照表	318		170, 172, 174, 176	
退職一時金	216	端数利息	188	
退職給付債務	216	パーチェス法	277	
退職給付引当金	214	発行可能株式総数	228	
退職給付費用	214	発行済株式総数	228	
タイムテーブル	407	発生時レート	71	
耐用年数	113	払込金額	227	
ダウンストリーム	420	払込金額（払込金）	228	
棚卸減耗損	24, 305	販売のつど売上原価に振り替える		
中間納付	244	方法	22	
長期前払費用	280	引当金	202	
帳簿棚卸高	26	引渡し基準（着荷基準）	34	
直接法（直接控除法）	122	非公開会社	228	
貯蔵品	133	非支配株主に帰属する当期純利益		
賃貸借処理	155		394	
追徴法人税等	247	非支配株主持分	394	
定額法	112, 139	評価・換算差額等	224	
定率法	114	評価性引当金	203	
手形の更改	94	ファイナンス・リース取引		
電子記録債権	98		152, 156, 158, 160	
当期純利益	314	福利厚生費	289	

負債性引当金 203
振当処理 77
負ののれん発生益 276, 385
フルペイアウト 153
不渡手形 90
別段預金 230
返金負債 40
変動対価 41
報告式 319
法人税、住民税及び事業税 246
法人税等 244
法人税等調整額 257, 259
法定実効税率 249
保険差益 135
保証債務 282
保証債務見返 282
保証率 116
本支店会計 348
本支店合併財務諸表 365
本店 350
本店集中計算制度 356

ま

満期保有目的債券 178, 180
未決算 134
未実現利益 428
見積現金購入価額 156
未取立小切手 298
未取付小切手 299
未払配当金 232
未払法人税等 245
未渡小切手 295
無形固定資産 138, 140

や

役員賞与 222

役員賞与引当金 222
役員報酬 222
有価証券 168
有価証券運用益 177
有価証券運用損 177
有価証券売却益 172
有価証券売却損 173
有価証券評価益 174
有価証券評価損 175
有価証券利息 178, 180, 188

ら

利益準備金 224, 232
利益剰余金 224, 378, 395
履行義務 33
利札 195
利子込み法 157, 158
利子抜き法 157, 160
リース債務 158, 160
リース資産 158, 160
リース取引 152
リース料総額 156
利息相当額 157
両者区分調整法 302
連結会計 376
連結株主資本等変動計算書 465
連結財務諸表 378, 463
連結修正仕訳 379
連結精算表 448
連結損益計算書 463
連結貸借対照表 464

わ

割引手形 86

著者紹介

よせだあつこ

willsi 株式会社取締役。公認会計士。

監査法人トーマツを経て willsi 株式会社を設立。著書『パブロフ流でみんな合格 日商簿記3級』は Amazon 簿記検定部門で売り上げ1位を獲得。簿記学習アプリ「パブロフ簿記」はシリーズ累計100万ダウンロードの大ヒット。簿記ブログ「パブロフ簿記」は月間140万ページビューを超すなど、簿記受験生から絶大な支持を得ている。簿記講師や監査法人での実務経験から、わかりやすい解説・合格できる解法を受験生へ伝えている。プログラミング・イラスト・漫画などなんでもこなすレアな会計士。

▶ブログ

著者のブログに、問題の動画解説・試験前の過ごし方・当日の持ち物などの情報を掲載。こちらで質問も受け付けています。

https://pboki.com/

▶簿記アプリ

「パブロフ簿記2級 商業簿記」「パブロフ簿記2級 工業簿記」好評発売中！
Android、iPhone のアプリマーケットで「パブロフ」と検索。

| 表紙・本文デザイン | 大下賢一郎 |
| DTP | マーリンクレイン |

簿記教科書 パブロフ流でみんな合格
日商簿記2級 商業簿記 テキスト&問題集 2024年度版

2024年2月22日 初版第1刷発行

著 者	よせだあつこ
発 行 人	佐々木 幹夫
発 行 所	株式会社 翔泳社 （https://www.shoeisha.co.jp)
印刷・製本	日経印刷 株式会社

© 2024 Atsuko Yoseda

本書は著作権法上の保護を受けています。本書の一部または全部について、株式会社 翔泳社から文書による許諾を得ずに、いかなる方法においても無断で複写、複製することは禁じられています。
本書へのお問い合わせについては、002 ページの記載内容をお読みください。
造本には細心の注意を払っておりますが、万一、乱丁（ページの順序違い）や落丁（ページの抜け）がございましたら、お取り替えいたします。03-5362-3705 までご連絡ください。

ISBN978-4-7981-8201-8   Printed in Japan